Navia Unsere Wiege steht im Kosmos

Luis E. Navia

Unsere Wiege steht im Kosmos

Das Weltbild einst und heute

Econ Verlag · Wien · Düsseldorf

Aus dem Amerikanischen übertragen von Wulf Bergner

1. Auflage 1976

Gesetzt aus der 11 Punkt Garamond der Linotype GmbH
Satz: Industriedruck AG, Essen
Herstellung: May + Co., Darmstadt
Printed in Germany
ISBN 3 430 17034 6

Inhalt

Vorwort

Unser Zeitalter wird gelegentlich als »kosmisches Zeitalter« bezeichnet, und das scheint durchaus berechtigt zu sein. 1969 erfüllte sich die Menschheit einen Wunsch, den sie insgeheim seit Jahrtausenden gehegt hatte: die Erde zu verlassen und andere Welten zu erforschen. Gewiß, im Vergleich zu dem Universum als Ganzem ist ein Flug von 386 000 Kilometer praktisch bedeutungslos. Die Entfernungen im Kosmos sind gewaltig, und selbst innerhalb der Milchstraße ist die Entfernung von der Erde zum Mond unwesentlich. Aber allein die Tatsache, daß die Schwerkraft unseres Heimatplaneten überwunden werden konnte, war der erste Schritt in ein neues Zeitalter: das kosmische Zeitalter. Man kann mit Recht sagen, die Entfernung vom Mond zu den anderen Planeten und von den Planeten zu den Sternen sei nicht so gigantisch wie die von der Erde zum Mond. Heute rechnen wir damit, die Planeten unseres Sonnensystems innerhalb von fünfzig Jahren und einige der nächsten Sterne innerhalb von hundert Jahren besuchen zu können. Aber unser erster Mondflug war erst nach sechs Jahrtausenden menschlicher Entwicklung möglich. In nächster Zukunft werden wir zweifellos den Bau einer Brücke zu den Sternen erleben, und deshalb ist der erste Flug zum Mond allgemein als Beginn einer kosmischen Epoche begrüßt worden.

Wissenschaftliche und technologische Entwicklungen ziehen jedoch tiefgreifende ideologische und philosophische Umwälzungen nach sich; eine der bekanntesten in diesem Zusammenhang aufgestellten Theorien betrifft die prähistorischen Astronauten. Diese Theorie geht davon aus, unsere Erde sei – wahrscheinlich schon vor sehr langer Zeit – von intelligenten Lebewesen aus anderen Teilen des Universums besucht worden, wobei die Besucher vielleicht nicht von Planeten unseres Sonnensystems, sondern aus anderen Planetensystemen kamen. Diese angeblichen Besucher werden als die »alten Götter« des Altertums dargestellt, die uns Sprache und Kultur hinterlassen haben und nach Überzeugung einiger Verfechter dieser Theorie unmittelbar für die Entstehung der Menschheit verantwortlich sind. Außerdem wird behauptet, wir Menschen seien die Nachkommen dieser alten Astronauten, die unsere vertraute Erde mit ihren kosmischen Götterwagen besucht hätten.

Es gibt zahlreiche Veröffentlichungen, in denen diese Theorie von den prähistorischen Astronauten in unterschiedlichem Ausmaß und auf verschiedene Weise verteidigt wird. Vor allem Erich von Dänikens Bücher haben großes Aufsehen erregt. Das außergewöhnliche Echo, das seine Bücher gefunden haben, läßt sich an der Zahl der verkauften Exemplare ablesen. Eine Ancient Astronaut Society ist gegründet worden, um die Auswirkungen dieser Theorie zu erforschen und weitere Beweise für ihre Richtigkeit zu sammeln. Zu diesem Zweck sind bereits zwei Weltkonferenzen einberufen worden, und neue Ideen scheinen Menschen in allen Erdteilen wie eine Woge zu erfassen.

Diese Theorie hat selbstverständlich eine starke Reaktion hervorgerufen, die vor allem aus bestimmten akademischen, wissenschaftlichen und kirchlichen Kreisen kommt. Der Grund dafür ist leicht einzusehen. Ideen wie die von Erich von Däniken vertretenen enthalten Elemente, die entweder viel zu radikal und neuartig sind, um von konservativen Akademikern und Wissenschaftlern ohne weiteres akzeptiert zu werden, oder in offenem Gegensatz zu einigen der in der westlichen Welt vorherrschenden religiösen Traditionen stehen. Es gibt natürlich weitere Elemente, die zur Reaktion gegen die Theorie von den Götter-Astronauten beigetragen haben, und dieses Buch hat unter anderem den Zweck, sie alle detailliert zu untersuchen.

Ich habe mich mit dem ganzen Problemkreis intensiv

befaßt. 1971 habe ich von Dänikens »Erinnerungen an die Zukunft« gelesen. Ich las es zufällig, und ich habe das Buch anfangs für einen Science-fiction-Roman gehalten. Als ich 1972 dies Buch besprechen sollte, habe ich es nochmals gelesen – diesmal viel sorgfältiger und aufmerksamer. Meine Buchbesprechung war eine Mischung aus Skepsis und Enthusiasmus, weil ich erkannte, daß sich unter dem Deckmantel scheinbar fiktiver Themen Elemente verbargen, die einer weiteren Analyse wert waren. Meine philosophischen und astronomischen Studien überzeugten mich davon, daß die vielen hier aufgeworfenen Fragen bestimmte reale und bedeutungsvolle Probleme enthielten, auf die weder die Philosophie noch andere Wissensgebiete eine Antwort wußten.

Seit 1973 habe ich viel Forschungsarbeit auf dem Gebiet geleistet, das ich Astroarchäologie nennen möchte. Dieser Ausdruck wird manchmal im Zusammenhang mit Untersuchungen der astronomischen Kalender alter Völker verwendet. Trotzdem halte ich es für nicht ganz unangebracht, ihn in bezug auf die Theorie von den Götter-Astronauten zu benützen, und die Tatsache, daß er sich eingebürgert hat, rechtfertigt den weiteren Gebrauch.

Meine Forschungsarbeit hat mich von einigen Ideen überzeugt, die ich in diesem Buch ausführe. Die beiden Weltkonferenzen über Götter-Astronauten – 1974 in Chicago und 1975 in Zürich – haben mir Gelegenheit gegeben, einige der Protagonisten dieser Theorie persönlich kennenzulernen.

Während der beiden Konferenzen habe ich die Mitglieder der Ancient Astronaut Society, die von Dr. Gene Phillips hervorragend und untadelig geleitet wird, immer wieder gedrängt, zumindest vorläufig den hypothetischen Charakter ihrer Theorie zu betonen. Auf wissenschaftlichem Gebiet haben Theorien einen wesentlichen Vorteil gegenüber Tatsachen: Theorien brauchen weder richtig noch falsch zu sein;

sie können nur ausreichen oder nicht ausreichen, wenn es darum geht, ansonsten unerklärliche Aspekte menschlicher Erfahrungen zu erklären. Und ich bin davon überzeugt, daß die Theorie von den Götter-Astronauten völlig ausreichend und bedeutungsvoll ist.

Ich bedaure die Art und Weise, wie manche Philosophen und Naturwissenschaftler die »Botschaft vom kosmischen Zeitalter«, wie ich sie nennen möchte, aufgenommen haben. Ich bin der Überzeugung, daß die Zukunft über diese Angelegenheit gerechter urteilen wird. Ich bedaure auch die zahllosen Verleumdungen und Beschimpfungen, mit denen einige uninformierte, böswillige oder unintelligente Journalisten manche der Aspekte abgehandelt haben, besonders wenn sie mit von Däniken zu tun hatten. Der griechische Philosoph Heraklit hat einmal gesagt: »Hunde bellen Dinge an, die sie nicht kennen.«

Ich hoffe, daß dieses Buch, das nicht den Anspruch erhebt, neue, geheimgehaltene oder phantastische Tatsachen zu enthüllen, dazu beitragen wird, eine Theorie, die unsere Beschäftigung mit dem Weltraum, mit dem Universum und mit der Zukunft der Menschheit reflektiert, in den richtigen Zusammenhang zu stellen und ins rechte Licht zu setzen.

Wie jeder Schriftsteller weiß, ist ein Buch niemals ein privates und persönliches Unternehmen. Meine Frau Alicia hat mir durch ihr Wissen, ihre Kritik und ihre Geduld sehr geholfen; ich verdanke ihr die besseren Teile meines Buches. Meine Freunde und Kollegen Professor Maxim Mikulak vom New York Institute of Technology und Professor P. S. Schievella vom Jersey City State College haben mir ihre moralische Unterstützung und intellektuellen Rat gewährt. Mr. Brad Steiger war so freundlich, das Originalmanuskript durchzulesen und mich auf viele Punkte aufmerksam zu machen, die ich übersehen hatte. Mr. Michael Zuss von der

Philosophischen Fakultät des New York Institute of Technology hat viele Abschnitte des Manuskripts gelesen und kommentiert.

Besonders verpflichtet bin ich Mr. Omar Bravo, bei dem ich meine ersten Philosophievorlesungen gehört habe, Mr. Gilberto Perez, dessen Fachwissen und Begeisterung für Astronomie mir sehr weitergeholfen haben, und Dr. Milton Munitz von der City University of New York, der mich in die Geheimnisse des Universums eingeführt hat.

Die persönliche Unterstützung der Herren Erich von Däniken und Josef Blumrich ist mir äußerst wertvoll gewesen. Ich schätze ihre Freundschaft hoch und bewundere ihren außergewöhnlichen Mut. Die Anleitung durch Mr. Andrew Tomas, von dem ich sehr viel gelernt habe, ist ganz entscheidend gewesen.

Allen diesen wunderbaren Menschen, den wahren Sternenkindern, möchte ich meinen Dank aussprechen. Wie Schopenhauer so richtig sagt, sind wahre Liebe und Freundschaft auf dieser Welt wie Edelsteine, ohne die man nicht auskommen kann. In den akademischen und wissenschaftlichen Kreisen, in denen ich seit zehn Jahren tätig bin und auch in Zukunft leben werde, sind diese Edelsteine nicht häufig zu finden. Das Klima offener Anteilnahme und freimütigen Dialogs, das sich aus Liebe und Freundschaft entwickelt und für Sokrates eine Voraussetzung für die geistige Entwicklung des Menschen war, ist nicht so häufig, wie man sich wünschen würde. Wie oft haben meine Kollegen statt dessen mit unverhohlenem Mißtrauen auf mich herabgesehen, wenn ich über die Arbeiten von Dänikens, Blumrichs, Steigers und anderer gesprochen habe! Deshalb empfinde ich eine so große Dankesschuld gegenüber denen, die sich dafür entschieden haben, die Theorie von den Götter-Astronauten unvoreingenommen und offen zu diskutieren. Sie haben es gewagt, das

Undenkbare zu denken. Meiner Überzeugung nach sind es diese wenigen Menschen, die für die Manifestationen des Kosmischen Zeitalters, an dessen Anfang wir stehen, empfänglich sind.

1

Das Geheimnis des Kosmos

Nach Aristoteles haben Philosophie und Wissenschaft ihren Ursprung in dem menschlichen Staunen über das Universum. In primitiver Vorzeit muß das Universum sich dem Menschen zweifellos als verwirrende Erscheinung voller Überraschungen, Unregelmäßigkeiten und Geheimnisse dargestellt haben. Unsere Vorfahren, die in einer ständig feindlichen Umwelt lebten und von einer unverständlichen Unendlichkeit umgeben waren, müssen davon beseelt gewesen sein, Licht in die Finsternis zu bringen. Mit der Entstehung von Sprachen, die zu einer Erhöhung der Intelligenz führten, begannen sie, Mythen und Legenden und später Hypothesen und Theorien zu erfinden, mit deren Hilfe sie ihre Erfahrungen zu erklären versuchten. Seltsamerweise ist unser Staunen auch nach so vielen Jahrtausenden nicht geringer geworden, denn durch unseren erhöhten Wissensstand und die Triumphe der Forschung ist das Geheimnis des Universums nur noch größer und komplexer geworden. Der Fall des französischen Mathematikers Blaise Pascal ist jedenfalls weder in Vergangenheit noch Gegenwart einzigartig, als er völlig verwirrt unter der »endlosen Unendlichkeit« des Himmels stand.

Zu Pascals Zeit war die allgemeine Vorstellung vom Universum jedoch ziemlich beschränkt. Tatsächlich unterschied sie sich nicht wesentlich von der Vorstellung, die die Babylonier zweitausend Jahre früher gehabt hatten. Bis Hans Lippersheim 1608 das Fernrohr erfand, waren am Nachthimmel nie mehr als 6000 Sterne zu sehen, und die Sternenkarten und -kataloge der Alten, besonders die von Hipparch und Ptolemäus, enthielten sogar noch weniger. Das Wesen der Sterne wurde niemals richtig verstanden, und abgesehen von bestimmten Erkenntnissen, die einigen der frühgriechischen Philosophen zugeschrieben werden, galten die Sterne allgemein als Löcher im Himmelsgewölbe, durch die das göttliche

Himmelslicht von der Erde aus schwach sichtbar war. Im Mittelalter wurde gelegentlich der Gedanke vorgetragen, die Sterne seien feurige Himmelskugeln, die von verschiedenen Engelsrängen bewegt würden. Kosmas, der Kosmologe des sechsten Jahrhunderts, verteidigte diese Vorstellung, und selbst Thomas von Aquin, der im 13. Jahrhundert schrieb, war dieser Auffassung. Kosmas glaubte weiterhin, die Erde sei der Mittelpunkt des Universums, das wiederum die Form des heiligen Tabernakels der Juden habe. Aber die Vorstellung, Sterne seien Löcher im Firmament, wurde erst im 16. Jahrhundert zu Kopernikus' Zeit aufgegeben.

Außerdem wurden die Entfernungen zu den Sternen nie richtig verstanden. Die Sterne sollten weit entfernt sein – aber nicht sehr weit entfernt. Einer der gewichtigsten Einwände gegen die 1543 vorgebrachte Hypothese von Kopernikus, die Sonne sei der Mittelpunkt des Universums und die Erde bewege sich um sie, war die Behauptung, daß die Sterne ihre Stellung trotz einer Sonnenumkreisung nicht im geringsten verändern würden. Dieser Einwand, den sogar der große dänische Astronom Tycho Brahe bekräftigte, basierte selbstverständlich auf einer völlig falschen Auffassung von der wahren Größe kosmischer Entfernungen. Berücksichtigt man sie jedoch, kann die Bewegung der Erde um die Sonne sich natürlich nicht sichtbar auf die scheinbare Position der Sterne am Firmament auswirken.

Tycho Brahe mußte Kopernikus' heliozentrisches Weltsystem ablehnen, weil er nicht imstande war, die stellare Winkelparallaxe zu entdecken: die durch die Erdbewegung hervorgerufene scheinbare Ortsveränderung der Gestirne. Diese Parallaxe existiert tatsächlich, aber ihre Bestimmung setzt Präzisionsinstrumente voraus; deshalb dauerte es bis 1832, bis der deutsche Astronom F. W. Bessel sie bei dem Stern 61 Cygni messen konnte. Die Winkelparallaxe beträgt

5,2 Bogensekunden pro Jahr und ist deshalb nur mit einem höchst präzisen Instrument meßbar. 61 Cygni ist etwa elf Lichtjahre von der Erde entfernt und gehört zu den nächsten Nachbarn unserer Sonne.

Für astronomische Zwecke ist der Begriff des Lichtjahres manchmal recht nützlich – vor allem für begrenzte Entfernungen innerhalb unserer galaktischen Nachbarschaft. Das Licht legt bekanntlich rund 300 000 Kilometer in der Sekunde zurück. Diese Geschwindigkeit wurde zuerst von dem dänischen Astronomen Ole Römer berechnet, der sie 1675 durch geschickte Beobachtung der einige Jahrzehnte zuvor von Galilei entdeckten vier Jupitermonde bestimmen konnte. Römers Berechnungen sind natürlich inzwischen verbessert worden, aber sie haben sich als grundsätzlich richtig erwiesen.

Wenn wir also von einem Lichtjahr sprechen, meinen wir die Strecke, die das Licht in einem Erdjahr zurücklegt. Ausgeschrieben würde sich eine recht umständliche Zahl ergeben: 9 460 800 000 000 Kilometer. Nach Lichtjahren gerechnet, beträgt die Entfernung von der Erde zum Mond etwa 1,28 Sekunden, zwischen Sonne und Erde etwa 8,31 Minuten, zwischen der Sonne und ihrem nächsten Nachbarn, dem Stern Alpha Centauri, etwa 4,2 Jahre und so weiter. Es ist nicht leicht, sich stellare Entfernungen vorzustellen, selbst wenn es nur um die nächsten Sterne geht, aber eine Analogie kann uns weiterhelfen. Stellen Sie sich bitte vor, Sonne und Erde wären nur ein paar Zentimeter voneinander entfernt: dann würde die Entfernung zu Alpha Centauri ungefähr acht Kilometer betragen.

Bei größeren Entfernungen verliert der Begriff eines Lichtjahres jedoch seinen praktischen Wert, und die Astronomen benützen größere Maßeinheiten. Dazu gehört beispielsweise das Parsek, das 3,26 Lichtjahren entspricht. Für intergalaktische Entfernungen (d. h. zwischen zwei Galaxien) werden andere Einheiten verwendet, obwohl der Begriff des Lichtjahres in populärwissenschaftlichen Darstellungen selbst hier noch nützlich ist. Folglich können wir sagen, daß die Entfernung zwischen unserer Galaxis, der Milchstraße, und ihrem nächsten Nachbarn, den Magellanschen Wolken, etwa 170 000 Lichtjahre beträgt; zwischen der Milchstraße und dem Andromedanebel, der nach dem Charles-Messiers-Katalog offiziell als M 31 bezeichnet wird, liegen ungefähr 2 119 995 Lichtjahre.

Im Altertum wären alle diese Zahlen sinnlos gewesen. Sie wären als unmöglich und unvorstellbar betrachtet worden. Unser Begriff des Möglichen und Bedeutungsvollen unterscheidet sich erheblich von dem früherer Zeiten, und was wir für möglich halten, wäre noch vor wenigen Jahrhunderten als unsinnig verworfen worden. Das ist der Normalzustand, was philosophische und wissenschaftliche Fortschritte betrifft. Im Altertum galt das Himmelsgewölbe, das wegen seiner offensichtlichen Festigkeit als Firmament bekannt war, als eine Art konkave Abdeckung, durch die die flache Erdoberfläche begrenzt wurde und die irgendwie auf den Rändern dieser Oberfläche auflag. Diese Vorstellung hielt sich bis ins Mittelalter, und ihre Ursprünge gehen auf babylonische Überlegungen zurück. Kyrill von Jerusalem beschrieb das Firmament im vierten Jahrhundert als ein Zelt, und Basil der Große hatte sich einige Jahre früher das Firmament als eine Art Schutzhülle vorgestellt, die die Wasser zurückhielt, die nach der *Genesis* über dem Himmel sind.

Die alten Griechen hatten sich allerdings schon von diesen babylonischen Plumpheiten distanziert, die noch eine so wichtige Rolle in der Entwicklung der christlichen und jüdischen Kosmologien spielen sollten. Aber selbst sie erfaßten das Problem kosmischer Entfernungen nie recht. Der griechische Geograph Hekataios von Milet schätzte den Durchmesser des Himmelsgewölbes auf etwa 8000 Kilometer und seine Höhe auf ungefähr zehn Kilometer am Zenit oder Scheitelpunkt. Sein Zeitgenosse, der große milesische Philosoph Anaximander, dem wir die erste Rohfassung der Evolutionstheorie verdanken und der Thales' Rationalismus am Leben erhielt, ging einen Schritt weiter und stellte sich die Erde als riesigen Felszylinder vor, der von unendlich viel Raum umgeben im Weltall schwebte. Seiner Überzeugung nach waren in dieser Unendlichkeit zahllose ähnliche Zylinder mit den jeweils dazugehörigen Sonnen verteilt.

Wie leicht einzusehen ist, setzte diese kühne Annahme eine sofortige Ausdehnung der Grenzen des Universums voraus – und leitete eine wahre Revolution auf kosmologischem Gebiet ein, ohne jedoch genaue Entfernungen anzugeben. Gegen Mitte des fünften Jahrhunderts vor Christus war die Kugelgestalt der Erde bekannt; diese Ansicht wurde von den Pythagoräern im allgemeinen und Philolaus von Tarent im besonderen vertreten. Trotz seiner völlig irrigen kosmologischen Ansichten war auch Aristoteles der Meinung, die Erde sei eine Kugel, und seine besonders im Mittelalter große Autorität genügte als Gegengewicht für die primitiven Vorstellungen, die sich mit Judaismus und Christentum nach Europa eingeschlichen hatten.

Die Größe der Erdkugel wurde erstmals von dem Philosophen Eratosthenes von Kyrene berechnet. Das wurde möglich durch die Vorarbeit griechischer Karthographen, die bereits die ersten Karten des Altertums gezeichnet hatten, und die genauen Messungen, die Eratosthenes selbst anstellte, indem er an Orten auf verschiedener geographischer Breite zur Zeit der Sommersonnenwende die unterschiedliche Schattenlänge des Sonnenlichts maß. Dank Eratosthenes' wissenschaftlicher Neugier stand der Erdumfang gegen Anfang des dritten Jahrhunderts vor Christus erstaunlich genau fest: 39 816 Kilometer. Heutzutage ist dieser Wert auf 40 076,592 Kilometer verbessert worden. Die Teile des zuerst unlösbaren Puzzlespiels fügten sich allmählich zusammen und ließen ein zusammenhängendes Bild des Universums entstehen.

Aber alle diese außerordentlichen Leistungen griechischen Geistes, die später unglücklicherweise zum größten Teil in Vergessenheit gerieten, mußten die Entwicklung der Kosmologie entscheidend beeinflussen.[1] Die Größe des Universums wuchs entsprechend, und der Mensch glaubte, in einer Realität zu leben, in der sich der Horizont ständig weiter von ihm entfernte. Aristarchos von Samos bestand im dritten Jahrhundert vor Christus darauf, der Erde die Position eines um die Sonne kreisenden Planeten zuzuweisen. Seine Ansicht wurde jedoch praktisch ignoriert, bis Kopernikus sie im 16. Jahrhundert überzeugender wiederbelebte. Hundertfünfzig Jahre nach Aristarch stellte Hipparch von Nizäa, wahrscheinlich der größte Astronom des Altertums, die erste detaillierte Sternenkarte zusammen – eine Karte, die später von Claudius Ptolemäus in Alexandrien benützt wurde und noch heute dazu dient, Ortsveränderungen der fälschlicherweise so genannten »Fixsterne« zu bestimmen. Außerdem konnte Hipparch zum erstenmal die Entfernung zwischen Erde und Mond bestimmen. Durch eine einfache trigonometrische Triangulation kam er zu dem Schluß, die Entfernung müsse etwa 380 000 Kilometer betragen. Nach heutigen Messungen beträgt die Entfernung zwischen Erde und Mond im Mittel 384 317 Kilometer. Der Schritt von dort bis zur Vermessung des Mondes war leicht und kurz. Nun war nicht nur der Erdumfang bekannt, sondern die Menschen konnten auch den eines anderen Himmelskörpers berechnen.

Da Fernrohre unbekannt waren und genauere Sextanten

fehlten, waren keine exakteren Messungen möglich. Tatsächlich waren die Meßwerte in einigen Fällen völlig falsch. Aristarch gab an, die Sonne sei 8 000 000 Kilometer von uns entfernt: eine Zahl, die nach der Entdeckung von Parallaxenmessungen durch Galilei um 1610 drastisch korrigiert werden mußte. Giovanni Cassini verbesserte die Berechnungsweise der Sonnenentfernung und kam auf 139 000 000 Kilometer. Heute, dreihundert Jahre später, ist die mittlere Entfernung der Erde von der Sonne auf 149 572 640 Kilometer festgelegt und entspricht einer astronomischen Einheit (AE). Aber so ungenau Aristarchs Schätzung auch war, stellte sie doch eine erhebliche Verbesserung gegenüber den Angaben seiner Vorgänger dar, die noch mit wenigen Kilometern gerechnet hatten.

Das Verständnis der Winkelparallaxe hat uns die Möglichkeit gegeben, die Abmessungen des Sonnensystems und die Abstände der Planeten von der Sonne verhältnismäßig genau zu bestimmen. Logischerweise müssen wir zuerst unser Sonnensystem kennen, bevor wir hoffen dürfen, auch das sichtbare Universum zu begreifen. Die mittleren Entfernungen der Planeten von der Sonne, die selbst Kopernikus und Kepler nicht kannten, wurden zuerst durch Anwendung eines Gesetzes bestimmt, das im 18. Jahrhundert von dem deutschen Astronom Bode entdeckt worden sein soll. Dieses Gesetz, für das es noch keine rationale Begründung gibt und dessen Anwendungsbereich sehr beschränkt ist, läßt sich am besten folgendermaßen ausdrücken: Die Zahlenfolge 0, 3, 6, 12, 24, 48, 96 usw. wird niedergeschrieben; danach zählt man zu jeder Zahl vier hinzu und teilt die Zwischensumme durch zehn. Als Resultat erhält man seltsamerweise die mittleren Entfernungen der Planeten von der Sonne in astronomischen Einheiten.

	0	3	6	12	24	48	96 usw.
+4	4	4	4	4	4	4	4
	4	7	10	16	28	52	100
:10	0,4	0,7	1,0	1,6	2,8	5,2	10,0

Die Planeten sind der Reihe nach Merkur, Venus, Erde, Mars, Jupiter, Saturn, Uranus, Neptun und Pluto. Bodes Gesetz gibt uns die Entfernungen von Merkur (0,4 AE), Venus (0,7 AE), Erde (1,0 AE), Mars (1,6 AE), Jupiter (5,2 AE) und Saturn (10,0 AE). Die Entfernungen der übrigen Planeten – Uranus, Neptun und Pluto – lassen sich nicht mit Bodes Gesetz bestimmen, und selbst die oben genannten Entfernungen von der Sonne sind nur grobe Annäherungen. Die Existenz eines Planeten in etwa 2,8 AE Abstand von der Sonne wurde vermutet, obwohl bis ins 19. Jahrhundert hinein nichts in dieser Entfernung entdeckt worden war. Danach wurde der Astroidengürtel gefunden, dessen Entdeckung zu Spekulationen Anlaß gab, ob vielleicht einst ein Planet zwischen Mars und Jupiter existiert habe.

Bis 1781 waren außer der Erde nur fünf Planeten bekannt: Merkur, Venus, Mars, Jupiter und Saturn. Dann entdeckte Sir William Herschel den Planeten Uranus mit Hilfe eines verhältnismäßig großen Teleskops. 1846 wurde dann der Planet Neptun durch eine interessante Kombination aus mathematischen Berechnungen und praktischen Beobachtungen entdeckt. Erst in unserem Jahrhundert wurde als weiterer Planet Pluto, der sonnenfernste Planet, rechnerisch bestimmt und dann gefunden. Ob es noch weitere Planeten zu entdecken gibt, läßt sich nicht mit Sicherheit bejahen oder verneinen. Es ist durchaus möglich, daß sich jenseits von Pluto oder zwischen Sonne und Merkur weitere Planeten befinden, die wir wegen ihrer geringen Größe, ihrer Entfernung oder der Blendung durch die Sonne mit unseren jetzigen Instrumenten nicht feststellen können.

Nach dem gegenwärtigen Stand sind die Abmessungen des Sonnensystems durchaus eindrucksvoll: Ein Lichtstrahl braucht für die Strecke Sonne–Pluto fast fünfeinhalb Stunden. In Kilometern ausgedrückt bedeutet das eine Entfernung von 5 940 000 000 Kilometer. Die elliptischen oder parabolischen Bahnen der Kometen, die allgemein als wandernde Bestandteile unseres Planetensystems gelten, führen natürlich in noch größere Entfernungen von der Sonne. Akzeptieren wir die äußersten Punkte dieser vermuteten Bahnen als Begrenzung des Sonnensystems, müssen wir daraus schließen, daß seine Abmessungen noch viel größer sind und daß das Schwerefeld, das dieses System zusammenhält, bis in ungeheuer ferne Regionen unserer Galaxis reichen muß.

Aber sobald wir die Grenzen unseres Sonnensystems mit all seinen verschiedenen Himmelskörpern, all seinen mysteriösen Vorkommnissen und all seinen regelmäßigen Erscheinungen verlassen, beginnt das Universum, wahrhaft großartig zu wirken. In Zahlen und Abmessungen ausgedrückt ist seine Realität geradezu schwindelerregend. Das Dreifachsystem Alpha Centauri, das, wie schon erwähnt, der Sonne am nächsten ist, befindet sich 4,29 Lichtjahre (Alpha Centauri) von uns entfernt. Wir können uns vielleicht noch vorstellen, was es bedeutet, wenn ein Lichtstrahl sich 4,29 Jahre lang mit 300 000 Kilometern in der Sekunde bewegt, aber je größer die Entfernungen werden, desto größer wird auch die Zahl der Sterne. Beispielsweise gibt es zwölf große Sterne im Umkreis von zwölf Lichtjahren um die Sonne. Manche von ihnen sind wie Barnards Stern nicht mit bloßem Auge sichtbar. Ohne Teleskop sind nur noch Sterne sechster Größe zu erkennen, wobei die Größen so nach scheinbarer Helligkeit geordnet sind, daß die Größenklasse um so niedriger ist, je heller der Stern ist. Schon mit Hilfe des primitivsten Teleskops werden aus den sechstausend im Altertum bekannten Sternen Millionen und aber Millionen. Im Umkreis von tausend Lichtjahren um die Sonne könnte man mehrere Milliarden Sterne zählen.

Alle diese Himmelskörper gehören zu einem begrenzten astronomischen System, das wir als Milchstraße bezeichnen. Es verdankt diesen Namen dem milchigweißen Schimmer seiner Spiralarme vor dem dunklen Nachthimmel. In klaren Nächten ist das weiße Band, das sich von Horizont zu Horizont über das Firmament zieht, deutlich auszumachen. Die Römer nannten es »via lactea«, und der Ausdruck »Galaxis«, der aus dem Griechischen stammt, besagt das gleiche.

Diese Sterne und unsere Sonne gehören deshalb zu einem großen kosmischen System, der Galaxis oder Milchstraße, die wahrscheinlich aus über 150 Milliarden Sternen, vermutlich Milliarden von Planeten und unzähligen leuchtenden oder dunklen Staub- und Wasserstoffwolken besteht, die wir als Nebel kennen. Ihre Abmessungen lassen sich nur in Lichtjahren angeben: 100 000 Lichtjahre Durchmesser und einige tausend Lichtjahre Höhe. Sie erscheint also als eine Art riesige Fliegende Untertasse, deren Bestandteile durch bisher nur vage verstandene Schwerkräfte zusammengehalten werden. Diese Bestandteile kreisen mit unglaublichen Geschwindigkeiten um ein Gravitationszentrum, in dem die Sternenkonzentration sehr hoch ist. Unser Planetensystem bewegt sich um dieses Zentrum, was bedeutet, daß wir unsere Position im Raum ständig verändern. Auch die Galaxis soll sich insgesamt in Bewegung befinden, aber bisher ist es noch nicht gelungen, die Richtung eindeutig festzustellen.

Die Vielfalt der Sterne innerhalb der Galaxis ist verwirrend. Die Spanne reicht von roten Riesen bis zu weißen Zwergen, von erdgroßen Sternen bis zu solchen, die einige tausendmal größer als die Sonne sind, und von Einzelsternen bis zu komplexen Sternhaufen. Dazu kommen noch Sterne und Gebiete mit intensiver Radiowellenausstrahlung und die Pulsare und Quasare, über die wir nichts Bestimmtes wissen. Außerdem sind sogenannte Schwarze Löcher entdeckt worden, deren Wesen bisher noch rätselhaft ist.

Aber die Milchstraße ist natürlich nur ein winziger Teil des sichtbaren Universums. Weder Kopernikus noch Kepler noch Galilei waren sich über diese Tatsache im klaren; sie wurde erst in unserer Zeit zweifelsfrei bewiesen. Allerdings ist richtig, daß die Überlegungen des großen deutschen Philosophen Immanuel Kant auf eine Theorie abzielten, die von der Existenz unzähliger Welteninseln ausging. Kant vermutete, bestimmte am Himmel sichtbare »elliptische« Körper seien nicht, wie die meisten Astronomen und Philosophen glaubten, Nebel oder Staubwolken *innerhalb* der Milchstraße, sondern in Wirklichkeit externe Systeme weit außerhalb der Grenzen unserer Galaxis. Kant veröffentlichte diese revolutionäre Idee in seinem 1755 erschienenen Werk *Allgemeine Naturgeschichte und Theorie des Himmels.* Seine Überlegungen betrafen speziell das damals noch als Andromedanebel bekannte Gebilde. Kant konnte jedoch keinen überzeugenden Beweis für seine Theorie beibringen – und war sich darüber durchaus im klaren. Aber sein genialer Verstand sagte ihm, daß es auf wissenschaftlichem Gebiet gelegentlich erforderlich sei, über beweisbare Erkenntnisse hinauszugehen, um den Weg für das zukünftige Verständnis des Universums zu bahnen. Und damit hatte er völlig recht.

Fast zweihundert Jahre, nachdem Kant seine Ansichten veröffentlicht hatte, bestätigten die astronomischen und mathematischen Untersuchungen des amerikanischen Astronomen Edwin Hubble Kants Theorie. Hubble konnte zeigen, daß Andromeda tatsächlich ein externes System ist: eine Welteninsel größten Ausmaßes. Das gelang durch die Feststellung der Helligkeit bestimmter veränderlicher Sterne in der Andromeda, nämlich der bekannten Cepheiden-Variablen. Diese Arbeiten dauerten über zwanzig Jahre, und selbst heute müssen noch bestimmte Details gelöst werden. Kants Universum war offenbar doch richtig, obwohl seine Zeitgenossen es vorzogen, es zu ignorieren.

Heute wissen wir, daß die Milchstraße und Andromeda (M 31) zu einer aus 17 Galaxien bestehenden Gruppe benachbarter Galaxien gehören. Innerhalb dieses Gebildes sind die nach Magellan benannten beiden Magellanschen Wolken der Milchstraße am nächsten. Eine von ihnen hat einen Durchmesser von 40 000 Lichtjahren und enthält den hellsten bisher bekannten Stern: Sigma Doradus, der etwa 600 000mal heller als unsere Sonne leuchtet. Weiter entfernt ist Andromeda, ein aus verschiedenen Gründen höchst interessantes Sternbild. Erstens hat es uns die Möglichkeit gegeben, intergalaktische Messungen vorzunehmen. Zweitens ist es eine Galaxis, die in Anordnung und Struktur Ähnlichkeit mit unserer Milchstraße zu haben scheint; beide sind spiralförmig, beide weisen eine ähnliche Verteilung von Sternen auf, und beide kreisen um gewaltige galaktische Zentren. Drittens entfernt Andromeda sich nicht von uns, sondern scheint sich unserer Galaxis im Gegenteil mit phantastischer Geschwindigkeit zu nähern. Und viertens ist sie der entfernteste Gegenstand, der noch mit bloßem Auge sichtbar ist. Ihre Entfernung beträgt, wie bereits erwähnt, über zwei Millionen Lichtjahre.

Galaxien wie Andromeda und die Milchstraße sind jedoch außerhalb dieser benachbarten Gruppe recht häufig, und andere Typen treten milliardenfach auf. Innerhalb des für uns beobachtbaren Universums, d. h. innerhalb von zehn Milliarden Lichtjahren, gibt es schätzungsweise über 100 Milliarden Galaxien. Was diese Zahl in Wirklichkeit in Sterne und Planeten umgerechnet bedeutet, ist natürlich eine schwindelerregende Vorstellung. Multiplizieren wir die Zahl der Sterne der Milchstraße mit der Zahl der bekannten Galaxien, kommen wir auf die unfaßbare Summe von nicht weniger als 100 000 000 000 000 000 000 000 Himmelskörper, was selbstverständlich ein ziemlicher Fortschritt gegenüber den bescheidenen 6000 Sternen ist, die im Altertum und Mittelalter gezählt wurden. Würden wir die oben genannte Zahl mit einer konservativ geschätzten Anzahl möglicher Planeten multiplizieren, z. B. zehn pro Stern, wäre die Zahl der Erde vergleichbarer Planeten wirklich unglaublich hoch.

Aber als ob weder Zahlen noch Entfernungen genügten, um uns von dem außerordentlichen Mysterium unseres Universums zu überzeugen, gibt es noch verblüffendere Phänomene, mit denen sich Astronomen, Kosmologen und Philosophen in den letzten Jahrzehnten beschäftigt haben. Dazu gehört das Geheimnis der Quasare oder quasi-stellaren Himmelskörper; dazu gehört das Problem der Schwarzen Löcher; dazu gehört die Frage des Zurückweichens galaktischer Gruppen, denn diese Gruppen scheinen sich mit Geschwindigkeiten auseinander zu bewegen, die proportional zu ihrer Entfernung anwachsen; dazu gehört das Problem der Natur von Zeit und Raum, das Kant im 18. Jahrhundert und Einstein im 20. Jahrhundert durch ihre Untersuchungen nur andeutungsweise behandelt haben; und dazu gehören in der Tat die schon vor Jahrtausenden von den Griechen gestellten Fragen über den Aufbau des Universums.

Manche dieser Fragen werden bald beantwortet werden, und einige dieser Probleme werden in naher Zukunft gelöst werden. Andere werden jedoch nie endgültig als »beantwortet« oder »gelöst« klassifiziert werden – außer von Leuten, die mit den betreffenden Fragen oder Problemen nur sehr flüchtig Bekanntschaft gemacht haben. Und selbst in den Fällen, in denen eine befriedigende Lösung vorliegt, werden wir zugeben müssen, daß dadurch nur neue und unerwartete

Rätsel aufgeworfen worden sind. Das war beispielsweise der Fall, als Einstein im ersten Jahrzehnt des 20. Jahrhunderts seine allgemeine Relativitätstheorie entwickelte. Erst dadurch sind die anscheinend unüberwindbaren Schwierigkeiten sichtbar geworden, die der Konstruktion eines durchgehend logischen kosmologischen Modells entgegenstehen.

Und wir können auch zu der schon von den alten Griechen gestellten Frage zurückkehren: »Wie groß ist das Universum?« In den Tagen Dantes oder Thomas von Aquins oder selbst noch im 19. Jahrhundert war diese Frage noch etwas leichter zu beantworten. Aber sobald wir heutzutage versuchen, eine Antwort zu finden, verirren wir uns augenblicklich in einem Labyrinth aus Antinomien und Paralogismen, außerhalb dessen unser Verstand sich selbst nicht mehr begreift. Die Welt gläubiger Menschen bietet einen gewissen Trost: Das Mysterium ist aus dem Universum herausgenommen und zwischen Realitäten verpflanzt worden, die ich für meinen Teil nicht verstehe. Die traditionelle Religion beantwortet Fragen über das Universum mit Dogmen und unfehlbaren Doktrinen, die von bestimmten Auserwählten, zum Beispiel den Päpsten, weitergegeben werden. Aber in Philosophie und Naturwissenschaft kann das Geheimnis des Universums nicht mit solchen Mitteln enträtselt werden. Es gibt allerdings Wissenschaftler, die behaupten, die Wahrheit zu kennen, und die alle verdammen, die einen anderen als ihren Standpunkt vertreten. Auch die Wissenschaft kennt eine von Dogmen bestimmte Orthodoxie, die beschließt, »unorthodoxe« Ideen zu geißeln, zu verbannen oder auszurotten.

Die Geschichte der Philosophie und Naturwissenschaften ist unglücklicherweise das Theater, in dem die gleiche traurige Szene immer wieder aufgeführt worden ist. Im Namen eingebildeter Arroganz, die in Wirklichkeit nichts als versteckte Ignoranz ist, haben diejenigen, die sich ihrer selbst und ihres Realitätsbegriffs sicher waren, die anderen verfolgt, die gezweifelt, die Fragen gestellt und die vor allem behauptet haben, besondere Einsichten gewonnen zu haben. Die Fälle Sokrates, Bruno, Galilei und Darwin sind nur wenige aus einer viel größeren Anzahl. Wir alle wissen, wie ein demokratisches und konservatives Geschworenengericht aus Athenern Sokrates zum Tode verurteilt hat, weil er sich mit verbotenen Themen beschäftigt und Licht in die allgemeine gemenschliche Unwissenheit, was das Universum betraf, gebracht hatte. Sokrates' Geständnis, unwissend zu sein, war für eine Gesellschaft, die bereits die gewünschten Antworten und Lösungen gefunden hatte, offenbar nicht akzeptabel. Giordano Bruno wurde im Jahr 1600 von der römischen Inquisition auf den Scheiterhaufen geschickt, weil er die Existenz einer Vielzahl von Universen oder Welten verteidigt hatte – also eine heute allgemein anerkannte Tatsache. Auch nach über einem Jahrzehnt in einem erbärmlichen Kerker blieb der stolze italienische Mönch bei seiner kosmologischen Erkenntnis, so daß die Inquisition ihn schließlich beseitigen mußte.

Die Heimsuchungen und Leiden Galileis sind allgemein bekannt. Weniger bekannt ist jedoch, daß sie zum großen Teil nicht von kirchlichen Institutionen verursacht wurden, die im kopernikanischen System eine Bedrohung für die Bibellehren sahen, sondern von den italienischen Universitäten, die noch immer von der Lehre Aristoteles' beeinflußt waren. Er vertrat den geozentrischen Standpunkt, d. h., er stellte sich die Erde als bewegungslosen Mittelpunkt des Universums vor. Folglich mußte Galilei im Namen Aristoteles' verfolgt werden – und das wurde er auch. In der Geistesgeschichte gibt es kein traurigeres Schauspiel als die in Rom aufgeführte schäbige Komödie, in der der ehrwürdige Begründer der modernen

Wissenschaft, der Entdecker der Jupitermonde, der Venusphasen, der Sonnenflecken und der Sterne der Milchstraße, ein religiöses Tribunal um Verzeihung und Milde bitten mußte. Nachdem er angeklagt worden war, geschrieben zu haben, »die Sonne ist der Mittelpunkt des Universums und unbeweglich, und die Erde ist nicht der Mittelpunkt und bewegt sich«, soll er gesagt haben:

»Erfüllt von dem Wunsch, den Sinn Eurer Eminenzen und aller gläubigen Christen von diesem schweren Verdacht, der zu Recht gegen mich erhoben worden ist, zu befreien, schwöre ich den obengenannten Irrtümern und Ketzereien aufrichtigen Herzens und ehrlichen Glaubens ab und verfluche und verabscheue sie.«

Wir müssen jedoch berücksichtigen, daß ihm wenige Tage vor diesem Geständnis die Folterwerkzeuge gezeigt worden waren, mit denen die unwürdigen Nachkommen Christi und Aristoteles' den Geist des siebzigjährigen Galilei erleuchten wollten.

Im Fall Darwin waren es wieder Wissenschaftler, die in den Chor der Kirchenmänner einstimmten, um den Mann, den Thomas Huxley einen »bescheidenen Wahrheitssucher« nannte, mit Hohn und Spott zu überschütten. »Will er von der väterlichen oder mütterlichen Seite vom Affen abstammen?« fragte der gelehrte Erzbischof von Oxford. Was hätte Huxley auf eine so lächerliche Frage über Charles Darwin antworten können? Seitdem ist fast ein Jahrhundert vergangen, aber Darwins Evolutionstheorie scheint noch immer eine brauchbare Erklärung für bestimmte, ansonsten unerklärbare Tatsachen zu sein.

Merkwürdig an den Fällen Galilei und Darwin ist allerdings, daß ersterer sich ebenso irrte wie seine unintelligenten Ankläger, weil weder die Sonne noch die Erde der Mittelpunkt des Universums ist, und daß die Evolutionstheorie des letzteren sich möglicherweise als unzulässige Vereinfachung einer viel komplizierteren Kette von Kausalzusammenhängen erweisen wird. Aber in beiden Fällen ist kein Rechtfertigungsgrund für die Verfolgung Andersdenkender zu erkennen. Schließlich können wir vom theoretischen Standpunkt aus damit argumentieren, daß das Universum uns trotz unserer wissenschaftlichen Fortschritte als Ganzes noch ein Rätsel ist. Unsere wissenschaftlichen Informationen sind nur ein unbedeutender Teil dessen, was wirklich existiert, und wegen unserer räumlichen und zeitlichen Begrenzungen wissen wir eigentlich gar nichts.

Die Wissenschaft darf nicht riskieren, wegen ihrer Erkenntnisse arrogant zu sein. Spätere Generationen werden auf sie herabsehen, wie wir auf die Erklärungen herabsehen, die Primitive sich für das Universum zurechtgelegt hatten. Ein führender amerikanischer Wissenschafts-Journalist machte den Vorschlag, von Dänikens Ideen sollten ausgerottet und seine Bücher aus Colleges und Universitäten verbannt werden. Das wäre unter Umständen im 17. Jahrhundert soziologisch noch verständlich gewesen, aber heutzutage völlig unbegreiflich. Wissenschaftliche Theorien – daran müssen wir uns wieder erinnern – sind menschliche Versuche, natürliche Phänomene zu erklären. Sie werden ständig verändert, korrigiert, verbessert oder widerlegt. Aber solange es keinen Dialog unter Wissenschaftlern und zwischen Wissenschaftlern und Laien gibt, kann es keinen Fortschritt geben. Niemand hat bevorrechtigt Einsicht in die Realität, keiner besitzt den Schlüssel zur endgültigen Wahrheit. Deshalb müssen unsere Theorien, unsere Zahlen und unsere Antworten provisorisch sein.

Angesichts eines so gewaltigen Kosmos drängen sich einem unwillkürlich Fragen auf: »Wie ist er entstanden?« und

»Wie lange existiert er schon in dieser Form?« oder »Wo liegen seine Grenzen?« und so weiter. Jeder, der sich mit kosmologischen Problemen beschäftigt, weiß, daß es zahlreiche miteinander konkurrierende Modelle des Universums gibt, mit deren Hilfe diese und andere Fragen beantwortet werden können, daß aber alle diese Modelle in Wirklichkeit von Grund auf unzulänglich sind. Man kann beispielsweise Fragen wie »Was liegt jenseits des Universums?« aufwerfen. Das ist eine Frage, die nichts Kindisches, nichts Absurdes an sich hat, obwohl die meisten Astronomen sich aus vertretbaren Gründen dafür entschieden haben, sich nicht damit zu befassen. Aber die Frage an sich ist völlig normal: »Was liegt wirklich jenseits der vielen Galaxien, jenseits der Quasare, jenseits der Grenzen des sichtbaren Universums?«

Wie wir gleich sehen werden, besteht das Problem darin, daß jede mögliche Antwort notwendigerweise eine Antinomie enthält, was im philosophischen Wortschatz einen Widerspruch eines Satzes in sich oder zweier gültiger Sätze bedeutet. Hier stehen wir tatsächlich vor einer Frage, die sich nicht weiter klären oder gar beantworten läßt. Wir sind unentrinnbar in dem Labyrinth gefangen, in das unsere Neugier uns geführt hat.

Die Gegner von Dänikens, die bei ihren Angriffen darauf bestehen, zwischen »Wahrheit« und »Mythus« zu unterscheiden, täten gut daran, sich an Kants Worte zu erinnern. Vielleicht gibt uns ein Mythus die Möglichkeit, aus der von Kant erwähnten mißlichen Lage herauszukommen, und er kann soviel Wahrheit oder vielleicht sogar eine größere Wahrheit als das enthalten, was wir manchmal stolz als »wissenschaftliche Wahrheit« vorstellen.

Behaupten wir beispielsweise, das Universum sei begrenzt und endlich, erhebt sich sofort die Frage, wodurch das Universum begrenzt wird. Wird es durch nichts begrenzt, wie der griechische Kosmologe Parmenides annahm, ist es nicht wirklich begrenzt, weil *nichts* keine Begrenzung sein kann. Wird es jedoch andererseits von etwas begrenzt, gibt es keinen Grund, *dieses andere Etwas* nicht als integralen Bestandteil des Universums zu bezeichnen.

Sagen wir jedoch, das Universum sei nicht begrenzt und das Weltall endlos, tritt eine Reihe von Schwierigkeiten auf, die darin gipfeln, daß sie unsere Erörterungen sinnlos machen. Alle Vorstellungen setzen irgendeine Begrenzung voraus, die entweder zeitlich oder räumlich sein kann, und wo eine Begrenzung fehlt, sind Worte bedeutungslos. Aus diesem Grund verbinden wir mit dem Wort »Gott« im allgemeinen keine Vorstellung: was es verkörpert, kennt keine Begrenzungen. Nach dem gleichen Prinzip sind Wörter wie »unendlich«, »endlos« und »ewig« in Wirklichkeit leere Ausdrücke, deren einziger Wert nur emotional oder fiktiv, nie beschreibend sein kann. Man kann beispielsweise ein Gebäude nicht dadurch beschreiben, daß man es als »endlos« bezeichnet. Tatsächlich werden diese Wörter jedoch in der Umgangssprache und vor allem in der Kirchensprache oft so gebraucht, *als ob* sie etwas bedeuteten. Dies darf uns jedoch keine Bedeutung vortäuschen: Die Menschen reden oft in sinnloser Weise über sinnlose Dinge, und je sinnloser man sich ausdrückt, mit desto größeren Erfolgen kann man rechnen. Wenn der menschliche Verstand darauf angewiesen ist, mit Einschränkungen und Begrenzungen zu arbeiten, müssen alle kosmologischen Modelle, deren Konstruktion uns vielleicht gelingt, uns in heillose Verwirrung stürzen. Wofür wir uns auch entscheiden, wir sind gezwungen, die Endlichkeit *und* die Unendlichkeit des Universums zu leugnen *und* zu bestätigen. Kosmologische Überlegungen können sich in der Tat als nützlich für die Beantwortung der philosophischen Frage nach Existenz und Struktur des Universums erweisen –

aber nur innerhalb bestimmter Grenzen und indem sie Begriffe einführen wie den eines »endlichen, aber nicht begrenzten« Universums, der vor einigen Jahrzehnten von Albert Einstein entwickelt worden ist, oder das Universum als das von uns beobachtbare Universum definieren. Der Rest bleibt jedoch in geheimnisvolles Dunkel gehüllt. Die heftigsten Diskussionen unter Kosmologen entbrennen heutzutage um das Problem der Entstehung des beobachtbaren Universums: nicht aus einem uranfänglichen und mysteriösen Nichts, sondern aus irgendeinem primitiven Zustand bereits existierender Materie.

Deshalb haben wir es heutzutage mit mehreren kosmologischen Modellen zu tun. Der englische Astronom Fred Hoyle plädiert für ein Modell, in dem das Universum sich ständig von neuem erschafft. Seiner Überzeugung nach entstehen Wasserstoffatome aus dem Nichts, was dazu führt, daß das Universum im Grunde genommen stets unverändert bleibt. Könnten wir unser Universum vor Tausenden von Jahrmillionen sehen, behauptet Hoyle, wäre die gegenwärtige Materieverteilung bereits vorhanden. Dieses Modell ist als die *Steady-State-Theorie* bekannt.

G. Gamow und G. Lemaître vertreten andererseits die sogenannte *Urknall-Theorie,* die von der Annahme ausgeht, vor zehn Millarden Jahre habe ein ursprüngliches »kosmisches Ei« existiert: ein primitives Atom, in dem alle jetzt vorhandene Materie des Universums konzentriert war. Dieses Atom sei explodiert, wodurch die Sterne und Galaxien entstanden seien. Das gegenwärtig zu beobachtende Auseinanderstreben galaktischer Gruppen läßt sich am besten erklären, wenn man einen Urknall voraussetzt.

Andere Kosmologen plädieren für die Vorstellung von einem oszillierenden Universum, das zyklische Expansions- und Kontraktionsphasen durchläuft. Die gegenwärtige Ausdehnung der galaktischen Systeme wird irgendwann einen Punkt Null erreichen; danach folgt eine Kontraktionsperiode, in der alle Materie zu einer gigantischen, aber begrenzten Materiekugel zusammenfließt. Diese beiden Vorgänge wiederholen sich dann, wie sie es schon ewig tun. Kosmologen, die dieses Modell bevorzugen, haben sogar versucht, die Dauer dieser Phasen zu berechnen, und eine der Schätzungen spricht von ca. 82 000 000 000 Jahren. Es ist interessant, festzustellen, wie kühn der menschliche Geist oft ist.

Noch interessanter ist jedoch die Tatsache, daß unser astronomisches Wissen im Augenblick noch nicht ausreicht, um eine eindeutige Entscheidung über den Wert dieser Modelle zu treffen. Spätere Forschungsarbeiten werden uns wahrscheinlich dazu zwingen, einige oder vielleicht sogar alle zu verwerfen. Selbst wenn sich eines davon durch Beobachtungen bestätigen lassen sollte, bleiben andere Fragen ungelöst und führen zu neuen Verwirrungen. Vor allem wird der menschliche Geist sich stets mit der Frage nach dem absoluten Beginn des Universums befassen, es sei denn, wir würden uns für bestimmte religiöse Erklärungsversuche entscheiden, in denen ein infiniter Gott als Schöpfer eines finiten Universums vorgestellt wird. So argumentierte beispielsweise Thomas von Aquin. Seiner Überzeugung nach war Gott die erste Ursache, sozusagen der Anfang der Welt. Man könne nicht annehmen, sagte er, das Universum habe schon immer existiert; folglich müsse eine Ursache akzeptiert werden, und diese erste Ursache sei eben Gott.

Abgesehen von der Frage, welchen Wert diese Argumentation besitzt, steht jedenfalls fest, daß sie versucht, das Geheimnis der Existenz des Universums dadurch zu erklären, daß sie ein Wesen einführt, das zweifellos geheimnisvoller als das Universum ist. Denn Gott ist ein Geheimnis, wie jeder Gläubige zugibt. Deshalb besitzt der Erklärungsversuch

Thomas von Aquins zumindest wissenschaftlich gesehen nur noch historisches Interesse. Wenn wir gezwungen sind, die Meere religiöser Überzeugungen zu befahren, müssen wir uns darüber im klaren sein, daß die Wissenschaft kein willkommener Reisegefährte ist.

Die engen Grenzen wissenschaftlicher Darlegungen und Erklärungen haben viele Menschen dazu bewogen, den Wert religiöser Erklärungen für die Geheimnisse des Universums mit Fragezeichen anzuerkennen. Die biblische Darstellung ist aus zwei Gründen bemerkenswert: wegen ihrer Kürze und weil sie sogar noch heute von vielen unbesehen geglaubt wird. »Am Anfang schuf Gott Himmel und Erde«, lesen wir im *1. Buch Mose,* das mit der Schöpfungsgeschichte beginnt. Der Rest ist natürlich eine mythologische Ausschmückung dieser kurzen Feststellung, deren Wurzeln bis in andere, wahrscheinlich ältere Kulturen reichen. An der Basis der hebräischen Auffassung von Beginn und Struktur des Universums können wir babylonische und andere mesopotamische Mythen und Legenden unterscheiden.

Es gibt weitere ausführlichere religiöse Darstellungen der Schöpfung, von denen einige phantastisch, andere absurd anthropomorphisch und wieder andere elegant und geistvoll sind. Wahrscheinlich ließen sich unter allen die Überreste entstellter allgemeiner Erinnerungen an wirkliche Ereignisse aufspüren. Beispielsweise enthält die aus dem zweiten Jahrhundert stammende ungewöhnliche und farbige Schöpfungsgeschichte der Valentinianer bestimmte Elemente, die an die wissenschaftlichsten kosmologischen Darstellungen unserer Tage erinnern. Die Valentinianer waren im zweiten und dritten Jahrhundert eine ketzerische Christengemeinde, die den orthodoxeren Christen große Schwierigkeiten machte. Die Vorstellungen der Valentinianer wurden vermutlich stark durch die Philosophie der Gnostiker und anderer Geheimgruppen geprägt. Nach Irenäus ist uns die Schöpfungsgeschichte der Valentinianer folgendermaßen überliefert:

»Denn sie sagen, es gebe auf jenen unsichtbaren Höhen, die namenlos sind, einen zuvor existierenden, perfekten Äon; diesen nennen sie auch Vorherrschaft, Vorvater und die Tiefe. Sie sagen, da er unverständlich und unsichtbar, ewig und ungeboren sei, habe er endlose Äonen in der tiefsten Stille und Ruhe zugebracht; und mit ihm existierte der Gedanke, den sie auch Gnade und Schweigen nennen. Dieser Tiefe beschloß einst, aus sich heraus den Anfang aller Dinge zu erschaffen und diesen Sproß – den er zu bilden beschlossen hatte – wie einen Samen in das koexistente Schweigen zu legen, als wäre es ein Mutterleib. Und dieses Schweigen, das so befruchtet worden war und empfangen hatte, gebar den Intellekt, der seinem Schöpfer ähnlich und gleich war und als einziger die Größe seines Vaters begreifen konnte. Diesen Intellekt nennen sie auch den Einziggezeugten und den Anfang aller Dinge.«

Was diese merkwürdige Aneinanderreihung von Worten bedeuten soll, ist schwer zu sagen. Vielleicht würde sich ein verständlicher Sinn ergeben, wenn einige Wörter geändert würden, aber wie bei allen religiösen Texten ist es nie leicht, die Sprache zu ändern, ohne den Sinn zu verändern.

Das Mißtrauen, mit dem die Wissenschaft diese und ähnliche Berichte betrachtet, ist nur allzu verständlich. Die Kosmologie beginnt heutzutage mit irgendeinem feststehenden materiellen Anfang und weigert sich, weitergehende Überlegungen anzustellen. Manche Kosmologen vertreten die Ansicht, die gegenwärtige Struktur des Universums sei das Ergebnis chaotischer Zustände primitiver Materie und das Universum das Ergebnis eines Zufalls. Im Gegensatz dazu vertreten andere die Hypothese, der gegenwärtige isotrope und homogene Zustand des beobachtbaren Universums könne nur das Ergebnis besonderer und sehr spezifischer Entwicklungsvorgänge sein – und folglich keineswegs ein Zufallsergebnis. Ein Ende der Debatte ist jedoch noch nicht in Sicht. Die großen Denker in Gegenwart und Vergangenheit sind unweigerlich in ein Labyrinth aus Schwierigkeiten gezogen worden, das durch solche Überlegungen entsteht. Parmenides, Plato, Aristoteles, Bruno, Galilei, Kant, Einstein . . . sie alle haben sich mit dem Problem befaßt und Lösungsvorschläge gemacht.

Leider sind diese Lösungen notwendigerweise in einer Sprache ausgedrückt, die wie bei Plato und Newton theologisch suggestiv, wie bei Aristoteles und Einstein metaphorisch orientiert oder wie bei Parmenides und Kant mit Paradoxa überladen ist. Diese Lösungen sind nur allzu häufig eher »mystisch« als streng wissenschaftlich.

Ein ebenso verwirrendes Problem wirft die Frage nach dem »Warum?« des Universums auf.

Der deutsche Philosoph Martin Heidegger stellt am Anfang seines Werkes *Einführung in die Metaphysik* die scheinbar kindliche Frage, warum es etwas statt nichts gäbe. Der Rest seines einflußreichen Werkes ist nur ein systematischer Versuch, diese Frage, die als »keine gewöhnliche Frage« bezeichnet wird, nicht zu beantworten, sondern ihre Wichtigkeit und Bedeutung zu zeigen. Heidegger gehört natürlich einer metaphysischen Schule mit langer Tradition an, für die diese Frage seit jeher die wichtigste aller Fragen gewesen ist. In der Tat: Warum gibt es überhaupt ein Universum? Gibt es irgendeinen Grund, irgendeine allgemeingültige Erklärung für die Existenz so vieler Milliarden Galaxien, die auf geheimnisvolle Weise in einem anscheinend endlosen Weltall verteilt sind?

Aber wir stehen wie in den vorigen Fällen vor einer merkwürdigen und ärgerlichen Schwierigkeit, weil wir uns einer Frage gegenübersehen, die wir nicht einfach ignorieren, aber auch nicht beantworten können – nicht einmal andeutungsweise. Da wir sie weder zum Schweigen bringen noch beantworten können, müssen wir ehrfurchtsvoll vor der gewaltigen Tatsache des Universums stehen und können dabei nur Verwunderung und Bescheidenheit empfinden. Unser Wissen, das muß hier wiederholt werden, ist schon immer unendlich beschränkt gewesen, und wir können die Fragen nach dem »Wo?«, »Wie?« und »Warum?« des Universums nicht beantworten. Das Bild, das wir uns von seinem Aufbau machen, ändert sich ständig, während unser Horizont sich erweitert, aber durch diese Erweiterung wächst auch die Zahl der offenen Probleme. Als Einzelmenschen kennen wir nur einen ganz unbedeutenden Bruchteil der Realität. Unsere beschränkten Sinneswahrnehmungen zwingen uns Maßstäbe auf, mit denen die größeren Aspekte der Realität wahrscheinlich nicht mehr zu messen sind. Vielleicht existieren selbst in unserer eigenen Sphäre Dinge, die wir nicht wahrnehmen können, wie ein Blinder die Farben, von denen er umgeben ist, nicht wahrnehmen kann.

Wie können wir dann zuversichtlich über die Wahrheit sprechen? Erich von Däniken ist als »kindisch« verhöhnt worden, weil er Fragen gestellt hat, die als voll beantwortet gelten. Die Theorie vom Besuch fremder Weltenbewohner in vorgeschichtlicher Zeit ist ins Lächerliche gezogen worden, weil ihre Grundlagen kontrovers und fragmentarisch sind. Die Idee, die Erde könnte Besuch aus dem All bekommen haben, ist als physikalisch unmöglich abgetan worden. Dabei gibt es in Wissenschaft und Philosophie keine wichtigen Fragen, die wir als »endgültig beantwortet« ansehen können. Beispielsweise betrachtete Darwin seine Evolutionstheorie nicht als abgeschlossenen Fall, über den hinaus keine weiteren Fragen mehr beantwortet werden konnten. Unser gegenwärtiges Wissen auf astronomischem Gebiet läßt mehr Fragen völlig unbeantwortet, als die meisten ahnen. Wo sind dann die »völlig beantworteten Fragen«? Außerdem sind unsere Informationen – außer in ganz trivialen Fällen – stets kontrovers und fragmentarisch. Der heute allgemein akzeptierte Wahrscheinlichkeitsbegriff unterscheidet sich grundlegend von dem unserer Vorfahren. Die Wahrheit selbst ist historisch gesehen formbar.

Im Mittelalter wurde die Wahrheit oft in den Doktrinen des Aristoteles und den Dogmen der Kirche gefunden, die beide lehrten, die Erde sei der Mittelpunkt des Universums, um den die Himmelskörper kreisten. Von diesem Standpunkt aus scheint Gott alles für die Zwecke der Erde erschaffen zu haben, die wiederum nur zum Nutzen der Menschen existiert. »Und Gott sprach: Es werden Lichter an der Feste des Himmels, die da scheiden Tag und Nacht und geben Zeichen, Zeiten, Tage und Jahre.«[2] Und Aristoteles sagte: »Es ist am besten, wenn die Erde den Mittelpunkt einnimmt, denn der Mittelpunkt ist der beste Platz.«[3] Und die Gelehrten fügten hinzu: »In der Heiligen Schrift und bei Aristoteles finden sich Wahrheit und Weisheit.«

Aber die Dinge sind in Wirklichkeit viel komplizierter. Auch die Ameise kann sich sagen: »Diese Erde, deren Abmessungen ich nicht kenne, ist für meinen Ameisenhaufen geschaffen worden, und der Ameisenhaufen existiert zu meinem persönlichen Nutzen.« Die geozentrische Kosmologie dieser mittelalterlichen Ameisen ist von kühnen Männern wie Kopernikus, Galilei, Kepler und Bruno in Frage gestellt worden. Sie waren nicht von den Wahrheiten ihrer Zeit beeindruckt und fürchteten weder die Verbote der Kirche noch ihren Dogmatismus, den Galilei als »heuchlerische

Religion«[4] bezeichnete. Durch ihr Drängen wurde das Universum größer, und die Ameisenhaufenmentalität war in ihren Grundfesten erschüttert. Die Erde galt wieder als Planet[5], und das Bild der Milchstraße begann sich abzuzeichnen. Eine Zeitlang herrschte die Auffassung vor, die Milchstraße und das Universum seien gleichbedeutende Begriffe. Aber E. Hubble, der von Immanuel Kants Überlegungen ausging, konnte nachweisen, wie falsch diese Ansicht war. Unterdessen wissen wir, daß wir Bewohner eines Universums sind, dessen Ausmaße unsere Vorstellungskraft bei weitem übersteigen.

Die Ideen griechischer Kosmologen, die von unzähligen Universen, gleich weit entfernten Sonnen und Welten jenseits dieser Welt sprachen, sind dank der neuzeitlichen Entdekkungen der Astronomie teilweise verstanden und allgemein akzeptiert worden. Die »Wahrheiten« über den Aufbau des Universums und kosmische Realitäten, die in früheren Zeiten so eifrig verteidigt und behütet worden sind, haben völlig anderen Auffassungen Platz gemacht, die der Wirklichkeit vermutlich etwas eher entsprechen, obwohl sie noch paradoxer und rätselhafter wirken. Tatsächlich steht fest, daß die unmittelbare Zukunft uns noch verwirrendere Perspektiven eröffnen wird. Die Welt der Zukunft wird jedenfalls eine Welt voller Überraschungen sein. Dann werden die Kosmologien von heute als grobe Verzerrungen des Universums erscheinen, genau wie uns heute die von Kopernikus, Galilei, Kepler und Herschel vorkommen.

Aus diesem Grund müssen wir lernen, unsere inneren Grenzen zu erkennen und zu akzeptieren. Wissenschaftliche Hypothesen sind Pfade, denen wir folgen, um zu versuchen, die Fakten unserer Existenz zu erklären. Aber während sie an Anzahl und Kompliziertheit zunehmen und während sich vor uns neue Horizonte auftun, müssen auch neue Hypothesen entstehen – und mit ihnen neue Theorien und Mythen. Schließlich ist »das Universum nicht nur verrückter, als wir annehmen, sondern verrückter, als wir annehmen *können*«, wie der englische Wissenschaftler J. B. Haldane festgestellt hat. Es ist nicht unmöglich, sich Teile des Universums oder vielleicht anderer Universen vorzustellen, wo andere als die uns vertrauten physikalischen Gesetze gelten. Gravitation und Relativität sind spezielle Verhaltensweisen *unserer* physikalisch-temporalen Welt. Das bedeutet jedoch nicht, daß die Realität sich in ihrer Gesamtheit auf diese identische Weise verhalten muß.

Das ganze Universum mit seinen unzähligen Himmelskörpern, seiner galaktischen Unendlichkeit und der Winzigkeit seiner atomaren Partikel bleibt ein Geheimnis und wird es wohl immer bleiben. Aber das geheimnisvollste Phänomen ist natürlich – zumindest von unserem Standpunkt aus – der Mensch selbst. Obwohl er in diesen gewaltigen Weiten verloren, zu schrecklichster Bedeutungslosigkeit verdammt und an einen schäbigen Trabanten eines durchschnittlichen Sternes gefesselt ist, ist er sich trotzdem seiner mißlichen Lage bewußt: er kann denken. Sein Bewußtsein unterscheidet sich gewaltig von dem, das für das Tierreich charakteristisch zu sein scheint. Deshalb wird er in bestimmten Legenden als »Krone der Schöpfung« bezeichnet. Die irdische Natur unterwirft sich ihm. Er spricht, und seine Mitwesen gehorchen. Er plant, und seine Pläne werden verwirklicht. Von einem unwiderstehlichen Drang vorangetrieben, hat er geschafft, wozu kein anderer Erdbewohner imstande gewesen wäre. Er hat seinen Planeten verlassen. Damit hat er eine Brücke zu den Sternen erbaut – oder er hat eine Heimreise begonnen. Im Auf und Ab seiner Erfahrungen hat er sich oft gefragt, ob er im grenzenlosen Universum allein ist oder ob zahlreiche andere Lebewesen, die sich wie er Gedanken über das

Geheimnis der Dinge machen, als Gefährten besitzt? In beiden Fällen ist seine Lage höchst verwirrend. Falls er allein ist: Warum? Falls er Gefährten hat: Wer und wo sind sie? Sein offenkundiges Unbehagen in Gesellschaft von Tieren; seine ewige Sehnsucht nach dem Himmel; seine endlosen Gebete zu unsichtbaren Gottheiten, die, wie Plato sagt, auf den »himmlischen Straßen, auf denen die Götter auf und ab gehen«, wohnen; sein hartnäckiges Warten auf einen Messias, einen Erlöser, einen zurückkehrenden Gott; seine unablässige Beschäftigung mit Astrologie, Astronomie, Raumfahrt und Wissenschaften im allgemeinen ... alles das hat seinem ruhelosen Verstand die Idee eingegeben, er stamme vielleicht nicht, um die Bibel zu zitieren, »von dieser Welt«. Sollte sich diese Vermutung als richtig erweisen, wäre seine wichtigste Aufgabe der Bau einer Brücke zu den Sternen. Aber wem wird er dort begegnen? Kann es in diesem geheimnisvollen Universum, über das er so wenig weiß, geheimnisvollere Lebewesen als ihn geben? Lebewesen, denen er vielleicht seine Sprache, seine Kultur und sogar seine Existenz verdankt?

2

Außerirdische Planetenbewohner

Die kopernikanische Revolution des 16. Jahrhunderts versetzte dem stolzen Bewußtsein der Einzigartigkeit, mit der der Mensch seinen Planeten betrachtet hatte, einen tödlichen Schlag. Im Mittelalter war dieses Bewußtsein besonders stark ausgeprägt gewesen, weil die Menschen davon überzeugt waren, im Rahmen von Gottes Schöpfungsplan müsse die Erde der Mittelpunkt des Universums sein. Daß dies anders sein könnte, war unvorstellbar. Die Erde war schließlich die Bühne, auf der sich die größten religiösen Mysterien abgespielt hatten: die Erschaffung Adams und Evas, der Sündenfall, die Sintflut, die Bestimmung der Juden zum auserwählten Volk und vor allem die Erlösung der Menschheit durch Geburt und Tod von Gottes eigenem Sohn, Jesus von Nazareth. Beispielsweise war in Dantes Kosmologie nicht nur die Erde der Mittelpunkt der Schöpfung, sondern Jerusalem wurde als Mittelpunkt der Erde betrachtet. Solche Überzeugungen machen die ablehnende Reaktion und das unerträgliche Unbehagen, das Kopernikus' Theorien hervorriefen, leicht verständlich. Einige führende Theologen vom intellektuellen Format eines Philipp Melanchthon verdammten Kopernikus als den personifizierten Satan.

Aber diese Einstellung war keineswegs überraschend. Schon tausend Jahre vor Kopernikus hatten St. Hieronymus und St. Ambrosius gegen die Nutzlosigkeit allzu großen Wissens und die »Dummheit der Philosophen« gewettert. St. Augustinus, im fünften Jahrhundert Bischof von Hippo, verzichtete bewußt auf die Beschäftigung mit der physikalischen Welt, weil dies der Seele schade. »Ich träume nicht mehr von den Sternen«, stellte er fest. Seiner Überzeugung nach enthielt die Bibel offenbar alles für den Menschen wichtige Wissen. Aber dieses Wissen zwang manche Gelehrten und Schriftsteller dazu, Dinge zu behaupten, die schon der einfachste gesunde Menschenverstand widerlegen konnte: zum Beispiel Hieronymus' Behauptung (5. Jahrhundert), die Sonne gehe im Süden auf.

Angesichts solcher geozentrischen und anthropozentrischen Überlieferungen war es nicht leicht, auf Kopernikus zu hören, nach dessen Ansicht sich die Bewegungen der Himmelskörper – der Sonne, der Planeten und der Sterne – am besten dadurch erklären ließen, daß man annahm, die Erde kreise einmal im Jahr um die Sonne und drehe sich pro Tag einmal um ihre eigene Achse. Seltsamerweise veröffentlichte Kopernikus sein Hauptwerk *De Revolutionibus* genau in seinem Todesjahr 1543, wodurch er vor dem Zugriff der stets wachsamen römischen Inquisition sicher war. Wäre dies nicht der Fall gewesen, würden wir heute über die Leiden und die Hinrichtung des großen Astronomen sprechen.

Wie wir im vorigen Kapitel gesehen haben, wird die Entwicklung der Kosmologie nach Kopernikus durch schwindende Horizonte charakterisiert. Das Universum wurde Jahr für Jahr größer und komplexer, während die Erde tiefer und tiefer in ihrer eigenen Bedeutungslosigkeit versank. Bei diesem Vorgang büßte unsere Spezies ihre privilegierte Stellung ein, und religiöse Ideologien waren zu tiefgreifenden Umwandlungen und fundamentalen Anpassungen gezwungen. Beispielsweise änderte sich der Begriff des Paradieses auf vielfältige Art. Das Paradies, das früher mit dem Himmel gleichgesetzt wurde und in das die Seelen der Gläubigen *auffuhren*, wurde durch eine wesentlich abstraktere Vorstellung ersetzt: das Paradies als Bewußtseinszustand. Die Hölle, die sich unter der stationären Erde befinden sollte und in die die Seelen der Sünder verbannt wurden, machte der Vorstellung von einem anderen Daseinszustand nach dem Tode Platz.

Zum gegenwärtigen Zeitpunkt, wo wir unsere eigene Position im Kosmos besser zu verstehen gelernt haben, ist es der Sonne. Das macht verständlich, weshalb die Astronomen sie als durchschnittlichen Stern bezeichnen.

Sollten wir jemals die Möglichkeit haben, die Weiten der Milchstraße zu besuchen, würden wir auf unzählige sonnenähnliche Sterne stoßen. Die ständige Wiederholung würde auf die Dauer sogar langweilig werden. Der Stern, den Kopernikus, Galilei, Kepler und andere für den Mittelpunkt des Universums gehalten haben, ist in Wirklichkeit nur einer von Tausenden von Milliarden ähnlicher Himmelskörper. Das Himmelslicht, das im Altertum oft als Sonnengott oder, um es dichterisch wie Plato auszudrücken, als »Ursprung der sichtbaren Welt« angebetet wurde, ist von unzähligen identischen Sternen umgeben, die über die Milchstraßenebene verteilt und im Hinblick auf das gesamte Universum sprichwörtlich häufig sind wie Sandkörner am Meeresstrand.

Merkwürdigerweise ist weder die geozentrische Betrachtungsweise des Altertums, nach der die Erde der Mittelpunkt des Universums sein sollte, noch die von Kopernikus vorgebrachte heliozentrische Theorie, die in der Sonne den absoluten Mittelpunkt sieht, haltbar und richtig. Im Universum scheint es keinen Mittelpunkt zu geben. Kein Himmelskörper steht still: unser Mond rast auf seiner monatlichen Bahn um die Erde, die Erde kreist mit 29,76 Sekundenkilometern um die Sonne, die Sonne und ihr Planetensystem kreisen mit 320 Sekundenkilometern um das Gravitationszentrum der Galaxis, wobei sie für einen Umlauf über 250 000 000 Jahre brauchen, und soviel wir vermuten können, ist die Galaxis ihrerseits bestimmten komplexen Bewegungsabläufen unterworfen, deren Geschwindigkeiten für uns nicht mehr vorstellbar sind. Tatsächlich bestätigen die neuesten astronomischen Erkenntnisse die Annahme, daß die Milliarden von Galaxien sich ständig und anscheinend immer schneller voneinander entfernen.

In diesem physikalischen Universum, das weder Mittelpunkt noch Vorrangstellungen noch absoluten Stillstand kennt, muß die Frage aufgeworfen werden, ob unser Planetensystem an sich einzigartig ist. Dieses System könnte offenbar nur einzigartig sein, wenn unsere Sonne einzigartig wäre. Aber wie wir gesehen haben, ist das nicht der Fall. Unterstellen wir die Richtigkeit des kosmologischen Prinzips, das ein homogenes Universum annimmt, in dem überall die gleichen Gesetzmäßigkeiten gelten, müssen wir daraus schließen, daß sonnenähnliche Sterne wahrscheinlich von Satelliten in Kreisbahnen umgeben sind. Ein kurzer Rückblick auf unsere Theorien über die Entstehung des Sonnensystems kann dazu beitragen, diese Schlußfolgerung zu untermauern.

In der Kosmologie gibt es etwa ein Dutzend Theorien über die Entstehung unseres Sonnensystems. Welche von ihnen wirklich zutrifft, läßt sich noch nicht beurteilen, aber das sollte kein Hindernis sein, um sie vorläufig zu bewerten. Alle diese Theorien lassen sich in zwei Klassen unterteilen: in solche, die von irgendeiner Katastrophe ausgehen, und solche, die einen gleichmäßigeren und weniger dramatischen Ablauf der Ereignisse voraussetzen. Die erste Klasse läßt sich wiederum in Gruppen unterteilen, die aus verschiedenen Tatsachen schließen, daß an der Sonne ein Stern vorbeigezogen sein müsse, oder die die Existenz der Planeten einer als Supernova bekannten stellaren Explosion größten Ausmaßes zuschreiben. Die Theorie, die Planeten seien durch den Vorbeigang eines Sternes an der Sonne entstanden, ist 1900 von T. C. Chamberlain und F. R. Moulton, 1921 von H. Russell, 1936 von R. A. Lyttleton und 1947 von A. Dauvillier vertreten worden. Nach Ansicht dieser bedeutenden Astronomen hätte die Nähe eines anderen Himmelskörpers in der Sonne gewaltige Störungen hervorgerufen – ähnlich einer doppelten oder dreifachen Protuberanz –, aus denen im Lauf der Zeit die Planetenmaterie entstanden wäre.

Dazu muß gesagt werden, daß Zusammenstöße zwischen Sternen nicht völlig ausgeschlossen sind und daß es vorstellbar ist, daß ein Stern dicht an einem anderen vorbeizieht – besonders in Teilen der Galaxis, wo die Sternenkonzentration sehr hoch ist. Am Rand der Galaxis können solche Ereignisse jedoch nur sehr selten vorkommen. Die Abstände zwischen den Sternen sind dort sehr groß, und Zusammenstöße oder dichte Annäherungen müssen äußerst selten sein. Wenn also die Theorie der Planetenentstehung, die voraussetzt, daß ein Stern in die Nähe der Sonne gekommen sein muß, richtig ist, können wir daraus schließen, daß unser Planetensystem innerhalb der Milchstraße, wenn nicht gar innerhalb des Universums Seltenheitswert besitzt. Dann wäre beispielsweise die Existenz der Erde das Ergebnis einer fast zufälligen Situation, die sich nur sehr selten einstellt.

Diesen gewissen Seltenheitswert würden dann nicht nur die Erde, sondern auch alle übrigen Planeten und ihre Monde besitzen. Unsere Welt wäre buchstäblich ein kosmisches Wunder, ein außergewöhnliches Ereignis. Intelligente außerirdische Lebewesen und kosmische Kontakte und Besuche, wie von Däniken sie verteidigt, dürften uns nicht mehr beschäftigen, sondern müßten ins Reich der Fabel verwiesen werden. Beim Anblick der Weiten des Weltalls müßten wir von unserer Einsamkeit und Verlassenheit überzeugt sein.

Aber auch hier scheint die Sache komplizierter zu sein, als zunächst anzunehmen war. Sollte das Sonnensystem das Ergebnis einer Supernova sein, wie Fred Hoyle 1944 vorgeschlagen hat, wäre dieses System vielleicht so häufig wie Supernovae, die innerhalb der Milchstraße und im Universum durchaus nicht selten sind. Innerhalb des letzten Jahrtausends sind mehrere Supernovae beobachtet worden. Der

Krebsnebel im Sternbild Stier wird für die Überreste einer Supernova gehalten, die 1054 von chinesischen Astronomen beobachtet worden ist. Seither sind weitere, wesentlich besser dokumentierte Supernovae gesehen worden. Falls die Planeten durch eine Supernova entstanden sind, können sie im Universum nicht einzigartig sein.

Außerdem haben die meisten Kosmologen und Astronomen seit Immanuel Kant die Hypothese akzeptiert, das Sonnensystem sei durch die Kondensation eines Nebels entstanden. Kant führte 1755 aus, ein gleichförmiger und regelmäßiger Handlungsablauf müsse zur Entstehung dieses Systems geführt haben. Seiner Theorie nach ist es überflüssig, ungewöhnliche und kataklysmische Erklärungen zu bemühen. Der gleiche Prozeß, durch den sich Sterne bilden, nämlich die Kondensation kosmischer Gas- und Staubwolken, kann als Ursache der Planetenbildung herangezogen werden. Der französische Mathematiker Laplace unterstützte und revidierte Kants Hypothese 1796. H. C. Urey arbeitete 1952 eine ähnliche Erklärungsmöglichkeit aus. Die Nebelhypothese, die allerdings die meisten Elemente der Solar- und Planetarbewegung erklärt, scheint heute auf festerem Boden als konkurrierende Ansichten zu stehen. Aber falls diese Annahme zutrifft, müssen wir daraus natürlich schließen, daß Planeten so häufig wie sonnenähnliche Sterne sind. Unser Bewußtsein, einzigartig zu sein, verschwindet sofort, und unser Gefühl der Einsamkeit wird durch das etwas unheimliche Bewußtsein verdrängt, daß wir in Wirklichkeit inmitten unzähliger Lebensgemeinschaften existieren.

Diese Fragen sind durch die Entdeckung des Planetensystems um Barnards Stern zum größten Teil geklärt worden. Barnards Stern leuchtet zu schwach, um mit bloßem Auge sichtbar zu sein; seine scheinbare Helligkeit beträgt 9,53, und das unbewaffnete Auge kann nur Sterne erkennen, deren

Helligkeit unter 6 liegt. Er ist von der Sonne 1,83 Parsec oder 5,97 Lichtjahre entfernt und im Vergleich zu ihr verhältnismäßig klein; seine absolute Größe beträgt 13,21. Seinen Namen verdankt er der Tatsache, daß sein Entdecker E. E. Barnard war, einer der größten Astronomen der Neuzeit, der ihn 1916 in der Wildnis am Nachthimmel fand.

1965 studierte Peter van de Kamp die eigenartige Bahn von Barnards Stern und entdeckte auf diese Weise einen Planeten, der offenbar in einer Entfernung von 672 Millionen Kilometern um das Gravitationszentrum des Sterns kreist. Dieser Planet ist für uns bisher unsichtbar geblieben, weil das Auflösungsvermögen unserer heutigen Teleskope nicht dazu ausreicht, um einen so kleinen Körper (mit 0,0015 Sonnenmassen) auf so große Entfernung zu entdecken.

1969 gab van de Kamp außerdem die Entdeckung eines weiteren Planeten von Barnards Stern bekannt: eines Planeten mit 0,8 Erdmassen, der sich auf einer wesentlich engeren Kreisbahn befindet.

Van de Kamps Entdeckungen haben die letzten Überreste des einst der ganzen Erde anhaftenden Gefühls, im Kosmos einzigartig zu sein, zweifellos endgültig beseitigt. Wir können heute bestätigen, daß in unserer galaktischen Nachbarschaft mindestens ein weiteres Planetensystem existiert. In Zukunft werden bestimmt noch andere entdeckt werden – durch direkte Raumforschung und durch neue Verbesserungen an Teleskopen, wie sie von den Wissenschaftlern, die in den USA mit dem Mayall-Spiegelteleskop arbeiten, entwickelt worden sind.

Dieses neue Verfahren hat uns die Möglichkeit gegeben, erstmals die Scheibe eines entfernten Sterns zu fotografieren. Das gelang Anfang 1975 bei Beteigeuze, dem roten Riesen im Sternbild Orion. Bis dahin, das muß hier angemerkt werden, erschienen Sterne selbst in den größten Teleskopen der Welt nur als Lichtpunkte. Je stärker das Spiegelteleskop vergrößert, desto kleiner erscheinen die Sterne, was auf das Auflösungsvermögen der Linsen zurückzuführen ist. Ein Lichtpunkt kann jedoch keine Einzelheiten, keine Oberfläche und keine Scheibe zeigen.

Aber das hat sich jetzt geändert. Roger Lynds, Jack Harvey und Peter Worden haben Beteigeuze so fotografiert, daß die riesige Scheibe des Sterns deutlich zu sehen ist. Die Aufnahme ist so scharf, daß selbst einige Oberflächendetails zu erkennen sind, obwohl Beteigeuze 92 Parsec oder 300 Lichtjahre von uns entfernt ist. Das Bild des Sterns wurde durch einen komplizierten Bildverstärker vergrößert und einem Computer eingegeben, der die Fehlerquellen eliminierte. Das Ergebnis war in der Tat außergewöhnlich, weil bisher noch kein Mensch wirklich gesehen hatte, wie ein Stern aussieht.

Zweifellos werden nun auch nähere Sterne mit Hilfe dieses erfolgreichen Verfahrens fotografiert werden, so daß es bald einen Katalog von Sternenfotos geben wird. Wir dürfen erwarten, daß sich auch die Planeten von Barnards Stern fotografieren lassen werden, so daß die astrophysikalischen Berechnungen van de Kamps visuell nachgeprüft werden können, wie es bei denen von John Adams und Urbain Leverrier der Fall war, die im 19. Jahrhundert die Neptunbahn berechneten.

Auf wissenschaftlichem Gebiet eilen Überlegungen und Berechnungen der empirischen Verifizierung oft weit voraus. Das ist ein ganz normaler Vorgang. Heutzutage denken wir über extraterrestrisches Leben, über Besuche durch Götter-Astronauten und über eine Brücke zu den Sternen nach. Konkrete empirische Beweise fehlen im allgemeinen. Die Wissenschaft hat sich jedoch hauptsächlich durch die Arbeit derer entwickelt, die einen Schritt über das hinausgegangen sind, was uns unsere Sinne zeigen. Jedenfalls sammeln sich immer mehr Beweise für die Existenz einer riesigen kosmischen Gemeinschaft an. Ein Universum, in dem es nur die Planeten des Sonnensystems gibt, von denen nur die Erde bewohnt ist, auf der wir die einzigen intelligenten Lebewesen sind, wird bald eine überholte Vorstellung sein, die nur noch einen Platz zwischen anderen historischen Theorien verdient hat.

Wir müssen jedoch berücksichtigen, daß schon im Altertum keineswegs alle bereit waren, diese Vorstellung zu akzeptieren. Alte Schriften enthalten zahllose Hinweise und Andeutungen, die auf einen Glauben an intelligentes extraterrestrisches Leben schließen lassen.

Zum Beispiel gab es bei den alten Griechen viele, die sich dagegen wehrten, die Erde und ihre Bewohner für einzigartig zu halten. Das traf besonders auf die Philosophen von Milet im sechsten Jahrhundert vor Christus zu. Milet war eine griechische Küstenkolonie in Kleinasien, in der wissenschaftliche Spekulation einen frühen Höhepunkt erreichte. Die Stadt selbst war ein wichtiger Vorposten griechischer Zivilisation und genoß große politische und kulturelle Unabhängigkeit. Die religiösen Traditionen des Mutterlandes mit ihren theogonischen und theologischen Erklärungen spielten in der kulturellen Entwicklung Milets keine entscheidende Rolle. Aus diesem Grund wurde Milet ein eigentümlicher Hort unabhängiger Gedanken – und deshalb zur Geburtsstätte von Philosophie und Wissenschaft des Abendlandes.

Die Überlegungen der milesischen Philosophen wie Thales, Anaximander und Anaxemines waren im allgemeinen frei von dem bestimmenden Einfluß, den Mythologie und Aberglaube auf die homerischen Griechen hatten, die sich praktisch alle Naturereignisse als das Ergebnis von Interventionen der Götter erklären konnten. Die milesischen Philosophen versuchten ihrerseits, alle Naturereignisse vom naturalistischen und rationalistischen Standpunkt aus zu erklären. Wir wissen beispielsweise, daß Thales alle natürlichen Zustandsänderungen als Abwandlungen eines einzigen Stoffes erklärte – des Wassers. »Alles ist Wasser«, behauptete er und hatte damit fast völlig recht, denn wir wissen heute, daß 90% des sichtbaren Universums aus Wasserstoff bestehen, das wiederum der Hauptbestandteil des Wassers ist. Thales konnte außerdem die Sonnenfinsternis des Jahres 585 vor Christus erklären. Seine Erklärung für dieses Phänomen war nach heutigen Erkenntnissen richtig und stand in völligem Gegensatz zu den primitiven Anschauungen seiner Zeitgenossen.

Anaximander, ein Schüler des Thales, erklärte den Ursprung der Menschheit in Form einer Hypothese, die in gewisser Beziehung Darwins Evolutionstheorie vorwegnahm. Durch einfache Untersuchung verschiedener lebender Spezies, auch des Menschen, war er zu der Überzeugung gelangt, sie seien durch einen Evolutionsprozeß miteinander verbunden, und der Mensch habe sich aus niedrigeren, vermutlich im Wasser lebenden Arten entwickelt. Diese Hypothese wurde von vielen späteren griechischen Philosophen akzeptiert und ausgearbeitet; zu ihnen gehörten beispielsweise Empedokles (490–430 v. Chr.), Anaxagoras (etwa 430 v. Chr.), Demokrit (460–360 v. Chr.) und Epikur (341–270 v. Chr.).

Anaximander war auch der Ansicht, im Universum gebe es unzählige Welten, die unserer Erde ähnlich seien. Manche sollten jünger als die Erde sein, andere älter; manche sollten erst entstehen, andere bereits wieder vergehen. Die Erde »wiederhole« sich jeden Augenblick unzählige Male über das gesamte Universum verteilt, und andere intelligente Rassen seien überall anzutreffen.

Wie seine Evolutionshypothese wurde auch dieses kühne

pluralistische Modell des Universums von anderen Philosophen in Milet und anderswo übernommen. Empedokles, ein Philosoph aus Sizilien, fügte ein neues Element hinzu: das gesamte Universum ist periodischen Transformationen unterworfen, bei denen es sich zuerst unglaublich weit ausdehnt und dann zu einem einzigen Punkt zusammenströmt, in dem alle Materie konzentriert ist. Dieser Prozeß wiederholt sich endlos, so daß die Vorstellung eines oszillierenden Universums entsteht.

Unglücklicherweise wurden die Evolutionshypothese und das Modell eines pluralistischen und oszillierenden Universums von dem Philosophen abgelehnt, der die Entwicklung der westlichen Kultur maßgeblich beeinflußt hat: Aristoteles (384–321 v. Chr.). Er war nicht bereit, die Evolutionshypothese seiner Vorgänger ernst zu nehmen, weil er von Plato (427–347 v. Chr.) die Idee übernommen hatte, die Spezies oder natürlichen Arten seien in der Natur festgelegt. Daß Aristoteles praktisch jegliches Geschichtsbewußtsein fehlte, ist eine logische Folge dieser Ansicht. Außerdem konnte er wegen seiner Behauptung, die Erde sei der Mittelpunkt des Universums, um den Sonne, Mond, Planeten und Fixsterne kreisten, Anaximanders pluralistisches Universum nicht akzeptieren, obwohl wir später noch sehen werden, daß einige seiner Werke mehrere interessante Hinweise auf extraterrestrisches intelligentes Leben enthalten.

Aristoteles' Autorität genügte, um die unbefangeneren Einsichten früherer Philosophen unter geozentrischen und anthropomorphischen Hypothesen zu begraben. Seine Ansichten wurden im Mittelalter kritiklos übernommen – besonders im und nach dem 13. Jahrhundert, als christliche Ideologen eine gewagte Synthese seiner Ideen und einiger babylonischer kosmologischer Theorien der jüdisch-christlichen Tradition versuchten.

Noch unglücklicher als Aristoteles' Fehler wirkten sich jedoch die wiederholten Brände der großen antiken Bibliotheken, Alexandria und Pergamon, der beiden geistigen Zentren des Altertums, und das rätselhafte Verschwinden von Aristoteles' riesiger Bibliothek aus. Weitaus die meisten Werke der Alten wurden in diesen Sammlungen aufbewahrt und gingen bei ihrer Zerstörung verloren. Es gibt viele traurige Berichte über die Brände dieser alten Bibliotheken: Manchmal wurden sie versehentlich niedergebrannt – als die Römer unter Cäsar die Bibliotheksgebäude in Alexandria anzündeten; ein andermal wurden sie durch die Dummheit gefühlloser Eroberer vernichtet – als der römische Kaiser Theodosius I. um das Jahr 391 versuchte, in Ägypten alle heidnischen Überreste ausrotten zu lassen; gelegentlich waren daran auch praktische Erwägungen Behaglichkeit suchender Barbaren schuld – als die Mohammedaner die Bibliotheksbestände zu Hause verheizten.

Das Ergebnis war stets das gleiche. In Alexandria wurden über 700 000 unersetzliche Dokumente vernichtet, in Pergamon waren es Tausende von Pergamenten, und ganz allgemein ging die schriftliche Hinterlassenschaft des Altertums in Flammen auf. Deshalb sind wir heutzutage auf Fragmente angewiesen, auf Bruchstücke, Zitate und spätere Auslegungen, die zum größten Teil aus nachrömischen Zeiten stammen. Der Versuch, die Geschichte der alten Philosophie und Wissenschaft zu rekonstruieren, ganz zu schweigen von der Geschichte der Menschheit, kommt dem Versuch gleich, ein riesiges Puzzlespiel zusammenzusetzen, von dem die meisten Stücke fehlen. Vielleicht würde unser ganzes Verständnis der Antike und unserer geschichtlichen Entwicklung sich gründlich wandeln, wenn irgendwo eine gut erhaltene Sammlung unbekannter Dokumente entdeckt würde. Wenn wir über Anaximander sprechen, müssen wir berücksichtigen, daß wir nur Fragmente zur Verfügung haben, aus denen wir irgendeine zusammenhängende Philosophie rekonstruieren müssen.

Das gleiche gilt für Anaxagoras. Er genießt die unbestreitbare Auszeichnung, der erste große Philosoph gewesen zu sein, der in Athen gelebt und gelehrt hat: im Perikleischen Zeitalter, in Sokrates' Jugend. Anaxagoras war – ähnlich wie die Milesier – ein Rationalist. Er stellte fest, die Sonne sei ein brennender Stein, kein göttliches Wesen; sie sei viel größer als Griechenland und die Quelle des Mondlichts. Er hielt den Mond für erdähnlich und vermutete, daß dort ebenfalls intelligente Wesen lebten.[1] Wie Anaximander war er davon überzeugt, es gäbe außer Erde und Mond zahlreiche weitere bewohnte Welten, und vermutete sogar unter den Meeren und unter der Erdkruste komplexe Zivilisationen intelligenter Lebewesen, die »vielleicht genau wie wir in Städten wohnen und ihre Felder bestellen«.[2]

Man muß diese Idee mit Verehrung und Bewunderung betrachten, besonders wenn man sie mit den primitiven Auslassungen derer vergleicht, die damals glaubten und noch heute glauben, die menschliche Rasse sei der einzige Zweck des Universums und alle Dinge existierten nur um des Menschen willen. Noch bewundernswerter ist die Tatsache, daß viele Philosophen des Altertums von solchen Überlegungen ausgingen, obwohl sie in einem anthropomorphen, geozentrischen und gänzlich unaufgeklärten Milieu lebten. Das erklärt zum Teil die Abneigung und Feindseligkeit, mit denen ihnen ihre Mitmenschen begegneten. Anaxagoras wurde in Athen wegen Ketzerei vor Gericht gestellt, wobei der Hauptanklagepunkt lautete, er habe das göttliche Wesen der Sonne geleugnet. Nachdem er zum Tode verurteilt worden war, gelang es ihm, mit Perikles' Hilfe – Perikles bat, sein Leben zu schonen – unversehrt zu entkommen. Sokrates, der angeklagt wurde, »Dinge über und unter der Erde zu suchen«, hatte weniger Glück: er mußte 399 v. Chr. einen Schierlingsbecher leeren.

Selbst Aristoteles, dessen kosmologische Gedankengänge nie so revolutionär wie die seiner Vorgänger waren, wurde von dem Athener Pöbel verfolgt. 322 v. Chr. mußte er aus der Stadt fliehen und sich in Chalkis niederlassen, wo er später starb. Als er Athen verließ, soll er gesagt haben: »Ich gehe, um die Athener vor einem zweiten Verbrechen gegen die Philosophie zu bewahren.«

In seinen Werken finden sich mehrere Hinweise auf einen Glauben an extraterrestrisches Leben, die allerdings vor dem Hintergrund seiner geozentrischen Ideen und seiner merkwürdigen Überzeugung, die Erde und der Himmel bestünden aus völlig verschiedenen Stoffen, gesehen werden müssen. Aber in seinem Buch über die Zeugung der Geschöpfe spricht er von einer bestimmten Tierart, die auf dem Mond zu finden sein soll. Und in dem Werk über die Glieder der Geschöpfe erwähnt er »Mondmenschen«, die wir nur wegen der großen Entfernung nicht sehen können. In manchen Kommentaren wird unterstellt, Aristoteles habe die Mondbewohner nur als Beispiel gewählt, ohne selbst an ihre Existenz zu glauben. Er soll sich dabei auf die bekannte Behauptung der Schüler des Pythagoras (572–497 v. Chr.), die an solche Dinge glaubten, bezogen haben. Das mag stimmen, aber wir können daraus jedenfalls schließen, daß Pythagoras oder Aristoteles oder beide an die Existenz außerirdischen Lebens geglaubt haben.

In der *Metaphysik,* Aristoteles' Hauptwerk, findet sich eine merkwürdige Stelle, die besonders erwähnt werden muß, weil sie einige fundamentale Punkte aufzeigt:

»Unsere Vorfahren in allerweitester Vorzeit haben ihrer Nachwelt in Form eines Mythos eine Tradition überliefert, nach der diese Körper (die Himmelskörper) Götter seien. Sie sagen, diese Götter hätten die Gestalt von Menschen oder einiger der anderen Tiere. Das muß man als erleuchtete Äußerung betrachten. Diese Auffassungen sind bis zur Gegenwart wie Relikte des alten Schatzes gehütet worden.«

Daraus scheint hervorzugehen, daß Aristoteles die Himmelskörper für gottähnliche Wesen, Götter oder übermenschliche Intelligenzen hielt, was durch seinen Glauben an eine Vielzahl von unbeweglichen Bewegern, die das Universum in Bewegung halten, bestätigt wird. Aber diese Theorie war schon zu Aristoteles' Zeit ein Anachronismus, weil bereits frühere Philosophen erkannt hatten, daß die Himmelskörper materieller und passiver Natur waren. Nur in unaufgeklärten Zeitaltern begegnet man der Vorstellung, sie seien lebendig und intelligent: Die abergläubischen Ägypter hielten Sonne und Mond für intelligente Lebewesen, und einige mittelalterliche Schriftsteller erklärten sie für materialisierte Engel. Aber die Tatsache, daß Aristoteles ähnliche Ansichten geäußert hat, ist doch etwas überraschend – besonders angesichts der Charakterisierung »erleuchtete Äußerung«.

Aristoteles' Haltung zu dem Problem extraterrestrischen Lebens war doch recht komplex. Anaximander und Anaxagoras sprachen von bewohnten Himmelskörpern, aber Aristoteles bezeichnete sie als Wesen, die auch ohne Bewohner mit Bewußtsein und Intelligenz begabt waren. Es ist denkbar, daß der Mythos, auf dem er sich in dem Zitat bezieht, ursprünglich ganz anders als in der Aristoteles überlieferten Form gelautet hat. Mythen und Legenden unterliegen ständigen Veränderungen und Neuformulierungen. Deshalb muß man die Möglichkeit in Erwägung ziehen, dieser alte Mythos habe ursprünglich besagt, die Himmelskörper seien die Heimat der Götter. In dieser Form würde der Mythos völlig mit zahlreichen ähnlichen Mythen übereinstimmen, die alle von himmlischen Göttern und Besuchern vom Himmel sprechen. Eine Generation nach Aristoteles lebte Epikur. Unglücklicherweise wird sein Name oft mit Hedonismus und sexueller Zügellosigkeit, die vulgäre Menschen erstrebenswert finden, in Verbindung gebracht. Ein »Epikureer« ist im allgemeinen Sprachgebrauch ein Mensch, der nur für leibliche Genüsse lebt. Als historische Tatsache steht jedoch fest, daß Epikur und die Philosophen, die in seinem berühmten Athener »Garten« zu Gast waren, weit von grobem Sensualismus entfernt waren. Er befürwortete und lebte ein Leben voller Zurückhaltung und Disziplin, dessen einziges Ziel geistig-seelische Gelassenheit war.

Deshalb bewies er auch tiefe Verachtung für religiöse Glaubensgrundsätze und Lehren, die Menschen ängstigten und ihren geistigen Frieden störten. Überzeugungen, die die strafende Gewalt eines Gottes oder der Götter, die rächende Natur übermenschlicher Wesen, die Existenz von Hölle und Fegefeuer, den schrecklichen Charakter des Todes und dergleichen betrafen, waren seiner Ansicht nach absurd. Für ihn war nur die physische Welt real; der Rest war abergläubischer Unfug. Wirklich seltsam ist jedoch, daß Epikur trotz seines Materialismus und seiner antireligiösen Auffassungen an die Götter glaubte. Aber wie war das möglich?

Seine Götter sind ohne Zweifel merkwürdige Wesen, wenn man darauf besteht, sie vom gewöhnlichen Glaubensstandpunkt aus zu beurteilen. Sie sind leibliche Wesen, die in Bereichen weit jenseits unserer eigenen irdischen Heimat leben. Sie genießen völlige Seelenruhe und haben das Elend menschlicher Existenz bereits überwunden. Sie residieren natürlich im Himmel, der aber offenbar der physische Himmel ist, was nur ein anderer Ausdruck für die Sterne ist. Vor allem haben diese Götter nichts mit uns zu schaffen. Die kleinen Probleme der Menschheit sind nicht ihre Sorge. Sie erscheinen tatsächlich als extraterrestrische intelligente Lebewesen, die einen hohen Verfeinerungs- und Entwicklungsstand erreicht haben. Sie sollten geachtet, bewundert und nachgeahmt, aber nie gefürchtet werden.

Nun zu der Frage, ob irgendeine Art Kommunikation zwischen ihnen und uns möglich ist oder bereits stattgefunden hat. Epikur drückt sich in dieser Beziehung nicht ganz deutlich aus. Er spricht von göttlichen Mitteilungen und Offenbarungen durch Träume – eine These, die sich in den Schriften vieler Philosophen findet. Träume sind oft als unser Zugang zu einem Existenzbereich jenseits unseres eigenen gedeutet worden. Das Problem besteht hier darin, daß Epikurs Götter leibliche Wesen sind, so daß nur eine Möglichkeit offenbleibt: zwischen Göttern und Menschen muß eine Art telepathische Brücke bestanden haben. Telepathie ist die angebliche Fähigkeit zweier leiblicher Wesen, mit Hilfe geistiger Schwingungen oder etwas Ähnlichem aus der Ferne miteinander in Verbindung zu treten. Nach Epikurs Darstellung waren seine Götter offenbar imstande, unsere Träume als Übermittlungswege zu benützen.

Epikur mußte offenbar an eine Vielzahl von Welten glauben, denn wo hätte er sonst seine Götter unterbringen sollen? Tatsächlich erwähnt er die Möglichkeit, auf anderen physischen Welten könnte sich Leben entwickelt haben; das bestätigt Diogenes Laertius (um 200), der ausführlich über Epikur und seine Philosophie geschrieben hat. Diogenes, der berühmteste Philosophiehistoriker des Altertums, zählt in *Leben und Meinungen berühmter Philosophen* 31 Bücher Epikurs auf, die der Autor als »die besten« seiner Werke bezeichnet. Beim Brand der Bibliotheken in Alexandria und Pergamon sind alle vernichtet worden, darunter leider auch eines mit dem Titel *Über die Götter*[3]. Sicherlich wären hier einige überraschende Elemente entdeckt worden.

Der Einfluß Epikurs auf spätere Philosophen war sehr groß. Sein Materialismus, seine geistig-seelische Gelassenheit und seine Auffassung von einem atomistischen Universum beeindruckten den römischen Philosophen Lucretius (98–54 v. Chr.) sehr. Lucretius unterstützt praktisch alle Ideen Epikurs – auch seine Abneigung gegen Angst einflößende Religionen und seinen Glauben an eine Vielzahl physikalischer Welten.

Was die Frage nach intelligenten außerirdischen Lebewesen betraf, stellte Lucretius zwei Behauptungen auf: 1) daß die Erde innerhalb des Universums keine bevorzugte Position einnimmt und 2) daß der Mond der Erde so ähnlich ist, daß auch er Leben tragen kann. Diese beiden Feststellungen sichern Lucretius einen Platz in der bis zu Thales von Milet zurückreichenden Entwicklungskette. Seine rationalistische Denkweise ließ ihn wie Thales' Schüler zu dem Schluß gelangen, das Universum sei überall bewohnt, und Leben entstehe, wo die physischen Voraussetzungen dafür gegeben seien. Für ihn war das Leben kein Wunder, kein Gottesgeschenk und keineswegs das Ergebnis von Gottes eigenem Handeln, wie in der Schöpfungsgeschichte steht: »Und Gott der Herr machte den Menschen aus einem Erdenkloß, und er blies ihm ein den lebendigen Odem in seine Nase« *(1. Mose 2,7).* Für Lucretius ist das Leben ein natürliches und physikalisches Phänomen und das Ergebnis einer Reihe physikalischer und mechanischer Veränderungen. Die Natur besteht schließlich aus Atomen, und sobald sich bestimmte Kombinationen von Atomen bilden, entsteht Leben aus anorganischen Stoffen. Aus diesem Grund hielt er andere physische Welten, andere Planeten, für bewohnt.

Außerdem existierten die Planeten und Sterne seiner Überzeugung nach keineswegs um ihrer Bewohner willen, wie es die biblischen Überlieferungen im allgemeinen besagten. Bei

Lucretius spürt man unverkennbar das Bewußtsein heraus, daß der Mensch nur ein Mitglied einer großen kosmischen Gemeinschaft ist und nichts an sich hat, was so einzigartig, so außergewöhnlich und so besonders ist, daß er sich für die Krone der Schöpfung halten dürfte. Bei Lucretius findet man weder Arroganz noch Herrschsucht – zwei häufige Eigenschaften bei denen, die aus Egoismus oder Unwissenheit ihre Vorzugsstellung und ihre Überlegenheit über die Natur verteidigen.

Die Gedanken des Lucretius erschienen wieder in den Werken des griechischen Philosophen Plutarch. Plutarch wiederholt die Behauptung, es sei absurd, die Erde für den einzigen bewohnten Himmelskörper zu halten, und stellt fest, eine Untersuchung der Mondoberfläche zeige, daß er so bewohnbar wie die Erde sei. Plutarch vermutete, die auf dem Mond sichtbaren Schatten und Unregelmäßigkeiten seien das Ergebnis unregelmäßiger Bodenformationen. Folglich mußte es auf dem Mond Berge und Täler, wahrscheinlich auch Meere und Seen geben. Seine Bewohnbarkeit war nach Plutarchs Auffassung offensichtlich.

Seltsamerweise wurden erst im 16. Jahrhundert wieder ähnliche Gedanken geäußert: Galilei sprach ebenfalls von Mondgebirgen und -tälern, aber er hatte Plutarch gegenüber den unschätzbaren Vorteil, ein Fernrohr benützen zu können, das ihm den Mond ganz nahe heranholte. Was ist nun in späteren Zeiten aus all diesen Problemen geworden, wenn schon die alten Griechen und Römer die mit Kosmologie und extraterrestrischem Leben zusammenhängenden Fragen so einsichtig diskutieren konnten? Was ist aus Evolution, Atomismus und extraterrestrischem Leben geworden? Wo ist das Erbe des Altertums geblieben?

Die Menschheitsgeschichte wird heutzutage nicht mehr von allen Historikern als eine gerade aufsteigende Linie, die

Fortschritt und Weiterentwicklung bedeutet, betrachtet. Diese *lineare* Geschichtsbetrachtung, die in Wirklichkeit noch aus dem 19. Jahrhundert stammt, als man Veränderungen auf diese Weise zu erklären versuchte, wird jetzt von vielen Gelehrten angezweifelt. Nach dieser neuen Auffassung verlief die Menschheitsgeschichte nicht linear, sondern *zyklisch.* Die Geschichte ist ein Prozeß, der in auf- und absteigenden Kurven abläuft, so daß es durchaus möglich und sogar wahrscheinlich ist, daß schon mehrmals höherstehende Zivilisationen als unsere existiert haben. Dieser höhere Entwicklungsstand darf jedoch nicht mit technologischem Fortschritt gleichgesetzt werden, denn auch andere Entwicklungsmöglichkeiten sind denkbar. Eine Nation kann hochzivilisiert sein, ohne eine hochentwickelte Technik zu besitzen. Sie kann anderen, die einen sehr hohen mechanistischen und technologischen Stand erreicht haben, künstlerisch, philosophisch oder rein menschlich überlegen sein.

Danach könnte man die Griechen als letzte Repräsentanten einer uralten, aussterbenden Kultur betrachten, deren Wurzeln bis in graue Vorzeit gereicht haben mögen. Von ihrem »alten Schatz«, um Aristoteles zu zitieren, waren in historischer Zeit, als wir ihnen begegnet sind, nur noch »Relikte« vorhanden. Interessanterweise sahen die Griechen ihre Zivilisation in genau diesem Licht. Typisch für sie war ein eigenartiges Gefühl der Erschöpfung, eine Resignation, eine fast unheimliche Sehnsucht nach ihrem »goldenen Zeitalter«, das einige von ihnen – wahrscheinlich irrtümlich – mit dem Kampf um Troja gleichsetzten. Sie sahen sich nicht als Wahrer einer knospenden, aufstrebenden Tradition, was zumindest teilweise ihren Mangel an Geschichtsbewußtsein, ihre allgemeine Unfähigkeit – besonders bei Plato und Aristoteles –, die durch Mazedonier und Römer bewirkten großen politischen Umwälzungen zu verstehen, und ihr hartnäckiges

Festhalten an alten Mythen und Legenden erklärt. Platos zwei Dialoge über Atlantis bestätigen dies eindeutig.

Der Niedergang der griechischen Kultur, ein Teil eines Zyklus der Menschheitsgeschichte, ist durch zahlreiche andere Faktoren bestimmt worden: durch den pragmatischen und hedonistischen Charakter römischer Institutionen, die Einfälle der Barbaren, das Auftreten neuer Religionen wie des Christentums und durch andere. Das Endergebnis war unvermeidbar: die geistige Nacht des frühen Mittelalters.

Mit dem Aufstieg des Christentums, das zunächst von Anti-Intellektualismus und der primitiven Kosmologie, die die Juden von den Babyloniern übernommen hatten, beherrscht wurde, wurde der Versuch gemacht, die neuentdeckten Schriften des Aristoteles streng christlich auszulegen. Thomas von Aquin (1225–1274) bemühte sich eifrig, dieses Ziel zu erreichen. Er sanktionierte vor allem die Irrtümer des großen Philosophen, weil sie den Bedürfnissen seiner Kirche entgegenkamen. Auf diese Weise unterstützte Aristoteles' Ablehnung der Evolution, der Atomphysik, einer Vielzahl bewohnter Welten, einer mechanischen Konzeption des Universums und anderer Hypothesen bestimmte dogmatische Doktrinen, die einer schlecht verstandenen und selten gelesenen Bibel zugeschrieben wurden. Aber die außergewöhnlichen Einsichten der Griechen waren schon lange vor Thomas von Aquin durch die frühen Kirchenväter verzerrt worden. Augustin prangerte die Hypothese, es könnte extraterrestriales Leben geben, als Ursache aller Ketzerei und Glaubensirrtümer an. Genügte die Bibel schließlich nicht in allen Dingen? War in der Bibel von außerirdischen Lebewesen die Rede? Stand in der Bibel nicht, daß der Himmel um der Erde willen *(1. Mose 1,15)* und die Erde ausschließlich zum Nutzen der Menschheit *(1. Mose 1,28)* erschaffen worden sei?

Außerdem hätte die Existenz außerirdischen Lebens die

christlichen Scholastiker vor unlösbare theologische Probleme gestellt. Zum Beispiel: Sind diese anderen Planetenbewohner oder extraterrestrischen Lebewesen ebenfalls mit der Erbsünde belastet? Stammen sie von Adam ab? Ist Christus auch für sie gestorben? Gehören sie der Kirche an? Haben sie eine Seele? Diese und zahllose ähnliche Fragen sind für einen Theologen natürlich kaum zu beantworten. Aber wenn sie im Reich von Naturwissenschaft und Philosophie auftauchen, wissen wir bestimmt, daß wir in eine Sackgasse geraten sind. Philosophen werden zu Theologen, Wissenschaftler verwandeln sich in Weise, und ein Rauchschleier verdeckt plötzlich die Aussicht auf weiteres Wissen. Und wenn zudem überall Inquisitionstribunale eingerichtet werden, um die angebliche Reinheit orthodoxer Glaubensgrundsätze durch Zwang zu erhalten, und wirksame Gegenmaßnahmen wie Folterungen und öffentliche Hinrichtungen ergriffen werden, um die offene Suche nach Wahrheit zu unterbinden, können wir gewiß sein, daß das wenige, was aus der sterbenden griechischen Kultur überliefert war, in Vergessenheit geraten mußte oder grob entstellt wurde.

Das Verständnis des Menschen für seine kosmischen Bindungen erlitt durch Scholastiker wie Thomas von Aquin zweifellos einen ernsten Rückschlag. Merkwürdigerweise ließ der glaubenseifrige Erzbischof von Paris seine Bücher schon wenige Jahre nach seinem Tod verbrennen. Aber die Lehren Thomas von Aquins gewannen in Kreisen christlicher Theologen bis zur Renaissance immer mehr Gewicht. Später wurde ihr Einfluß erheblich geringer, obwohl Papst Leo XIII. noch 1879 erklärte, sie seien die Grundlage katholischer Philosophie.

Thomas von Aquin glaubte selbstverständlich, die Erde stehe bewegungslos im Mittelpunkt des Universums. Den Himmel stellte er sich als eine Art Kugelschale vor, die sich täglich einmal um ihre Mittelachse drehte. In *Summa Theologica* vertrat er die Ansicht, es könne keine zweite Erde geben. Auf diese Weise befand sich der Mensch nicht nur im Mittelpunkt der Schöpfung, sondern war auch ihr einziger mit Intelligenz begabter Bewohner. Die Vorstellung von einer Pluralität von Welten hatte in diesem Gedankengebäude keinen Platz. Diese Doktrin beruhte einerseits auf einer engstirnigen Auslegung von Aristoteles' Schriften und andererseits auf wortwörtlich genommenen Bibeltexten. Am überraschendsten ist in diesem Zusammenhang die Tatsache, daß die Spitzen der katholischen Kirche nicht mit den Vorbehalten und Einschränkungen Thomas von Aquins einverstanden waren. Können wir sagen, fragten sie sich, es sei einem allmächtigen Gott unmöglich, andere Welten zu erschaffen? Bejahte man diese Frage, leugnete man gleichzeitig die Allmacht Gottes – und das war unvorstellbar. Folglich war die einzig richtige Antwort eine Verneinung: Gott ist es möglich, andere bewohnte Welten im Universum zu erschaffen. Deshalb verbot die Kirche ab 1277 die Irrlehre von der notwendigen Exklusivität der Erde und verdammte die Vorstellung, wir Menschen *müßten* die einzigen leiblichen Bewohner des von Gott geschaffenen Universums sein, als Ketzerei. Hier hat man es mit einer höchst eigenartigen Situation zu tun: Aus nebelhaftesten Vorstellungen heraus durch reine Logik doch zu einem einwandfreien Schluß gelangt – daß wir im Universum nicht unbedingt allein sind.

Mit dem allgemeinen Niedergang der Scholastik traten neue Ideen in den Vordergrund. 1543 stellte Kopernikus ein verhältnismäßig neuartiges Modell des Universums vor, durch das der Himmel unglaublich weit und komplex wurde. Gegen Ende des 16. Jahrhunderts entwickelte Giordano Bruno eine stark an Anaximanders Vorstellungen erinnernde Kosmologie, nach der zahllose Welten über ein endloses

Universum verteilt sein sollten. 1576 bezweifelte der englische Wissenschaftler Thomas Digges, daß die Sonne der Mittelpunkt des Universums sein könne, wie es Kopernikus' Hypothese verlangte. Digges war der Ansicht, weder Erde noch Sonne könnten sich im Mittelpunkt befinden, weil es keinen derartigen Mittelpunkt, keine bevorrechtigte Position gäbe. Seiner Auffassung nach hingen die Sterne nicht an einem Himmelsgewölbe jenseits der Grenzen des Sonnensystems, sondern waren mit untereinander gleichen Abständen im endlosen Weltraum verteilt.

Einige Jahrzehnte später tauchte die gleiche Idee wieder in Newtons *Mathematische Prinzipien der Naturlehre* auf. Newton, der fast ohne empirische Grundlagen auskommen mußte, stellte in der theologisch gefärbten Ausdrucksweise der Allgemeinen Anmerkungen zu den *Prinzipien* fest:

»Dieses herrlich schöne System mit der Sonne, Planeten und Kometen konnte nur durch den Plan und den Willen eines intelligenten und mächtigen Wesens entstehen. Und wenn die Fixsterne die Mittelpunkte anderer ähnlicher Systeme sind, müssen diese, da sie durch den gleichen weisen Plan entstanden sind, alle der Herrschaft des Einen unterworfen sein, besonders da das Licht der Fixsterne von der gleichen Art wie das Sonnenlicht ist und aus jedem System Licht in alle anderen Systeme gelangt.«

Newtons wissenschaftliche Erkenntnis ist wahrhaft außergewöhnlich. Lange bevor das Sternenlicht analysiert wurde, war er sich über die Ähnlichkeit der Sterne mit unserer Sonne im klaren, und sehr lange bevor Peter van de Kamp 1965 ein weiteres Planetensystem entdeckte, vermutete er die Existenz anderer Sonnensysteme.

Nachdem Newton 1687 seine Überlegungen veröffentlicht hatte, war die Zeit reif für andere Gedanken, die sich mit extraterrestrischen intelligenten Lebewesen befaßten. So schrieb John Locke, der große englische Philosoph und Zeitgenosse Newtons, in *Elements of Natural Philosophy:*

»Es ist der Weisheit, Macht und Größe Gottes angemessener, sich vorzustellen, daß die Fixsterne ohne Ausnahme Sonnen sind, um die Systeme bewohnbarer Planeten kreisen, deren Bewohner er wie uns mit Beweisen seiner Güte bedenkt.«

Aber die entscheidenden Fragen lauteten: Wer sind diese Planetenbewohner? Wie sehen sie aus? Wie ähnlich sind sie den Menschen? Unterdessen waren die Fragen, die die mittelalterlichen Diskussionen beherrscht hatten, natürlich allgemein bedeutungslos geworden, so daß der Astronom Christian Huygens seiner Phantasie freien Lauf lassen konnte. In *Cosmotheoros* schrieb er:

»Was mich zu dieser Ansicht bewegt, daß jene Welten nicht ohne solch ein vernunftbegabtes Wesen sind, ist, daß unsere Erde ihnen gegenüber sonst zu sehr im Vorteil wäre, indem sie der einzige Teil des Universums wäre, der sich eines solchen Wesens rühmen könnte.«

Huygens' kühne Charakterisierungen der unbekannten Bewohner des Kosmos beeinflußten zahlreiche Philosophen und Wissenschaftler des 18. Jahrhunderts, von denen Voltaire und Kant vielleicht die prominentesten waren. Voltaire fiel es nicht schwer, eine ausführliche Beschreibung der Abenteuer eines Sirius-Bewohners bei den Bewohnern unseres Planetensystems zu geben. Er war sich jedoch völlig darüber im klaren, daß es falsch wäre, große Ähnlichkeiten zwischen uns und anderen Lebewesen vorauszusetzen. Statt dessen nahm er an, die Entstehung von Leben auf anderen Planeten könnte zu völlig unterschiedlichen Lebensformen geführt haben.

Wenn er zu absurden anthropomorphen Vergleichen Zuflucht nahm, tat er es wohl nur, um dadurch seine philosophische und soziale Kritik an der zeitgenössischen Gesellschaft auszudrücken.

Heute gelangen wir immer mehr zu der Überzeugung, daß unsere Erde, unser Sonnensystem und unsere Galaxis nur »Welteninseln« in einer gedanklich nicht mehr erfaßbaren Unermeßlichkeit sind. Es wäre unvernünftig, zu glauben, wir könnten in dieser Unermeßlichkeit allein sein. Wer »die anderen« sind, wo sie sind und wie sie aussehen . . . das sind Fragen, die sich nur durch Phantasie und Spekulation beantworten lassen.

Aber was zugestanden werden muß, ist die Tatsache, daß im Rahmen einer kosmischen Gemeinschaft ein Kontakt zwischen einzelnen Entwicklungsschwerpunkten wenn schon nicht gewiß, dann zumindest sehr wahrscheinlich ist. Wird es nicht in Zukunft intragalaktische Verbindungen geben und wird nicht in späteren Jahrtausenden selbst die intergalaktische Kommunikation alltäglich sein? Aber können wir nicht auch annehmen, diese Kontakte hätte es bereits gegeben – hier auf unserem Planeten und innerhalb der letzten Jahrtausende? Dieser Gedanke klingt phantastisch und abwegig, wenn wir nur auf die durch unsere allgemeine Kenntnis des Universums möglichen Wahrscheinlichkeitsrechnungen angewiesen wären. Aber die Theorie von den Götter-Astronauten wird durch zahlreiche Informationen gestützt, die alle beredt das gleiche sagen: daß wir besucht worden sind, daß die Menschheit verdeckte Bindungen zu den Bewohnern anderer Regionen des Universums hat und daß einst eine Art Brücke zwischen ihnen und uns existiert hat. Die Astroarchäologie, eine Wissenschaft, die diese Möglichkeiten erforscht und die Theorie von den alten Astronauten erläutert, kann das Problem sehr erhellen.

Es ist kein Geheimnis, daß die Astroarchäologie als »Pseudowissenschaft«, »intellektuelles Gift« oder einfach als »Unsinn« bezeichnet worden ist. Aber was dieser oder jener Kritiker sagt, spielt keine Rolle. Nicht einmal die Erklärungen von Sprechern wissenschaftlicher Gesellschaften sind wichtig. Entscheidend sind einzig und allein die Informationen selbst, unsere Interpretation und ihre erläuternde Funktion.

3

Mythus und Religion in der Vorgeschichte

In seiner *Philosophie der Wissenschaften*[1] erklärte der französische Philosoph Auguste Comte 1830 den Evolutionsprozeß der Zivilisation in Form von drei Stadien, die die Menschheit durchlaufen habe. Das erste dieser drei ist das theologische Stadium, in dem die Menschen gezwungen sind, für alle natürlichen Phänomene unsichtbare, mysteriöse und unerklärliche Wesen, die im allgemeinen als Götter oder Geister bezeichnet werden, verantwortlich zu machen. Dies ist das Stadium voller Zauberei, Aberglauben und Religion, das für die Anfänge unserer Zivilisation charakteristisch gewesen ist und heutzutage primitive Völker charakterisiert. Das zweite ist das philosophische oder metaphysische Stadium, und hier finden wir Menschen, die sich bemühen, die Natur als Ergebnis natürlicher, aber unsichtbarer Kräfte, Ideen und Prinzipien zu sehen. Dies ist das Stadium philosophischer Systeme, metaphysischer Konstruktionen und abstrakter Ideen. Es verkörpert gewissermaßen das frühe Mannesalter des Menschen. Das dritte und höchste Stadium ist nach Comte das positivistische oder wissenschaftliche: das Stadium, in dem wir lernen, die natürlichen Prozesse richtig zu beschreiben, indem wir einfach die Kausalzusammenhänge zwischen Naturereignissen zugrunde legen. Hier brauchen wir nicht mehr an Götter, Geister oder metaphysische Einflüsse zu appellieren, die nach Comtes Überzeugung stets nur das Ergebnis der menschlichen Unkenntnis des Universums sind. Im wissenschaftlichen Stadium wird die Natur sich dem Menschen erschließen, und es wird keine lästigen Geheimnisse mehr geben, die die Lebensfreude behindern könnten. Damit hätten wir das Erwachsenenstadium der Menschheit erreicht – ein Zustand, den Comte zumindest für Europäer irgendwann im 19. Jahrhundert als begonnen voraussetzen zu können glaubte.

In Comtes Analyse der menschlichen Entwicklung finden

wir zweifellos eine höchst aufschlußreiche Interpretation des Weges, den der Mensch von völliger Unwissenheit bis zu einem bestimmten Wissensstand zurückgelegt hat. Aberglauben und Religion, die für Comte praktisch identisch waren, gehören in seiner Einteilung zum Primitivismus, und Wissenschaft, vor allem empirische Wissenschaft, stellt die größte Leistung und eigentlich sogar das Ziel der Geschichte dar. Man könnte allerdings einwenden, daß diese Einteilung unvollständig ist, weil sie das bestimmt folgende Greisenalter der Menschheit nicht berücksichtigt. Denn wo es Kindheit und Mannestum gibt, muß es auch ein Greisenalter geben. Wie wird es aussehen? Wann wird es beginnen? Wodurch wird es sich ankündigen? Wird es wie bei manchen Menschen eine widerstrebende Rückkehr in die Kindheit sein, so daß wir wieder an Götter, Geister, Spuk, Zauberei, Aberglauben und Religion glauben werden?

Falls die oben erwähnten Überlegungen zuträfen, müßte man wohl aus ihnen schließen, daß wir bereits an der Schwelle des Greisenalters stehen und wie der alte Mann, der zu seinen kindlichen Spielen und Vergnügungen zurückkehrt, in den einst verlassenen primitiven Zustand zurückverfallen. Es läßt sich nicht leugnen, daß wir heutzutage eine große religiöse Wiedererweckungswelle erleben, die inzwischen die ganze Welt erfaßt hat. Einige der alten Religionen scheinen allerdings nicht mehr wie früher mit eiserner Faust menschliche Einrichtungen zu beherrschen, und es gibt gewisse Anzeichen dafür, daß die alten dogmatischen und politischen Strukturen der Kirchen weniger fest als früher sind. Aber das ändert nichts an der Richtigkeit der vorigen Feststellung über die gegenwärtige religiöse Wiederbelebung.

Dabei ist vorauszuschicken, daß praktisch jeden Tag neue Kulte und Religionen entstehen und daß selbst die alten Sekten im Begriff sind, sich durch den Appell an das Emotionale zu erneuern. In der katholischen Kirche gibt es beispielsweise eine starke »charismatische« Bewegung, in der Menschen wieder »mit Zungen sprechen«, Kranke durch Gebete »heilen«, unglücklichen Besessenen den Teufel austreiben und dergleichen mehr. Wie von Däniken in seinem Buch *Erscheinungen* feststellt, sind Wunder keineswegs etwas aus einer fernen Vergangenheit.

Gebräuche, die zu Comtes Zeit als absurd abgetan worden wären, sind heutzutage populär. In den Vereinigten Staaten sind zum Beispiel einige christliche Kirchen wieder darauf verfallen, bei religiösen Feiern mit Schlangen zu hantieren und tödliche Gifte zu trinken. Das trifft besonders für den Bundesstaat Tennessee zu. Die Gläubigen fassen die Schlange an oder trinken das Gift, während die Gemeinde den Herrn lobpreist. Das alles bezieht sich auf einen Vers im Markusevangelium, in dem es heißt, Christus habe gesagt, seine Jünger würden mit Schlangen umgehen und Gift trinken, ohne dabei Schaden zu nehmen. Gelegentlich wird einer der Gläubigen gebissen oder spürt die Wirkung des Giftes, das er getrunken hat. Dann betet die Gemeinde für ihn, legt das Schicksal des verletzten oder vergifteten Gläubigen in die Hände Gottes und wartet geduldig. Wird der arme Kerl wieder gesund, lobpreist die Gemeinde den Herrn; stirbt er jedoch einen qualvollen Tod, wird Gottes Wille ehrfürchtig akzeptiert.

Dieser merkwürdige Brauch wird jede Woche an zahllosen Orten wiederholt – sehr zur Beunruhigung der zuständigen Behörden, denen es bisher nicht gelungen ist, ihn zu unterbinden.

Wir leben in einem Zeitalter, in dem der Teufel angebetet wird, in dem die Hexerei floriert, in dem Astrologie viel bekannter als Astronomie ist, in dem Millionen von jungen und alten Menschen blindlings indischen Gurus folgen, die ihnen gewaltige Opfer abverlangen, und in dem zahlreiche eindeutig primitive Ideen erneut Anhänger finden. Dies ist das Zeitalter religiöser Kreuzzüge, das Zeitalter Billy Grahams, und der Optimismus, mit dem Comte 1830 den bevorstehenden Tod der Religion ankündigte, hat sich als gründlich verfehlt erwiesen. Die Religion liegt weder im Sterben noch ist sie bereits tot, und Nietzsches bekannte Feststellung »Gott ist tot«[2] war in Wirklichkeit eine voreilige Prognose.

Wie hätte Auguste Comte wohl reagiert, wenn er 1969 die Mondlandung der amerikanischen Astronauten hätte miterleben können? Er hätte sie zweifellos als hervorragende technisch-wissenschaftliche Leistung und einen der größten Triumphe der Menschheit gewürdigt. Aber er wäre völlig verblüfft gewesen, als die Astronauten Gott für ihren Erfolg dankten. Wahrscheinlich hätte er gesagt, sie seien inmitten des größten wissenschaftlichen Fortschritts geistige Barbaren geblieben.

Aber die Sache ist nicht ganz so einfach, und Comte könnte sich trotz seiner Größe als Philosoph in mehr als einer Beziehung getäuscht haben. Es ist möglich, daß der religiöse Standpunkt oder der magische oder abergläubige Standpunkt (denn sie sind verwandt) tief im menschlichen Verstand wurzeln und daß die Religion berufen ist, trotz historischer und kultureller Veränderungen eine wichtige Rolle in der Existenz des Menschen zu spielen. Das ist natürlich möglich und wäre eine Erklärung für die verwirrende Tatsache, daß die Religion noch immer wie Wissenschaft und Technologie wächst und gedeiht. Andererseits ist nicht auszuschließen, daß die Menschheit schon ihr Greisenalter erreicht hat.

Da wir es jedoch mit unserer religiösen Wiedererweckungsbewegung zu tun haben – mit ihren Zeugen Jehovas, ihren Jesus-Freaks, ihren Schlangen anfassenden Gläubigen, ihren Gurus, ihren Magiern, ihren Telefonastrologen, ihren Sehern und allen übrigen von Gott Erleuchteten –, müssen wir uns erneut mit den Grundlagen der Religiosität befassen. Wir müssen fragen: Was ist Religion und wie läßt sich ihre fortdauernde Existenz in der menschlichen Geschichte erklären?

Diese Frage ist selbstverständlich schon oft gestellt worden – sowohl von Menschen, die selbst gläubig sind und deshalb behaupten, das wahre Wesen der Religion zu verstehen, wie von anderen, die nicht gläubig sind und deshalb behaupten, die Sache objektiver und differenzierter sehen zu können. Theologen, Philosophen und Wissenschaftler haben dieses Problem seit dem Altertum diskutiert, aber seltsamerweise haben sie sich nie darauf einigen können, was Religion ist und welchen Ursprung sie hat. Diese beiden Fragen sind jedoch eng miteinander verknüpft, obwohl sie nicht identisch sind.

In der Gegenwart ist die Situation nicht besser als in der Vergangenheit. Während Intellektuelle *über* Religion sprechen, bleiben die Gläubigen völlig ungerührt bei ihren Bräuchen, Gebeten und Beschwörungen. Es gibt mindestens *zweiunddreißig* verschiedene und einander oft ausschließende Erklärungsversuche für das Phänomen Religion. Das bedeutet, daß mindestens 32 mögliche Hypothesen existieren, mit denen sich der Ursprung unserer religiösen Dogmen und Gebräuche mehr oder weniger gut erklären läßt. In seinem höchst aufschlußreichen Buch *Magic and Religion*[3] berichtet der amerikanische Autor G. B. Vetter über die meisten von ihnen, so daß es eine der vollständigsten Abhandlungen über die ganze Kontroverse darstellt. Ihre Vielfalt ist so groß, daß man sagen kann, diese Hypothesen verkörpern im Augenblick vielleicht alles, was an intellektuellen Erklärungsversuchen auf diesem Gebiet möglich ist.

Vetter diskutiert theologische Theorien, die Religion als

das Ergebnis von Gottes Offenbarung und seiner Beeinflussung der Menschheitsgeschichte sehen. Es gibt natürlich philosophische Erklärungen, die in der Religion die Suche des Menschen nach seinem eigentlichen Daseinsgrund sehen. Psychologische Theorien versuchen, den Ursprung der Religion in der Menschheitsgeschichte auf bestimmte unerfüllte psychologische Bedürfnisse des Menschen zurückzuführen, so daß Gott, der in erster Linie verehrt wird, als unbesiegbar starke emotionale Stütze erscheint. Soziologische Hypothesen suchen die Ursprünge des Phänomens Religion in Stammesbräuchen und rituellen Atavismen. Wirtschaftliche Theorien betonen die Rolle der stets geldgierigen Priesterkasten, denen es darum ging, die unwissende Bevölkerung zu beherrschen. Insgesamt gibt es also viele Möglichkeiten, dieses Phänomen zu erklären: manche komplexer als die anderen, aber alle schließlich doch nur provisorisch. Hinter jedem Erklärungsversuch steht ein wißbegieriger Forscher, ein wacher Verstand, der sich nicht mit der bloßen Existenz eines so allgegenwärtigen Phänomens wie der Religion zufriedengibt. St. Anselm, Thomas von Aquin, Max Müller, Emile Durkheim, Sigmund Freud, William James, Carl Jung, Karl Marx, Erich Fromm und andere spielen prominente Rollen in der großen Debatte. Gläubige und Atheisten, Agnostiker und Skeptiker – sie alle versuchen, das Geheimnis der Entstehung der Religion zu ergründen und ihre komplexen Bedeutungen zu erfassen.

Es gibt nun noch etwas anderes, das hinzugefügt werden muß. Seitdem die Theorie von den Götter-Astronauten und die Astroarchäologie existieren, kann man von einer weiteren, bisher nicht untersuchten Hypothese sprechen. Aus guten Gründen wäre es weder Vetter noch sonst jemand vor ihm leichtgefallen, sich den astroarchäologischen Standpunkt vorzustellen. *Magic and Religion* ist schließlich lange vor

Beginn der Raumforschung und damit lange vor dem Zeitpunkt erschienen, von dem ab interplanetare Flüge möglich wurden. Dennoch hätte Vetter sicher auch über andere Hypothesen nachgedacht und sie in seinen Katalog aufgenommen, wenn er die Arbeiten des russischen Ethnologen M. Agrest, der 1959 in verschiedenen Bibelstellen Beweise für extraterrestrische Besucher vermutete, gekannt hätte, wenn er mit Erich von Dänikens Büchern, in denen er seit den späten sechziger Jahren immer wieder die Theorie von den Götter-Astronauten verfochten hat, vertraut gewesen wäre und wenn er von den Untersuchungen des amerikanischen Raumfahrtingenieurs Josef Blumrich gewußt hätte, nach denen Hesekiels angeblich religiöse Erfahrungen in Wirklichkeit auf seine Begegnung mit einem Raumschiff zurückzuführen waren. Jedenfalls hätte er sie nicht lächerlich gemacht oder als pseudowissenschaftlich bezeichnet.

Das gleiche gilt auch für andere scharfsinnige Forscher auf diesem Gebiet, die wegen der wissenschaftlichen und technologischen Beschränkungen ihrer Zeit nicht die Möglichkeit hatten, ihre Untersuchungen in die von der Astroarchäologie gezeigten Richtungen voranzutreiben. Zu ihnen gehören Männer wie Ludwig Feuerbach, der um 1830 die Religion als Ergebnis des Zusammentreffens des Menschen mit einer feindlichen Natur und dem Tod erklärte; David Strauss, einem Zeitgenossen von Marx, der sich bemühte, die Ursprünge von Judaismus und Christentum zu erkennen; William James, der amerikanische Pragmatiker, dessen *Varieties of Religious Experiences* eine der besten Abhandlungen über Religion darstellt; und selbstverständlich viele andere.

Heute stehen uns beispielsweise bestimmte aufschlußreiche und faszinierende anthropologische Entdeckungen zur Verfügung, die dazu beitragen können, uns den Vorgang – oder vielmehr einen der Vorgänge – verstehen zu lassen, durch den der Glaube an Gott, Götter und gottähnliche Wesen in einer menschlichen Gemeinschaft entsteht.

Anthropologen kennen in Australien und Neuseeland Gebiete mit Steinzeitkultur, in denen die Primitiven seit dem Ersten Weltkrieg aus Stroh und Lehm hergestellte Flugzeuge verehren. Das gesamte Stammesleben scheint sich um diese merkwürdigen Artefakte zu drehen. Für die Eingeborenen sind die Strohflugzeuge göttliche Wesen oder vielmehr die Abbilder der göttlichen Wesen, die sie täglich über den Himmel ziehen sehen. Da sie sich nicht vorstellen können, was ein Flugzeug ist, und die Existenz dieser Maschinen regelmäßig vor Augen geführt bekommen, haben die Primitiven sie zu Gottheiten erhoben. Das Stammesleben wird durch den regelmäßigen Überflug von Verkehrsmaschinen und Düsenjägern beeinflußt, die routinemäßig ihre Flugstrecken einhalten, ohne sich um ihre verborgenen Anbeter zu kümmern. Man fragt sich oft, wie die Eingeborenen wohl auf die Landung eines Flugzeugs in ihrer Nähe reagieren würden. Wahrscheinlich hätte ihre Reaktion Ähnlichkeit mit der Hesekiels in der Bibel.

Interessanterweise gibt es einen Fall, in dem ein primitiver Stamm mit einem Besucher aus einer anderen »Welt« konfrontiert worden ist. Dr. K. Muller hat uns im einzelnen von den Nachwirkungen eines derartigen Erlebnisses berichtet.[4] Dabei handelt es sich um die Eingeborenen der winzigen melanesischen Insel Tanna. Die Lebensumstände dieser Menschen sind nach unserem technologischen Standard primitiv und in mancher Beziehung nicht viel besser als die der benachbarten australischen Ureinwohner. Das Eigenartigste an diesen Menschen ist ihre Religion. Sie konzentriert sich ausschließlich auf eine geheimnisvolle Gestalt, einen Gott, den sie als »John Frum« kennen und der natürlich nicht unter ihnen weilt. Frum scheint ein legendärer Besucher zu sein, der vor mehreren Jahrzehnten bei ihnen gelebt hat – vielleicht in den vierziger Jahren, als während des Zweiten Weltkrieges Tausende von amerikanischen Soldaten und Matrosen auf den Inseln dieses Gebiets gelandet sind.

Frum wurde offenbar allein nach Tanna verschlagen und konnte ein gutes und bedeutungsvolles Verhältnis zu den Eingeborenen entwickeln. Er lehrte sie einiges und schenkte ihnen seine wenigen Habseligkeiten: ein paar Münzen und Geldscheine, einen Helm und andere Kleinigkeiten. Er gab ihnen sogar ein Foto, das entweder ihn selbst oder jemand anders darstellte. Soviel Großzügigkeit gewann ihm die Achtung und den Gehorsam der Eingeborenen, die von der Anwesenheit dieses gestrandeten Besuchers entzückt waren. Seine Heimat war ihrer Auffassung nach das gelobte Land, von dem er oft als USA sprach. In ihren Augen kannte der wahrscheinlich nur halbgebildete »Gott« die Geheimnisse der Natur und Heilmittel gegen einige ihrer Krankheiten. Vor allem war er anders als sie: er war größer, hatte hellere Haut, sprach seltsam und hatte merkwürdige Gewohnheiten.

Unglücklicherweise kam dann der Zeitpunkt, an dem Frum seine eingeborenen Freunde verlassen mußte. Wie er sie verließ, wissen sie nicht mehr. Wahrscheinlich verschwand er so geheimnisvoll, wie er gekommen war. Vorher versprach er ihnen jedoch, er werde zurückkommen, um ihnen viele weitere Dinge zu bringen. Er muß den Stammesältesten versichert haben, seinem ersten Kommen werde bald eine triumphalere, dauerhaftere Rückkehr folgen. Vielleicht hat er ihnen erklärt, er werde aus den Wolken zurückkehren – oder mit dem Flugzeug, um es in unserer Sprache auszudrücken.

Aber die Zeit verging, und zur Enttäuschung der Bewohner von Tanna geschah nichts. Die Eingeborenen versanken in Verzweiflung. Nach langer Selbstprüfung kamen sie zu dem Schluß, sie seien an der Abwesenheit ihres lieben Frums schuld. Tatsächlich hatten sie einige der ihm angenehmen Sitten und Gebräuche aufgegeben und glaubten, Frum sei so erzürnt über ihre Sünden, daß er nicht nach Tanna zurückkommen wollte.

Als in letzter Zeit Besucher aus dem Westen nach Tanna kamen, fanden sie eine ganze Nation vor, die auf die Rückkehr ihres Gottes wartete. Sie stellten fest, daß die Eingeborenen auf dem Rücken die mythischen Buchstaben USA trugen, die sie mit Frum in Verbindung brachten. Die Eingeborenen baten sie, Frum zu bestellen, auf Tanna sei alles wieder wie zuvor, sie hätten die alten Gebräuche wieder angenommen und warteten sehnsüchtig auf seine Rückkehr. Um ihre Ehrlichkeit und Gläubigkeit zu beweisen, baten sie die Besucher, ein Bild von dem gesamten Stamm zu machen, damit Frum sich bei seinem Anblick an sie erinnern und zu ihnen zurückkehren würde.

Noch heute warten die Bewohner von Tanna auf Frum. Wir wissen nicht, wer Frum war oder ist und wo er sein könnte; das Foto, das die Eingeborenen den Besuchern gezeigt haben, ist wertlos, denn es kann irgendeinen von Millionen lebenden oder toten Amerikanern darstellen. So müssen sie weiter an den einsamen Ufern ihrer Seen, an den Stränden und selbst an Vulkanen warten, und nichts kann diesen verzweifelten Zustand ändern.

Das Enthüllende dieses einzigartigen, wahren Berichts liegt in der Tatsache, daß er die religiöse Weltanschauung von Millionen von Anhängern traditioneller Religionen beispielhaft illustriert. Manche Juden warten noch immer auf das Kommen des angekündigten Messias, der ihr Erlöser sein wird. Die Christen erwarten noch immer die triumphale Rückkehr Jesus Christus, des Sohnes Gottes, der versprochen hat, aus dem Himmel, zu dem er aufgefahren ist *(Lukas 24,51)*, zurückzukehren. Dieser eschatologische Gedanke einer Wiederkehr ist allerdings nicht auf wenige Religionen beschränkt. Er ist vielmehr fast universell.

Es wäre jedoch falsch, daraus vorschnelle Schlüsse ziehen zu wollen. Eine Untersuchung des Falles Tanna und anderer ähnlicher Fälle, wo primitive Eingeborene auf die Rückkehr ihres vor kurzem verschwundenen Gottes warten, darf uns nicht dazu verleiten, sofort zu glauben, wir hätten endlich das Problem der Religion gelöst. Die bloße Erklärung des Ursprungs eines Phänomens behandelt seinen Charakter keineswegs erschöpfend. Wenn von Dänikens Kritiker also nur psychologische Erklärungen heranziehen, lassen sie die Hauptfrage in Wirklichkeit unberührt, weil – von psychologischen Gründen einmal abgesehen – die von ihm diskutierten Götter-Astronauten trotzdem eine Realität sein können.

Der Trugschluß einer vorschnellen Verallgemeinerung besteht andererseits darin, daß aus sehr beschränkten Informationen eine allgemeine Schlußfolgerung gezogen wird, die logisch nicht zu rechtfertigen ist. Würde man zehn Hunde einer bestimmten Rasse untersuchen und daraus schließen, alle Hunde besäßen die Eigenschaften der untersuchten Tiere, hätte man sich einer vorschnellen Verallgemeinerung schuldig gemacht. Die meisten sozialen und rassischen Vorurteile sind das Ergebnis solcher unlogischen Schlußfolgerungen, und selbst auf wissenschaftlichem Gebiet gibt es Ergebnisse, die ähnlich erzielt werden. Auch wenn es sicher viele Wissenschaftler nicht gern hören, kann man behaupten, daß alle wissenschaftlichen Ergebnisse, die allgemeingültig sein wollen, nichts anderes als hastige Verallgemeinerungen sind. Unsere Informationen sind sehr beschränkt, weil wir die Schranken von Raum und Zeit nicht überwinden können. Bestätigt man beispielsweise, daß das Gravitationsgesetz universal gilt, verallgemeinert man auf der Basis der Untersuchung beschränkter Erfahrungswerte. Wie der englische Philosoph J. S. Mill gesagt hat, kann es andere Universen geben, in denen völlig andere Gesetzmäßigkeiten gelten. Wir wissen nur nichts von ihnen.

Aber es gibt natürlich voreilige Verallgemeinerungen, die viel schlimmer als andere sind. Deshalb kommt es darauf an, die schlimmsten zu vermeiden und mit den übrigen vorsichtig umzugehen. Solange man nur den Fall von John Frums Anhängern auf Tanna kennt, würde man einem schlimmen Trugschluß erliegen, falls man darauf bestünde, ihn als Musterbeispiel zur Erklärung des religiösen Phänomens heranzuziehen. Zum Glück steht der Fall Tanna nicht allein. Es gibt viele ähnliche, die nicht auf die Bewohner einsamer Inseln oder auf Angehörige von noch heute in der Steinzeit lebenden primitiven Stämmen beschränkt sind. Ähnliches wie im Fall Tanna hat sich zu verschiedenen Zeiten bei den verschiedensten Völkern abgespielt.

Schon allein dieser Faktor erweitert die Grundlage für eine Verallgemeinerung. Außerdem weisen zahlreiche archäologische Funde, Bibelstellen, mythologische Erzählungen, historische Berichte und philosophische Abhandlungen auf die Möglichkeit und sogar Wahrscheinlichkeit hin, daß Tannas religiöser Mechanismus in anderen Fällen ebenfalls am Werk gewesen ist. Sobald die Grundlage der Schlußfolgerungen verbreitert wird, ist die Verallgemeinerung weniger voreilig; deshalb kann man den Schluß ziehen – wenn auch nur hypothetisch –, daß andere Religionen auf eine Art und Weise entstanden sind, die an Tannas Beispiel erinnert. Die Eingeborenen erhielten Besuch von einem Fremden aus einer anderen Welt (in diesem Fall aus den USA). Der Fremde beeindruckte die primitive Mentalität der Einheimischen so sehr, daß er vergöttert wurde. Er herrschte eine Zeitlang über den Stamm und bewies dabei eine Weisheit, die vom ungebildeten Standpunkt der Eingeborenen aus übernatürlich wirkte. Der Fremde verließ sie jedoch wieder. Im Laufe der Zeit verschwamm die Erinnerung an seine Anwesenheit in einem mysteriösen Halbdunkel: seine Worte wurden vergessen, entstellt oder verfälscht. Eine Religion entstand. Der Mann, der einst nur ein gestrandeter Matrose gewesen war, wurde allmählich zu einem göttlichen Wesen. Seinen Vertrauten fiel eine gewisse religiöse und politische Autorität zu, so daß sie die Begründer und Bewahrer der neugeborenen Tradition wurden. Hier haben wir die Priester, die Seher, die Propheten und die Statthalter, die jetzt als Repräsentanten des verschwundenen Gottes auftreten. Bald entstanden Rituale und Zeremonien, die den Zweck hatten, ihn leiblich zurückzubringen, und wie Freud in seiner berühmten Abhandlung in *Totem und Tabu* ausführt, wurde etwas als sein Symbol bestimmt. Aber da die Rituale und Zeremonien ihn nie zurückbrachten, suchten die Eingeborenen eine andere Gegenwart: seine *geistige* Gegenwart.

Diese neue Gegenwart machte sich bald bemerkbar, obwohl die körperliche Abwesenheit des Gottes andauerte. Wir müssen uns daran erinnern, daß die Eingeborenen glauben, John Frum wisse trotz seiner Abwesenheit, was sie tun und wie die Dinge auf Tanna stehen. Er ist ständig unter ihnen – aber nur im Geiste. In diesen Zusammenhang paßt eine Feststellung J. P. Sartres: »Die Vorstellungskraft setzt ein, sobald eine frustrierende Situation nicht mehr mit physischen Kräften überwunden werden kann. Meiner Meinung nach liegen darin einige der Elemente, die für das Entstehen von Magie, Ritual und Religion erforderlich sind.«

Wir müssen weiterhin festhalten, daß die Eingeborenen nicht wissen, daß die USA tatsächlich existieren. Deshalb können sie nur von einem geheimnisvollen »Land der aufgehenden Sonne« und von einem Paradies sprechen, in dem Frum jetzt lebt. Sie wissen nur vage, daß er von irgendwoher jenseits ihres Horizonts gekommen ist; deshalb hat ihre Vorstellungsgabe eingesetzt, während sie eine Lösung für ihre Verwunderung und Ratlosigkeit suchen.

Wichtig ist jedoch auch die Feststellung, daß Frums Besuch vor nur etwa 35 Jahren stattgefunden hat. Das erklärt die Tatsache, daß das Bild, das die Eingeborenen von dem fremden Besucher zeichnen, nicht sehr entstellt ist. Sie können ihn beschreiben und haben die Gegenstände, die Frum ihnen geschenkt hat, noch in ihrem Besitz. Sie können eine Verbindung zwischen späteren Besuchern und John Frum herstellen. Viele der heute lebenden Eingeborenen waren Augenzeugen von Frums Ankunft.

Aber wir wollen jetzt durch eine Extrapolation zwei der Faktoren des Falles Tanna mit 100 multiplizieren: a) Frums Fähigkeiten und b) die seit seinem Besuch verstrichene Zeit. Der gestrandete amerikanische Matrose nimmt plötzlich gigantische Proportionen an und wird zu einem Wesen, das fliegen kann, Heilkräfte besitzt, über großes Wissen und außergewöhnliche Weisheit verfügt und vielleicht ein ethisches Bewußtsein hat. Der Eindruck, den solch ein Wesen auf primitive Eingeborene macht, muß phantastisch sein. Von ihrem Standpunkt aus kann er nicht weniger als der wahrhafte Schöpfer der Welt sein. Seine Worte werden von Generation zu Generation weitergegeben werden, und das Versprechen seiner Rückkehr wird den verlassenen Eingeborenen ewig ein Quell der Hoffnung und des Trostes sein. Während und nach seinem Besuch steht er im Mittelpunkt des Stammeslebens.

Multipliziert man die 35 Jahre, die Frums Besuch von der Gegenwart trennen, jedoch mit 100, erhalten wir 3500 Jahre. Die Zeit verzerrt die Realität erinnerter Ereignisse, und das menschliche Gedächtnis ist wandelbarer, als wir vielleicht denken. Manche Psychologen behaupten, nur ein kleiner Prozentsatz unserer gegenwärtigen Erinnerungen entspreche

Tatsachen aus der Vergangenheit. Das Gedächtnis ist ein kreativer Prozeß.[5] Einzelheiten werden oft vergessen, verändert, rekonstruiert oder in einen anderen Zusammenhang gebracht. Gefühle entscheiden darüber, was wir wirklich im Gedächtnis bewahren. Und wenn das auf persönlicher Ebene zutrifft, kann man sich leicht vorstellen, wie die Situation im Verlauf von 3500 Jahren auf der kollektiven Ebene aussehen muß. Man kann ohne Zögern feststellen, daß die nach so vielen Jahren noch erhaltenen Erinnerungen nur oberflächlich Ähnlichkeit mit den ursprünglichen Ereignissen haben können.

Sollten außerdem schriftliche Aufzeichnungen über diese Ereignisse vorhanden sein, sind sie mit größter Vorsicht zu behandeln – besonders wenn sie nicht aus der gleichen Zeit wie die geschilderten Ereignisse stammen. Aufzeichnungen aus späteren Jahren geben im allgemeinen nicht das Ereignis wieder, sondern schildern, was entstellte und entstellende mündliche Überlieferungen darüber berichten. Deshalb sind diese Aufzeichnungen nur als Hinweise zu verstehen, die in eine bestimmte Richtung deuten. Unsere Aufgabe ist es, zwischen den Zeilen zu lesen, was äußerst schwierig ist.

Aus diesen Gründen entsteht so viel Verwirrung wegen der Interpretation alter Dokumente. Der Fall der Bibel ist ein Beispiel dafür. In der Bibel haben wir eine Sammlung völlig verschiedener Schriften vor uns. Die christliche Bibel, die das Alte Testament der Juden und das Neue Testament umfaßt, enthält 66 Bücher. Einige von ihnen sind ethische Schriften wie die Sprüche Salomos, das Buch Hiob und die Briefe des Johannes. Sie sind historische Schilderungen des Leidensweges der Juden. Andere stellen streng religiöse und theologische Aussagen dar wie einige der prophetischen Bücher und die Briefe des Apostels Paulus. Wir finden auch legendenhafte, theogonische und mythische Berichte wie die Schöpfungsgeschichte, und schließlich gibt es Bücher, die verschiedene Elemente enthalten. Die Evangelien sind ein gutes Beispiel dafür.

Tatsächlich wissen wir nicht einmal sicher, von wem die meisten dieser Bücher stammen. Bestimmte Namen sind mit bestimmten Büchern in Verbindung gebracht worden, aber in den meisten Fällen ist es ausgeschlossen, auch nur zu versuchen, ihre Authentizität nachzuweisen. Zum Beispiel steht nicht historisch fest, ob der Verfasser der Offenbarung des Johannes der Christusjünger Johannes gewesen ist, der angeblich die Kreuzigung miterlebt hat. Und was die Bücher des Alten Testaments betrifft, müssen wir zugeben, daß wir in vielen Fällen nicht wissen, wer ihr Verfasser gewesen ist. Außerdem wissen wir nicht, wann, wo und in welcher Sprache die meisten von ihnen geschrieben worden sind. Wir können beispielsweise nicht beurteilen, ob einige der hebräischen Schriften Wiedergaben anderer Schriften sind, die anderen Völkern gehört haben. Und wir müssen berücksichtigen, daß es keine Originale der biblischen Texte gibt. Was wir gegenwärtig besitzen, sind Abschriften von Abschriften, so daß die ältesten biblischen Texte in unseren Bibliotheken – mit Ausnahme der am Toten Meer gefundenen Schriftrollen, die etwas älter sind – viel jünger als 2000 Jahre sind.

Das bedeutet, daß die Lücke zwischen den ursprünglichen Ereignissen und den noch erhaltenen Berichten über diese Ereignisse recht beträchtlich ist. Schriftliche Überlieferungen sind jedoch im allgemeinen ziemlich dauerhaft, und daraus ergibt sich, daß die etwa in ihnen enthaltenen Verzerrungen und Verfälschungen wahrer Ereignisse später als Tatsachen akzeptiert werden. Der reale Kern der Ereignisse verschwindet schließlich aus der menschlichen Erinnerung.

Was die Bibel betrifft, gibt es noch einen weiteren Punkt, der zu beherzigen ist. Obwohl der Martin Luther zugeschriebene Ausspruch, es gebe so viele Ansichten über die Bibel wie Leser dieses großen Werkes, seine Berechtigung hat, stimmt es auch, daß diese Ansichten sich in bestimmte umfassende Kategorien einordnen lassen. Wie jemand die Bibel auslegt, hängt von seiner Allgemeinbildung, seinen religiösen Glaubensvorstellungen und vielleicht von seinem Geschmack ab. Deshalb gibt es Leute, die in der Bibel ein einigermaßen gutes literarisches Werk sehen; diese verkörpern die literarische Auslegung. Andere betrachten die Bibel als interessanten historischen Bericht über ein bestimmtes semitisches Volk und die Entwicklung des Christentums; dies ist die historische Auslegung. Wieder andere sind davon überzeugt, daß der wahre Wert der Bibel in ihren moralischen und ethischen Aussagen liegt, während der Rest hauptsächlich aus Metaphern und Allegorien besteht; dies ist die ethische Auslegung, zu der einige der größten Philosophen – darunter auch Kant – tendiert haben.

Andere Philosophen und Philologen haben sich für die kritische Auslegung entschieden, die aus einer Textanalyse der Bibel besteht und sich mit einer Vielzahl von Aspekten befaßt: dem historischen, dem soziologischen, dem linguistischen usw. Dies alles ist unter dem Begriff »höhere Bibelkritik« bekannt. Sie ist im 19. Jahrhundert durch Philosophen wie David Strauss, der das Problem der Geschichtlichkeit Jesu einer höchst sorgfältigen Untersuchung unterzogen hat, sehr gefördert worden.

Schließlich gibt es noch die streng religiöse Auslegung, die von denen akzeptiert wird, die in der Bibel die getreue Wiedergabe des Gotteswortes sehen. Dieser Interpretation nach ist die Bibel ein besonders Buch: die Heilige Schrift. Gott hat zu seinem Volk gesprochen, und die Bibel ist die Aufzeichnung seiner Äußerungen. Diese religiöse Auslegung ist in Judaismus und Christentum weit verbreitet.

Es gibt jedoch mindestens zwei Möglichkeiten, die Bibel als Wort Gottes zu akzeptieren. Man kann sich für die buchstäbliche Auslegung entscheiden, die davon ausgeht, daß die Ereignisse, Schilderungen, Prophezeiungen, Gebote usw. der Bibel wortwörtlich zu nehmen sind. Steht beispielsweise in der Schöpfungsgeschichte, daß Gott Eva aus einer Rippe Adams gemacht hat *(1. Mose 2, 21)*, hat sich die Erschaffung Evas genauso abgespielt. Spricht das *2. Buch Mose* von sieben ägyptischen Plagen, müssen sie als Tatsachen akzeptiert werden. Lesen wir im *Buch Josua* (10, 12), daß Sonne und Mond auf Befehl Josuas stillgestanden haben, muß dieser Fall wirklich eingetreten sein: Sonne und Mond haben tatsächlich »stillgestanden«.

In diesem Zusammenhang muß bemerkt werden, daß die Verfechter dieser buchstäblichen Auslegung sich selten für Fragen wie »Von wem stammen die einzelnen Bücher der Bibel?«, »Wann sind sie geschrieben worden?« und so weiter interessieren. Für sie verkörpert die Bibel die Quintessenz göttlicher und menschlicher Weisheit, über die es nicht mehr viel zu sagen gibt. Diese Überlegung herrschte im Mittelalter vor. Im 16. Jahrhundert wurde sie von vielen protestantischen Sekten, besonders von den unglücklichen Wiedertäufern in Münster, verteidigt. »Unglücklich«, weil diese Bibelgläubigen beschlossen, nach den genauen und detaillierten Anweisungen des Alten Testaments zu leben. Mit diesem Vorsatz übernahmen sie im 16. Jahrhundert die Stadt Münster und ließen biblische Sitten wie die Vielweiberei wiederaufleben. Daraufhin schlossen sich die Katholiken und Protestanten der Nachbarstädte gegen die Wiedertäufer zusammen, um sie zu bestrafen. Im Jahre 1535 wurde Münster von einer gewaltigen Armee belagert. Die Wiedertäufer der Stadt wurden im Namen Gottes und im Namen einer besseren Bibelauslegung hingerichtet. Ein gewisser Johann Leiden, der sich zwei Jahre zuvor zum »König David« hatte ausrufen lassen, wurde von den frommen Invasoren in Stücke gerissen. Er wurde zu Tode geschunden, und seine Bitten um ein rascheres Ende verhallten ungehört. Während der Gefolterte verblutete, wurden seine zahlreichen Frauen vor ihm enthauptet.

Aber trotz des Massakers an den Wiedertäufern von Münster, das von der katholischen Kirche und Martin Luther gebilligt wurde, starb die wortgetreue Auslegung der Bibel nicht aus. Noch heute hat sie viele Verteidiger. Orthodoxe Juden, Pentekostalisten, Zeugen Jehovas und viele andere halten die Bibel für ein exaktes und beschreibendes Dokument, das auf Gottes Geheiß niedergeschrieben worden ist. Diese Interpretation ist die Grundlage für Bräuche wie Schlangenberühren, Teufelsaustreibung, Gesundbeten und dergleichen.

Das Problem ist jedoch viel komplizierter, als es auf den ersten Blick wirkt. Wie Galilei im 17. Jahrhundert festgestellt hat, führt diese wortgetreue Interpretation oft zu einer Vielzahl von Ungereimtheiten. Betrachten wir jedes Wort der Bibel als absolut wahr, stoßen wir unweigerlich auf eine Anzahl verwirrender Situationen und widersprüchlicher Aussagen – nicht nur in der Bibel selbst, sondern auch im Vergleich zu wissenschaftlichen Erkenntnissen. Wollten wir bei der buchstäblichen Auslegung bleiben, müßten wir entweder die Behauptungen der Bibel oder die wissenschaftlichen Erkenntnisse verwerfen. Martin Luther befand sich zum Beispiel in dieser Zwickmühle, aus der er sich schließlich dadurch befreite, daß er Philosophie und Wissenschaft als Werke des Teufels verdammte.

Gläubige Menschen sprechen oft verächtlich über die Wissenschaft. Für sie steht fest, daß der Baum der Erkenntnis, von dem Adam und Eva die verbotene Frucht gegessen haben, nicht angerührt werden darf. Umgekehrt bezeichnen viele ungläubige Menschen die Bibel als eine Ansammlung von unsinnigen Lügen. Ein sowjetisches Fremdwörterbuch definiert die Bibel als »eine Sammlung phantastischer Legenden ohne wissenschaftlichen Rückhalt ... voller düsterer Anspielungen, geschichtlicher Fehler und Irrtümer«.[6] Und der amerikanische Schriftsteller Thomas Payne charakterisiert die Bibel in *Age of Reason* als »eine Geschichte der Schlechtigkeit, die dazu gedient hat, die Menschheit zu korrumpieren und brutaler zu machen«.

Daraus dürfte hervorgehen, daß die wortgetreue Auslegung schwierige Probleme aufwirft – besonders wegen der Tatsache, daß die Bibel wissenschaftlichen Erkenntnissen wie Heliozentrismus, Evolution und anderen zu widersprechen scheint. Um aus dieser Sackgasse herauszukommen, haben einige christliche und jüdische Theologen eine andere Methode vorgeschlagen, die Bibel als Wort Gottes zu interpretieren. Diese Theologen betonen die angenommene Tatsache, daß das Wort Gottes symbolisch und metaphorisch zu verstehen ist. Ihrer Ansicht nach weisen die Geschichten der Bibel auf symbolische Weise auf eine Realität hin, die die menschliche Existenz übersteigt. Wir müssen berücksichtigen, argumentieren sie, daß die Menschheit sich noch in einem ziemlich primitiven Stadium wissenschaftlicher Entwicklung befunden hat, als den Juden Gottes Wort verkündet wurde. Außerdem kümmerten die alten Juden sich längst nicht so intensiv um wissenschaftliche Probleme und Fragen wie die Griechen. Als Gott zu den Juden sprach, mußte er sich einer Sprache bedienen, die einfach genug war, um von gewöhnlichen Menschen verstanden zu werden. Hätte er beschlossen, seine Wahrheiten griechischen Philosophen zu offenbaren, hätte Gott von Atomen, leerem Raum, konzentrischen Himmelsbahnen, mathematischen Verhältnissen und dergleichen gesprochen. Warum Gott jedoch beschlossen hat, nicht zu den Griechen zu sprechen, ist ein Frage, die bisher noch niemand zu beantworten versucht hat.

In seinem bekannten Buch *Honest to God* verteidigt Bischof A. Robinson diese Interpretation der Bibel, die man als symbolische Auslegung bezeichnen könnte.[7] Bischof Robinson stellt darin fest, nun sei die Zeit für Juden und Christen gekommen, endlich erwachsen zu werden und auf den Anthropormophismus und Primitivismus der biblischen Sprache zu verzichten. Seiner Ansicht nach ist vieles aus der Bibel nur metaphorisch zu verstehen. Wenn wir lesen, daß Jesus gen Himmel aufgefahren ist, oder erzählt bekommen, daß sich das Rote Meer vor den Kindern Israel geteilt hat, haben alle diese Dinge nur symbolische Bedeutung. Die Bibel ist trotzdem das uns offenbarte Wort Gottes – aber dieses Wort muß als Analogie und symbolhaft verstanden werden.

Der Einfluß von *Honest to God* ist vor allem deshalb gewaltig gewesen, weil es die Verfechter der »Tod-Gottes-Theologie« unterstützte. Auch für sie ist Gott eine Metapher, ein Symbol, nicht ein Wesen, das das Universum erschaffen hat. Und diese theologische Bewegung ist heutzutage stärker, als es den Anschein hat. Sie ist die Ursache vieler Veränderungen in den traditionellen Kirchen, darunter auch die Annahme des Bingo-Spiels anstelle des Hauptgottesdienstes, wofür sich einige entschieden haben. Vor Jahren hatte ich Gelegenheit, ein Einstellungsgespräch mit dem Dekan der philosophischen Fakultät einer bekannten katholischen Universität zu führen, wo ich mich um einen Lehrauftrag beworben hatte. Der Dekan war ein Jesuitenpater, ein hochgelehrter Mann. Da ich selbst über zwölf Jahre lang von Jesuiten ausgebildet worden war, glaubte ich mich dem Gespräch mit diesem Jesuiten ohne Schwierigkeiten gewachsen. Ich war jedoch überrascht, als er mich fragte, ob ich an Gott glaubte.

Er war noch viel überraschter, als ich antwortete, ich verstünde seine Frage nicht, weil ich das Wort »Gott« nicht verstünde.

Seine Überraschung steigerte sich noch, als ich mich erkundigte, ob er selbst an Gott glaube. Nach einer langen Pause bejahte er meine Frage. Ich fragte daraufhin weiter, was er unter »Gott« verstehe, und seine Antwort machte mir vieles klar, was ich bisher nicht verstanden hatte. Er sagte: »Gott ist kein Wesen, an das wir glauben können; Gott ist die Liebe zwischen Menschen.« Für einen Jesuiten, der in scholastischer Theologie ausgebildet worden war, war dies eine höchst ungewöhnliche Antwort. Sie hätte ebensogut von jemand wie Paul Tillich, Bischof Robinson oder Sören Kierkegaard stammen können. Hinter dieser Antwort verbarg sich die symbolische und ethische Auslegung der Offenbarungen der Bibel.

Wie lassen sich nun all diese Mosaiksteinchen zusammensetzen? Wir haben gesehen, wie eine bestimmte religiöse Tradition, die Bibel, sich auf widersprüchliche Weise interpretieren läßt. Die Verschiedenheit dieser Auslegungen erinnert an Vetters 32 Hypothesen über Ursprung und Bedeutung der Religion. Eine ursprüngliche Kette von Ereignissen, die angeblich in der Bibel geschildert werden, zerfällt in unterschiedliche Interpretationen, die ein äußerst komplexes Labyrinth bilden. Dies trifft auch für andere religiöse Traditionen zu, wie z. B. bei den Griechen. Die religiösen Traditionen dieses alten Volkes wurden in zahlreichen Werken überliefert, von denen die Schriften Homers, Hesiods, der Tragödiendichter und die schematischeren Werke der orphischen Gesellschaften erwähnt werden können.

Aber über ihre Bedeutung herrscht heutzutage ebensolche Unklarheit wie über die der Bibel. Offenbar waren die meisten Leser bereit, sie wortwörtlich zu nehmen, und selbst einige der größten Schriftsteller – wie zum Beispiel Herodot – sahen in den alten Göttern reale Lebewesen. Die fromme Gläubigkeit der Griechen zeigte sich in allen Aspekten ihres Alltagslebens: ihre Stadt wurde einer Gottheit geweiht, Kriege wurden nur mit dem Einverständnis der Götter erklärt, die Orakel bestimmten über die meisten Staatsangelegenheiten und so weiter. Gelegentlich stoßen wir auf einen gerissenen Politiker, der diese Leichtgläubigkeit ausnützt, wie es der skrupellose Pisistratos tat, der 561 v. Chr. in Athen herrschte. Die Sage berichtet, wie dieser mächtige Mann, der durch eine Revolution aus seiner Stadt vertrieben worden war, durch einen geschickten Schachzug wieder an die Macht zu kommen versuchte.

Der Plan war einfach genug, aber die Auswirkungen zeigten sich sofort. Er nahm ein Mädchen aus einer Nachbarstadt, legte ihr eine vollständige Rüstung an, stellte es auf einen Streitwagen und schickte es mit einer Eskorte aus treuen Soldaten und Herolden nach Athen. Das Mädchen soll außergewöhnlich schön gewesen sein, und die Herolde verkündeten unterwegs, es sei Pallas Athene, die nach Athen zurückkehre, um Pisistratos wieder an die Macht zu bringen. Pallas Athene, riefen sie, »die ihn von allen Männern am meisten ehrt, führt ihn selbst in ihre eigene Burg zurück«.[8] Die Athener waren erschrocken und verwirrt zugleich, als sie die Göttin mit eigenen Augen in die Stadt einziehen sahen. Wir wissen nicht, was aus der Glücklichen wurde, die die Göttin zu spielen hatte, aber wir wissen, daß Pisistratos unverzüglich wieder in alle Ämter und Würden eingesetzt wurde.

Aber selbstverständlich waren nicht alle Griechen so leichtgläubig. Besonders die Philosophen blieben – von einigen Ausnahmen abgesehen – im allgemeinen skeptisch. Xenophanes, einer der frühesten, verurteilte den Polytheismus von Homers Mythologie, und Heraklit machte sich über die Teilnehmer an religiösen Mysterien lustig. Plato war ein kompromißloser Gegner der unsinnigen Geschichten, die Dichter über die Götter erzählten, und forderte die Verbannung »der Narretei solcher Irrtümer« aus seiner idealen Stadt, wie er in seinem Werk »Der Staat« ausführte. Nach Auffassung einiger dieser Philosophen ließ sich Religion nur ethisch oder höchstens metaphysisch interpretieren.

Aristoteles entschied sich für eine kritische Einstellung: er versuchte, den Entstehungsprozeß von Religionen zu begreifen, ohne diese oder jene religiöse Auffassung zu verurteilen. Seiner Auffassung nach war religiöser Anthromorphismus eine spätere Entwicklung, und die ursprüngliche Religion bestand aus der Verehrung himmlischer Gottheiten, der Planeten und Sterne. Sein Gottbegriff war weit von den polytheistischen Glaubensgrundsätzen der breiten Masse entfernt.

Bei den Griechen kann man also die gleichen Meinungsverschiedenheiten wie bei uns beobachten, und man könnte mit Recht behaupten, daß die von Vetter aufgezählten 32 Religionshypothesen praktisch alle bei ihnen vertreten waren.

Weitere Beispiele ergeben sich durch die Betrachtung der Religionen anderer Völker des Altertums. Aber dieser Versuch ist nicht sehr lohnend, da bei ihnen stets die gleiche Situation auftritt. Man sollte jedoch versuchen, einen gemeinsamen Nenner für alle religiösen Richtungen des Altertums zu finden.

Was die Religion der Griechen betrifft, muß man festhalten, daß sie niemals einheitliche und orthodoxe Glaubensgrundsätze besaßen. Seit den Tagen Homers bis zur Ankunft der Römer gab es in Griechenland stets eine Vielzahl religiöser Ideen, von denen die mit dem olympischen Polytheismus verknüpften die Oberhand behielten, obwohl er selbst nie einheitlich war. Die Götter dieser Religion waren offenbar keine griechischen Erfindungen; sie waren in Wirklichkeit ausländische Produkte, die schon lange vor Homer nach Griechenland eingeführt worden waren. Abgesehen von bestimmten örtlichen Eigenheiten und sprachlichen Unterscheidungen waren Zeus, Apollo, Athene, Aphrodite und alle anderen geborgte Gottheiten, die anderswo geboren worden und seit undenklichen Zeiten in anderen Ländern verehrt worden waren. Zum Beispiel konnte Herodot einige der griechischen Götter auf ägyptische Ursprünge zurückführen, und für die Identität ägyptischer Götter wie Horus, Hathor, Nut, Isis und Osiris mit den Gottheiten des griechischen Pantheons spricht viel. Die Götter, die einst in goldenen Streitwagen über den Himmel Ägyptens zogen, waren auch imstande, einen Weg nach Griechenland zu finden.

Sollte dies jedoch der Fall gewesen sein, müssen wir annehmen, daß zu dem Zeitpunkt, als die Griechen die Legenden und Überlieferungen der alten Ägypter erbten, das Bild der Götter bereits sehr verzerrt, verfälscht und mystifiziert worden war. Der Übergang dieser Tradition dauerte Jahrhunderte, vielleicht sogar Jahrtausende, und vollzog sich manchmal mit Hilfe eines Zwischenträgers wie der kretischen Kultur. Wir wissen beispielsweise, daß die Griechen schon lange vor Beginn der Perserkriege zu Beginn des fünften Jahrhunderts vor Christi eine Garnison im Nildelta unterhielten. Weiterhin war es üblich, daß Philosophen und Gelehrte nach Ägypten reisten, um direkt aus den Quellen der Weisheit zu schöpfen. Die Liste prominenter Griechen, die angeblich in Ägypten gewesen sind, ist äußerst eindrucksvoll: Thales, Pythagoras, Solon, Herodot, Plato und viele andere.

Seltsamerweise lernten auch die alten Juden viel von den Ägyptern. Das läßt sich nicht nur durch die geographische Nähe dieser beiden Nationen, sondern auch durch die Tatsache erklären, daß die Juden sehr lange bei den Ägyptern leben mußten. Das gleiche gilt für das Verhältnis zwischen Judentum und den mesopotamischen Kulturen, von denen die babylonische hervorzuheben ist. Viele der kosmologischen Modelle der Schöpfungsgeschichte lassen den Einfluß babylonischer und ägyptischer Ideen erkennen. Auch hier müssen wir wieder annehmen, daß die alten Überlieferungen sich erheblich geändert hatten, als die jüdische Religion entstand.

Das Problem des Judaismus als Religion liegt in der Tatsache begründet, daß er im Gegensatz zur Religion der alten Griechen ein Glauben ist, der heute noch so lebendig wie in grauer Vorzeit ist. Deshalb treffen objektive historische Untersuchungen oft auf subjektive Vorurteile und Gefühle. Für einen Juden ist es oft nicht angenehm, hören zu müssen, daß seine Religion, die das kostbarste Element seiner Kultur verkörpert, in Wirklichkeit das Ergebnis fremder und christlicher Einflüsse ist. Auch für jemand, der fest an die Bibel als an das Wort Gottes glaubt, ist es nicht gerade trostreich, daran erinnert zu werden, daß der »Herr der himmlischen Heerscharen« und der »Gott Abrahams, Isaaks und Israels« seine ursprüngliche Bedeutung der Tatsache verdankt, daß er als Kollektivausdruck eine ganze Anzahl fremder Götter verkörperte. Schließlich ist es nur wahrscheinlich, daß dem Monotheismus ein Polytheismus vorausgegangen ist.

Der Monotheismus der alten Juden, der heutzutage die eigentliche Grundlage des Christentums bildet, hat sich zu Moses Zeit unmittelbar vor und während des Auszugs aus Ägypten herausgebildet. Moses, der Prototyp der biblischen Propheten, hat wahrscheinlich im 13. Jahrhundert vor Christo gelebt, obwohl seine historische Authentizität gelegentlich angezweifelt worden ist. Er wurde als Säugling durch das Eingreifen einer göttlichen Macht beschützt und später zum

Führer der Juden bestimmt – ebenfalls von einer göttlichen Macht, die aus einem brennenden Busch zu ihm sprach. Die Stimme sagte zu ihm: »Ich bin der Gott deines Vaters, der Gott Abrahams, der Gott Isaaks und der Gott Jakobs« *(2. Mose 3,6)*. Später erläuterte die gleiche Stimme ihm ihr Wesen etwas deutlicher: »Ich werde sein, der ich sein werde« *(2. Mose 3,14)*.

Die geheimnisvolle Stimme befahl Moses, die Juden aus Ägypten zu führen, und Moses kam diesem Ruf nach, indem er sein Volk von Ägypten bis an die Grenzen des Landes Kanaan führte. Ihm werden mehrere Bücher der Bibel zugeschrieben, obwohl seine Urheberschaft sich nicht nachweisen läßt. In diesen fünf Büchern Mose finden wir unabhängig von Authentizität und Autor die Elemente der jüdischen Religion.

Der mosaische Gott, der mit Moses erstmals aus dem brennenden Busch sprach, wurde später, wahrscheinlich während des Auszugs aus Ägypten, mit der ägyptischen Vorstellung von einem »Donnergott« verquickt, einem Gott, der eindeutig mit einem göttlichen Himmelskörper verwandt war, mit dem er zumindest einige Eigenschaften gemeinsam hatte. Der »Höchste« oder *Elyon* ist ein indirekter Nachkomme des Donnergottes, den die Ägypter als Horus kannten und der bei den Griechen zu Zeus wurde. Die Römer nannten ihn später Ius Pater, den Vater des Rechts, oder einfach Jupiter. Die Verbindung zwischen dem Planeten Jupiter und dem Gott Jupiter ist offenkundig und unterstützt die von Aristoteles vorgebrachte Theorie, der Mensch habe sich die Götter unweigerlich als vom Himmel kommend, im Himmel lebend oder mit einem der Himmelskörper in Verbindung stehend vorgestellt.

Vielleicht ist der hebräische Begriff *Adhonay*, den wir mit »Herren« übersetzen können, ein noch älteres Wort für Gott.

Es wird manchmal in der Einzahlform *Adhoni* benützt wie in *1. Mose 24, 18* und 31, 35 und *2. Mose 32, 22,* aber es kommt in *1. Mose 15, 2* und *5. Mose 3, 24* auch in der Mehrzahlform *Adhonay* vor. In beiden Formen scheint es sich auf das oder die gleichen Wesen zu beziehen. Vor Moses und selbst noch während des Auszugs aus Ägypten existiert ein unverkennbarer Polytheismus, bei dem die *Teraphim* oder beschützenden Haushaltsgötter eine bedeutsame Rolle im jüdischen Alltag spielen, obwohl Naturgötter wie Baal, Moloch und Astarte weithin verehrt werden. Schließlich überwindet Jehovah, der einst zu den Schutzgöttern gehörte, die allgemein als *Elohim* oder *Adhonay* bezeichnet wurden, die rivalisierenden Gottheiten und wird zum Hauptgott der Juden.

Daraus folgt, daß die alten Juden manchmal einen, manchmal mehrere Götter hatten und daß der Übergang vom Polytheismus zum Monotheismus ein langsamer und schwieriger Wandel war, der durch zeitliche und geschichtliche Umstände entscheidend beeinflußt wurde. Der Polytheismus der verfolgenden Ägypter bleibt bei den fliehenden Juden virulent, was die strengen Gesetze gegen Götzendienst verständlich macht: »Wer den Göttern opfert und nicht dem Herrn allein, der sei verbannt« *(2. Mose 22, 20).* Der neue oberste Gott der Juden war schließlich »ein eifriger Gott« *(2. Mose 20, 5).* Die Furcht vor der Götzenverehrung beruhte wohl nicht auf der Überzeugung, diese anderen Götter seien nicht real, sondern auf dem Wunsch, den Schutzgott der Juden zu einem freundlichen Bundesgenossen zu machen. Die Verehrung anderer Götter hätte unweigerlich seinen Zorn und seine Feindseligkeit erweckt.

Als die Juden das Land Kanaan erreichten, wurden ihre theologischen Schwierigkeiten nicht geringer, denn die dortigen Bewohner beteten einen anderen Gott an: den Wetter- und Himmelsgott Baal. Aber durch hartnäckigen Nationalismus und unter der Führung der aufgeklärteren Propheten wie Jesaja wurde die Machtprobe zwischen Polytheismus und Monotheismus allmählich zugunsten des letzteren entschieden. Der Herr der Herren blieb endlich siegreich, und Götzendienst, Tierverehrung, Naturkulte und dergleichen verschwanden zumindest aus den Städten. Aber hier muß festgehalten werden, daß der siegreiche Gott Israels noch nicht das ist, was er später wurde: eine nicht mehr anthropomorphe Gottheit, die Raum und Zeit überwindet. Zu dieser Verwandlung kam es erst, als die Juden mit bestimmten Elementen griechischer Philosophie konfrontiert wurden. Beispielsweise war der Gott des jüdischen Historikers Flavius Josephus das Ergebnis einer Mischung aus Judaismus und griechischem Rationalismus. Josephus gehört jedoch ins erste Jahrhundert nach Christi Geburt.

Aber trotz des komplizierten Ablaufs dieser Entwicklung steht fest, daß der Monotheismus aus dem Polytheismus entstanden ist. Die Pluralität der Götter gehört ohne Zweifel zu den charakteristischen Eigenschaften der Religion der alten Juden.

Einige Überreste dieser Pluralität sind selbst in unserer Zeit erhalten geblieben – besonders bei einigen christlichen Sekten. In der katholischen Kirche haben zum Beispiel zahlreiche Heiligen die Nachfolge der polytheistischen Götter angetreten, obwohl offiziell ein großer Unterschied zwischen ihnen besteht. Es stimmt, daß die Heiligen nicht als Götter verehrt werden, und die Kluft, die selbst die Muttergottes von Gott trennt, ist gewaltig. Aber in der Praxis und im Alltagsleben ist der Unterschied geringer, als er auf den ersten Blick erscheinen mag. Die Heiligen haben den Platz der Schutzgötter eingenommen, ihre Bilder werden bei Prozessionen mitgeführt, ihre Reliquien werden mit großer Achtung und Ehrerbietung aufbewahrt, ihre Kräfte wirken Wunder und ihre Heiligkeit sichert ihnen einen Platz in der Nähe Gottes.

Außer dem Polytheismus gibt es also zwei weitere ebenso wichtige und allgemein verbreitete Charakteristika alter Religionen: die Leiblichkeit der Götter und ihr himmlischer Ursprung. Die Griechen stellten sich ihre Götter als fleischliche Wesen vor, die bis auf zwei Punkte den Sterblichen ähnlich waren. Im Gegensatz zu Menschen kannten die Götter weder Tod noch Verwesung, und ihre geistigen und körperlichen Kräfte waren denen der Menschen im allgemeinen überlegen. Die Olympier verkörpern keine obskuren und erschreckenden übernatürlichen Kräfte, sondern klar umrissene Prototypen idealer menschlicher Existenz.

Aber obwohl die Götter unsterblich waren, waren sie nicht ewig. Die zwölf Götter des Pantheons waren alle hier auf der Erde oder anderswo geboren worden. Wie Hesiod berichtet, war Zeus' Vater Kronos, der über die Titanen herrschte. Diese Titanen sind rätselhafte prähistorische Lebewesen von riesenhafter Größe und unvorstellbarer Körperkraft. Nachdem Zeus sie besiegt hatte, verschwanden die meisten von ihnen aus allen mythologischen Geschehnissen. Zeus war nun Herrscher des Himmels und wurde im Lauf der Zeit zum obersten Herrn des Universums. Seine Macht war außergewöhnlich, aber nicht unbeschränkt. Seine Weisheit war groß, aber nicht unendlich. Seine Gewalt über Götter und Menschen war groß, aber nicht vollständig. Dieser »Zeus, Glorreichster, Größter, Gott der Gewitterwolke«, wie Agamemnon ihn in der *Ilias* nennt, stieß oft auf Widerstand und ließ sich täuschen. Selbst seine Gemahlin, die Göttin Hera, konnte ihm die Wahrheit vorenthalten.

Ähnliches läßt sich auch von den übrigen Hauptgöttern der Griechen sagen. Außer Zeus gehörten dazu: Poseidon, der Gott des Meeres, der in einem goldenen Streitwagen fuhr und seinen Palast im Meer hatte; Pluto oder Hades, der Gott der Unterwelt, der im Himmel der anderen Götter nie willkommen war; Pallas Athene, die jungfräuliche Göttin, eine Tochter des Zeus, die grimmige Schlachtengöttin, die während des Trojanischen Krieges immer wieder eingriff, die sanfte Beschützerin zivilisierten Lebens, die Mutter von Weisheit und Schönheit und die bezaubernde Besitzerin Athens; Phöbus Apollo, der herrlichste, aber nicht der mächtigste aller Götter, der Sonnengott, der Gott des Lichtes, der Dichtkunst, der Musik und Philosophie; und dann die übrigen: Artemis, Aphrodite, Hermes, Hephästus und Hestia.

Unter diesen zwölf standen zahlreiche andere Götter und Halbgötter, denen die Helden folgten. Sie alle bildeten eine große Gemeinschaft von Unsterblichen, die in vieler Beziehung Ähnlichkeit mit den Griechen hatten. Sie besaßen Menschengestalt, gerieten in Zorn, ließen sich wieder besänftigen, trafen oft willkürliche Entscheidungen und vergaßen gelegentlich ihre Versprechen. Wie der biblische Gott konnten sie wegen ihrer Taten Bedauern und Reue empfinden. Sie änderten ihre Meinung und wünschten sich, sie hätten anders gehandelt. Was in der Schöpfungsgeschichte von dem jüdischen Gott berichtet wird, könnte auch von den griechischen Göttern gesagt werden: »Da reute es ihn, daß er die Menschen gemacht hatte auf Erden, und es bekümmerte ihn in seinem Herzen« *(1. Mose 6, 6).*

Wir wissen genau, welche Konsequenzen dieser Augenblick der Reue hatte. Die Menschheit und alle übrigen Lebewesen wurden von der Sintflut ertränkt. Nur einige Auserwählte wurden durch die besondere Gnade Gottes errettet, der sorgsam darauf achtete, ihnen genaue Anweisungen für den Bau einer sicheren Arche zu geben. Noah wurde befohlen: »Mache dir einen Kasten von Tannenholz, und mache Kammern darin, und verpiche ihn mit Pech inwendig und auswendig. Und mache ihn also: Dreihundert Ellen sei die Länge, fünfzig Ellen die Weite und dreißig Ellen die Höhe. Ein Fenster sollst du daran machen, obenan, eine Elle groß. Die Tür sollst du mitten in seine Seite setzen. Und er soll drei Böden haben: einen unten, den anderen in der Mitte, den dritten in der Höhe.« Dazu kamen selbstverständlich weitere Anweisungen über Besatzung und Verproviantierung der Arche *(1. Mose 6, 18-21)*. Ein allmächtiger Gott hätte nicht alle diese Vorsichtsmaßnahmen zu treffen brauchen, um für das Wohlergehen der Lebewesen zu sorgen, die er vor der steigenden Flut retten wollte.

In den Legenden der Griechen finden sich ähnliche Schilderungen. »Überall auf Erden wurden die Menschen so schlecht, daß Zeus endlich beschloß, sie zu vernichten«, wird uns erzählt – und in der Schöpfungsgeschichte heißt es: »Da sprach Gott zu Noah: Alles Fleisches Ende ist vor mich gekommen; denn die Erde ist voll Frevels von ihnen; und siehe da, ich will sie verderben mit der Erde« *(1. Mose 6, 13)*. Bei den Griechen wurden einige wenige auf wunderbare Weise vor der großen Flut gerettet. Deukalion und seine Frau Pyrrha wurden damals Nutznießer der gleichen vorausschauenden Anweisungen, denen Noah und seine Besatzung ihre Rettung verdankten.

Die Vielzahl von Legenden, die alle das gleiche Ereignis betreffen und bei ganz verschiedenen Völkern vorkommen, lassen den Schluß zu, daß es sich wahrscheinlich um ein wirkliches Ereignis gehandelt hat, das im Lauf der Jahrtausende entstellt und den ethischen Bedürfnissen des jeweiligen Kulturkreises angepaßt worden ist. Dabei ist weiterhin zu berücksichtigen, daß das menschliche Gedächtnis eben formbar und kreativ ist.

Aber es gibt eine noch verblüffendere Eigenschaft der alten

Götter, ob sie nun jüdisch oder griechisch waren: ihre hartnäckige Neigung zum Geschlechtsverkehr mit Menschen. Legenden, die dieses Phänomen schildern, sind recht häufig. Es war den alten Griechen durchaus bekannt, denn wir hören in der Sisyphussage, daß dieser legendäre König der Stadt Korinth nur deshalb von Zeus dazu verdammt wurde, bis in alle Ewigkeit einen Felsen einen Hügel hinaufzurollen, weil er einige der Freveltaten des Zeus an griechischen Jungfrauen verraten hatte. Oft wurde erzählt, Zeus nehme selbst die Gestalt eines Vogels an, um sich Frauen zu nähern. Daß Plato über diese Geschichten über den Vater der Götter und der Menschheit unglücklich war, ist leicht zu verstehen. Verständlich ist auch, daß in römischer Zeit, als die griechische Religion nicht mehr so beherrschend war, die kopulierenden Götter ausgelacht und verspottet wurden.

Die Legenden über Geschlechtsverkehr zwischen Göttern und Menschen sind jedoch in vielerlei Formen erhalten geblieben. In dem prächtigen Werk *Der goldene Esel* des Philosophen Apuleius (zweites Jahrhundert), das Hunderte von merkwürdigen und unheimlichen Geschichten enthält, hören wir von den Abenteuern des Menschenkindes Psyche, die wegen ihrer ungewöhnlichen Schönheit von Venus gehaßt wurde. Cupido, der hübsche Sohn der Liebesgöttin, ließ sich von Psyches Charme und Schönheit verzaubern und hatte eine lange, stürmische Liebesaffäre mit ihr. Nach den unglaublichsten Schicksalsschlägen wurde ihr ungewöhnlicher Bund von Zeus akzeptiert, der das leidenschaftliche Liebespaar schließlich im Kreis der Götter willkommen hieß.

Ähnliche Legenden finden sich in der Bibel. Dies veranlaßte den Kirchenlehrer Augustinus zu der ernsthaften Frage, »ob wir glauben sollen, daß Engel, die aus einem spirituellen Stoff bestehen, sich in die Schönheit von Frauen verliebt und sie zu heiraten gesucht haben, und daß aus dieser Verbindung

Riesen hervorgegangen sind« (*De civitate Dei,* Buch XV, Kapitel XXIII). Nachdem der große Philosoph die entsprechenden Bibelstellen untersucht hatte, kam er zu dem klaren Schluß, solche Berichte seien eindeutig wahr und zutreffend. Er bestand jedoch darauf, die Engel hätten die Gesellschaft von Frauen *nicht* aus Lust am Geschlechtsverkehr, sondern nur aus dem Wunsch heraus gesucht, eine überlegene menschliche Rasse zu zeugen, die das Wachstum des Gottesstaates fördern konnte.

Diese Engel werden oft als »Söhne Gottes« und »Söhne der Götter« bezeichnet, wobei laut Augustinus beide Bezeichnungen richtig sind. Die »Kinder Gottes« suchten die Gesellschaft der »Töchter der Menschen« *(1. Mose 6, 2).* Wir hören von Menschen, die Geschlechtsverkehr mit Engeln suchen *(1. Mose 19, 5),* und so weiter. Deshalb überrascht es nicht, daß das jüdische Milieu, in dem das Christentum entstanden ist, die Vorstellung, die Jungfrau Maria sei vom Heiligen Geist schwanger geworden *(Matthäus 1, 20),* keineswegs als absurd zurückwies.

Aus solchen Verbindungen gingen unweigerlich große Menschen hervor: Maria gebar Jesus, den Sohn Gottes, Psyches Kind war eine Göttin und so weiter. Die Griechen kannten zahlreiche Helden und Halbgötter, zu deren direkten Vorfahren stets ein Gott gehörte – wie bei dem legendären Ödipus, dem König von Theben, über den Sophokles so ausführlich geschrieben hat. Agamemnon, Menelaos, Theseus und Herkules gehörten in die gleiche Kategorie. Bei Diogenes Laertius lesen wir, daß sogar Plato seine Abstammung auf den Gesetzgeber Solon zurückführte, der seinerseits ein Nachkomme der Götter Neleus und Poseidon zu sein behauptete. Andererseits ist zu berücksichtigen, daß die Ägypter sich nach Herodots Darstellung weigerten, auch nur die Möglichkeit eines Geschlechtsverkehrs zwischen Göttern und Menschen zu akzeptieren, obwohl es Legenden dieser Art gibt, die ägyptischen Quellen zugeschrieben werden.

Die Riesen des Altertums wurden ebenfalls für die Ergebnisse sexueller Abenteuer der Götter gehalten, obwohl sich mit ihnen meistens die Vorstellung von etwas Bösem verband. Im *1. Buch Mose 6, 1-4* finden wir folgende merkwürdige Stelle:

»Da sich aber die Menschen begannen zu mehren auf Erden, und ihnen Töchter geboren wurden, da sahen die Kinder Gottes nach den Töchtern der Menschen, wie sie schön waren, und nahmen zu Weibern, welche sie wollten. Da sprach der Herr: Die Menschen wollen sich von meinem Geist nicht mehr strafen lassen; denn sie sind Fleisch. Ich will ihnen noch Frist geben hundertundzwanzig Jahre. Es waren auch zu den Zeiten Riesen auf Erden; denn da die Kinder Gottes zu den Töchtern der Menschen eingingen, und sie ihnen Kinder gebaren, wurden daraus Gewaltige in der Welt und berühmte Männer.«

Was diese Riesen betrifft, deren Existenz im Altertum allgemein für selbstverständlich gehalten wurde, weiß Flavius Josephus, daß sie selbst nach dem Auszug der Juden aus Ägypten noch im Land Kanaan anzutreffen und daß ihre Knochen und Überreste lange danach noch immer zu sehen waren.

Der polytheistische Gottbegriff, der in allen diesen seltsamen Schilderungen sichtbar wird, läßt sich einfach ausdrükken: Was immer die Götter waren, wie immer ihre Namen gelautet haben konnten und woher immer sie stammten, waren sie jedenfalls leiblich oder zumindest imstande, eine physische Gestalt anzunehmen, weil sonst kein Geschlechtsverkehr, der vielleicht die physische menschliche Tätigkeit par excellence ist, möglich gewesen wäre. Wissenschaftliche

Erkenntnisse und gesunder Menschenverstand sagen uns zumindest, daß Kinder (die Riesen, deren Knochen damals noch zu sehen waren) nur das Ergebnis eines Geschlechtsverkehrs zweier leiblicher Wesen sein können: einer Frau und eines anderen fleischlichen Wesens.

Aber es gibt natürlich keinen besseren Ausdruck der Leiblichkeit der Götter als die Stelle im *2. Buch Mose,* die den Umgang Moses mit dem jüdischen Gott schildert. Gott spricht hier mit Moses »von Angesicht zu Angesicht, wie ein Mann mit seinem Freunde redet« *(2. Mose 33,11).* Das Volk sieht nur die »Wolkensäule«, während Moses Gott in eigener Gestalt sieht. Erst Hunderte von Jahren später, lange nachdem der auf Besuch weilende Gott nicht länger leiblich unter seinem Volk anwesend war, ersetzte eine geistige und ethische Gegenwart seine physische Anwesenheit. Wie bei John Frum und den Eingeborenen von Tanna schufen die Emotionen und Erwartungen der Gläubigen aus dem Reservoir kollektiver Erinnerungen einen abstrakten und metaphysischen Gott. Moses stand einem physischen göttlichen Wesen gegenüber, aber Philo, der einige Jahrtausende später lebte, konnte sich nur einen transzendenten Gott jenseits von Raum und Zeit vorstellen.

Aber die Menschen des Altertums ließen die Frage nach der Herkunft ihrer Götter nicht völlig unbeantwortet, und in diesen drei hier behandelten Religionen gleichen die Antworten sich erstaunlich. Die Götter kamen von oben, aus den Wolken, vom Himmel, von jenseits der Sterne. Die ägyptischen Götter kamen aus dem Himmel, kehrten in ihn zurück und lebten dort; sie wurden dabei gesehen, wie sie den Himmel in ihren goldenen Streitwagen überquerten. Erst viel später wurden sie mit Himmelskörpern wie Sonne und Mond identifiziert. Auch die ursprünglich griechischen Götter hatten einen himmlischen Wohnsitz, selbst wenn sie wie Apollo auf einer griechischen Insel geboren worden waren. Dieser himmlische Wohnsitz wurde oft mit dem Olymp gleichgesetzt, dessen Gipfel in Griechenland dem Himmel am nächsten war. Aber selbst in der *Ilias* wird der Sitz der Götter in den Raum außerhalb der Erde, außerhalb des sichtbaren Universums verlegt. Dieser wahrhaft himmlische Olymp, auf dem die Götter in völliger Harmonie und Frieden leben, ist von unserer Erde durch ein »großes Wolkentor« getrennt.[9] Für die Götter war es jedoch nicht schwierig, sich zwischen dieser Region und der Erde hin und her zu bewegen. Sie konnten fliegen oder ihre Streitwagen benützen. Auf der Erde streiften sie oft durch Griechenland. Apollo wurde gesehen, wie er bei den Menschen lebte, die Kranken heilte, Unglücklichen half und Menschen in der Kunst des Schreibens, der Philosophie und Musik unterwies. Artemis, seine schöne Schwester, wurde ebenfalls gesehen, wie sie in der Morgenkühle jagte und erstaunte Schäfer mit ihren göttlichen Melodien bezauberte. Ja, die Götter waren hier.

»Eine Zeit, als die Götter unter Sterblichen lebten«, ist vielleicht ein universeller Mythus. Die ägyptischen Priester berichteten dem forschenden Herodot von einer Zeit, als »Ägypten als Herrscher Götter hatte, die auf Erden bei den Menschen lebten, wobei stets einer den Befehl über die übrigen hatte«. Herodot rechnete selbst aus, daß diese Zeit 11 340 Jahre zurückliegen müsse. Er erklärte auch, wie er auf eine so genaue Zahlenangabe gekommen war. Die ägyptischen Priester zeigten ihm als Beweis ihrer Freundschaft und ihres Vertrauens die Statuen von 341 verstorbenen Priestern, von denen jede eine Generation von Ägyptern symbolisierte. Sie erwähnten dabei, daß ihre Unterlagen mit größter Sorgfalt geführt worden seien. Mit der Herstellung der Statuen war unmittelbar nach der Abreise des letzten Gottes, der zu den Sternen zurückgeflogen war, begonnen worden.

Die alten Juden ließen ihrerseits keinen Zweifel am Ursprung ihrer Götter. Der Segen des Herrn kam stets vom Himmel, und selbst die frühen Christen stellten sich vor, der Sohn Gottes sei »gen Himmel aufgefahren«, von dem er einst herabgekommen sei *(Lukas 24, 51)*. Selbst Maria sollte der frommen Tradition nach *körperlich* gen Himmel gefahren sein: 1950 erhob Papst Pius XII. in seiner Bulle *Munificentissimus Deus* diese Ansicht in die Kategorie eines Glaubensdogmas! Die Physikalität des Himmels, die Möglichkeit, leiblich in den Himmel zu gelangen, und der ständige Pendelverkehr von Göttern und Engeln zwischen Himmel und Erde sind integrale Bestandteile der jüdisch-christlichen Tradition, selbst wenn Bischof Robinson das in *Honest to God* nicht wahrhaben will.

Elia, der berühmte Prophet des Altertums, wurde ebenfalls leiblich und für immer in den Himmel entführt. »Siehe, da kam ein feuriger Wagen mit feurigen Rossen«, lesen wir in der Bibel *(2. Könige 2, 11)*, »... und Elia fuhr also im Wetter gen Himmel«. Welchen Sinn man dieser rätselhaften Stelle beilegen will, hängt davon ab, wie man die Bibel interpretiert. Man kann sie als Metapher oder als verfälschte Wiedergabe einer Tatsache auffassen, die die Zeugen verblüfft haben muß.

Bestimmte in letzter Zeit vorgenommene astroarchäologische Deutungen ähnlicher biblischer Mysterien sind zum gegenwärtigen Zeitpunkt ebenso wertvoll oder vielleicht wertvoller als andere, die allgemeiner akzeptiert werden. Hierbei ist vor allem an die Interpretationen von Agrest, Blumrich und Barry Downing zu denken.[10]

Aber selbst wenn man diese Frage zunächst ausklammert, kommt man zu dem Schluß, daß der gemeinsame Nenner sehr vieler alter Mythen und Religionen aus den drei Charakteristika besteht, die sie im allgemeinen ihren Göttern zuschreiben: ihrer Pluralität, ihrer physischen Natur und ihrer extraterrestrischen Herkunft. So unterschiedlich die drei besprochenen Religionen gewesen sein mögen, so auffällig stimmen sie in diesen drei göttlichen Elementen überein. Das gleiche gilt wahrscheinlich für viele andere Quellen alter Religionen. Die Götter der amerikanischen Indianer wurden ebenfalls wie Menschen gezeugt und lebten im Himmel. Auch die Götter in den alten Überlieferungen der Hindus unterscheiden sich in Wirklichkeit nicht von diesem Bild.

Wenn die Erinnerung an John Frums Besuch bei den Eingeborenen bereits so mystifiziert und entstellt worden ist, obwohl sie erst wenige Jahrzehnte zurückliegt, könnte man mit Sicherheit unterstellen, daß die Erinnerung an diese wirklich uralten Götterbesuche noch größeren Veränderungen unterworfen gewesen sein muß. Da die Götter nicht wie versprochen zurückgekommen sind, mußten ihre Gläubigen und Chronisten nach anderen Auswegen suchen, um ihre starke Frustration abzureagieren. Wir wissen beispielsweise, daß die ersten Christen glaubten, Jesus werde bald nach seiner Himmelfahrt zurückkehren. Aber als sein Versprechen unerfüllt blieb – falls er es überhaupt gegeben hatte –, legten die Christen seine Worte neu aus und gaben ihnen entweder eine rein geistige Bedeutung oder verwandelten sie in ein erst in ferner Zukunft einzulösendes Versprechen.

Trotz dieser Tricks des menschlichen Gedächtnisses gibt es einige Aufzeichnungen, die mehr oder minder intakt geblieben sind. Ihre Analyse kann uns wertvolle Hinweise auf die hinter ihnen stehenden tatsächlichen Ereignisse geben – und genau das haben die Verfechter der Theorie von den Götter-Astronauten zu tun versucht.

Schließlich gibt es weitere drei Punkte, die in bezug auf ihre Interpretationen der alten Schriften berücksichtigt werden sollten. In erster Linie wird oft behauptet, ihre Ideen – zum Beispiel der Gedanke, die alten Götter seien Besucher aus dem All gewesen – seien ein direktes Ergebnis des neuen Klimas, das durch unser Zeitalter, das man als Kosmisches Zeitalter bezeichnen könnte, hervorgerufen worden ist. Unser erweitertes Wissen über das Universum, unsere technologischen Fortschritte auf dem Gebiet der Raumforschung und das allgemeine Interesse für das Problem außerirdischen Lebens haben dieses Klima erzeugt. Die Auffassung, darin sei die Grundlage der Theorie von den Götter-Astronauten zu sehen, ist sicher teilweise richtig. Für unsere Vorfahren im 19. Jahrhundert wäre es fast unmöglich gewesen, solch eine Theorie auszuarbeiten, denn dazu hätte ihr Wissensstand einfach nicht ausgereicht. Die von Vetter in *Magic and Religion* aufgezählten 32 Hypothesen sind unweigerlich durch den Zeitpunkt ihrer Entstehung beschränkt. Der Mensch ist stets ein Kind seiner Zeit. Begriffe wie »Möglichkeit«, »Vorstellbarkeit« und »Bedeutsamkeit« haben ständig wechselnde Inhalte. Für einen Schriftsteller des 19. Jahrhunderts oder selbst für jemand, der vor nur 20 Jahren geschrieben hätte, wäre es nicht leicht gewesen, eine Hypothese über Religion wie die von Dänikens und Blumrichs aufzustellen. Ein Buch wie von Dänikens *Erscheinungen* ist unweigerlich ein Produkt des neuen Zeitalters.

Aber das alles spricht keineswegs gegen die Idee prähistorischer Besucher aus dem All. Es trägt nur dazu bei, die Entstehungsgeschichte dieser Idee aufzuhellen.

Zweitens darf man nicht vergessen, daß die Theorie von den Götter-Astronauten nur eine von vielen möglichen oder tatsächlich schon vorgebrachten Hypothesen ist. Zum gegenwärtigen Zeitpunkt ist sie keine bewiesene, unbestreitbare Tatsache und sollte auch nicht als solche dargestellt werden. Das würde heißen, den Charakter erklärender Hypothesen zu verkennen. Faßt man die Theorie als erklärende Hypothese auf, ist ihr Wert im Gegensatz zu dem eher provisorischen

Wert gewöhnlicher Hypothesen sehr groß. Die Hypothese, daß Religion auf den göttlichen Offenbarungen eines unkörperlichen Wesens beruht, das geheimnisvoll außerhalb von Raum und Zeit steht und unendlich gut und weise ist (obwohl seine Schöpfung soviel Leid und Böses kennt), ist nicht leicht zu begreifen oder gar zu akzeptieren. Als ich dem Jesuitenpater antwortete, ich sei außerstande, die Bedeutung des Wortes »Gott« zu verstehen, drückte ich nur die Verwirrung aus, die den Durchschnittsmenschen erfaßt, wenn er mit Realitäten konfrontiert wird, die außerhalb seines Erfahrungsbereiches liegen. Vielleicht ist diese Reaktion das Ergebnis rationaler oder empirischer Vorurteile oder die Folge unserer angeborenen Blindheit auf diesem Gebiet. Auch das erscheint möglich.

Bedauerlicherweise haben einige der Verfechter der Theorie von den Götter-Astronauten sich von ihrer Begeisterung zu Äußerungen hinreißen lassen, die über das hinausgehen, was man vom wissenschaftlichen Standpunkt aus sagen kann. Manchmal hört man sie reden, als stünden ihnen alle Tatsachen zur Verfügung. Aber niemand kann jemals alle zur Verfügung haben. Ihr Enthusiasmus ist jedoch zum Teil durch die scheinbare Unnachgiebigkeit bestimmter wissenschaftlicher Kreise hervorgerufen worden, die sich von Anfang an geweigert haben, diese Theorie auch nur zu diskutieren.

Drittens muß man sich darüber im klaren sein, daß weder die astroarchäologische noch irgendeine andere erklärende Hypothese das religiöse Phänomen endgültig erklären kann – und daß sich auch das Rätsel des Universums nicht so einfach lösen läßt. Schließlich ist es durchaus möglich, daß die alten Astronauten, wer sie auch waren und woher sie auch kamen, bereits ihre eigenen komplizierten religiösen Konstruktionen hatten, wie es bei unseren Astronauten der Fall war, als sie auf dem Mond landeten. Das grundlegende philosophische Problem der Existenz Gottes, die Frage nach dem Sinn des Lebens und unsere menschlichen Wertvorstellungen werden durch die Theorie von den Götter-Astronauten nicht grundsätzlich berührt. Wir müssen berücksichtigen, daß diese Fragen trotz der kopernikanischen Revolution und der darwinschen Evolutionstheorie unverändert aktuell sind, auch wenn Comte uns das Gegenteil weismachen will.

Was die Theorie von den Götter-Astronauten für uns tun kann, ist folgendes: Sie kann uns die Bahn zu neuen Gedankenexperimenten und Diskussionen brechen, zu neuen Methoden, die Bibel und andere Schriften zu interpretieren, zu einer neuen Auffassung von unserer Vergangenheit, zu einer neuen Konzeption von unserer Zukunft und unserer möglichen Verbindung mit anderen kosmischen Zivilisationen. In unserer Zeit, in der wir eine religiöse Wiedererweckung erleben und in der selbst die alten ägyptischen Gottheiten wieder verehrt werden[11], kann sie eine Ordnungsfunktion übernehmen, die uns die Möglichkeit gibt, unsere Brücke zu den Sternen zu rekonstruieren.

4

Zwei Meinungen zur Geschichte der Menschheit

Die Phänomene des Himmels haben die Menschheit stets am meisten verblüfft. Tatsächlich sind Philosophie und Naturwissenschaft aus der Neugier des Menschen über das geheimnisvolle Universum, das seine irdische Heimat umgibt, entstanden. Wir wissen, daß ganze Zivilisationen ihr Leben an Himmelserscheinungen ausgerichtet haben, und der Mechanismus der Bewegungen von Sonne, Mond, Planeten und Sternen hat den menschlichen Zeitbegriff bestimmt. In der Tat beruhen alle unsere natürlichen Zeitmaße auf diesen Bewegungen. Wir zählen unsere Jahre nach Umläufen der Erde um die Sonne, unsere Monate nach Mondwechseln und unsere Tage nach der scheinbaren Sonnenbahn am Himmel. Unsere geographischen Längen und Breiten sind nichts anderes als die Projektion der Bewegungen von Himmelskörpern. Daß der Mensch sich schon früh mit diesen Gesetzmäßigkeiten befaßt hat, beweisen zahlreiche Baudenkmäler sehr deutlich: Die ägyptischen Pyramiden, die noch heute große Rätsel aufgeben, sind nicht als bloße Grabstätten errichtet worden, sondern waren präzise astronomische Indikatoren, die das ägyptische Neujahr ankündigten; die Steinbauten im englischen Stonehenge waren einst exakte astronomische Computer, deren Bedeutung wir erst jetzt zu erfassen beginnen; die komplizierten Markierungen auf der Nazca-Ebene in Peru bestehen aus Tausenden von Linien, die unter anderem den Zweck hatten, eine genaue Bestimmung der Himmelsbewegungen zu ermöglichen; und die Bauwerke der Mayas und Azteken waren ebenfalls astronomisch ausgerichtet.

Wohin wir auch blicken, um die frühe Geschichte der Menschheit zu untersuchen, finden wir stets die unverwechselbaren Auswirkungen des Himmels. Und dazu kommt noch der tiefgreifende Einfluß, den er auf die Entwicklung religiöser Glaubensrichtungen und theologischer Systeme gehabt hat. Die Götter wurden unweigerlich mit dem Himmel in Verbindung gebracht: Sie sollten entweder von dort gekommen sein oder sie wurden mit Himmelskörpern identifiziert. Der Begriff des Paradieses, der in vielen Religionen tief verankert ist, beweist das sehr deutlich. In Dantes Kosmologie war der Himmel, das Paradies Gottes, beispielsweise ein Ort jenseits der Fixsterne. Die Seelen der Verstorbenen sollten auf wunderbare Weise in diese ätherischen Regionen weit außerhalb des beschränkten Gesichtskreises der Sterblichen versetzt werden.

Alle diese Hinweise lassen sich eindeutig in eine bestimmte Richtung auslegen. Die Vorherrschaft des Himmels in den Traditionen, Legenden, Mythen, Ritualen und Hoffnungen der Menschheit läßt auf eine grob verzerrte Erinnerung an einen schon lange zurückliegenden Kontakt zwischen uns und außerirdischen Intelligenzen schließen. Hinter dieser halb vergessenen Erinnerung steht die oft unterdrückte Hoffnung, ein solcher Kontakt könnte erneut zustande kommen, eine Brücke zwischen uns und den Sternen könnte wiedererbaut werden. Das ist zweifelsohne die Erklärung für die merkwürdige Ablehnung, mit der die Menschheit streng geozentrische und anthropozentrische Modelle des Universums quittiert hat, und für die augenblickliche Begeisterung, mit der so viele Millionen von Menschen die Gedankengänge in Erich von Dänikens Büchern begrüßt haben.

Die bisher hier beschriebenen geschichtlichen Hintergründe zeigen:

1) Daß das Universum als Ganzes ein mysteriöses Gebilde ist, das niemand, nicht einmal der brillanteste Kosmologe, erklären zu können behaupten sollte,
2) daß beträchtlich viele astronomische und historische Erkenntnisse für die Existenz außerirdischer intelligenter Lebewesen sprechen, und

3) daß viele Aspekte alter religiöser Mythen die Realität der kosmischen Verbindung unterstreichen. Alle diese Elemente untermauern die logische Aussagekraft der astroarchäologischen Behauptungen und bestärken ihre Eigenschaft als erklärende Hypothese.

Aber trotzdem verbleibt selbstverständlich eine ganze Reihe ernsthafter Einwände, die äußerst sorgfältig behandelt werden müssen. Beispielsweise könnte die Frage gestellt werden, wie es möglich ist, daß solche Besuche aus dem All stattgefunden haben können, wenn in historischer Zeit, d. h. innerhalb der letzten fünf Jahrtausende, kein unbestrittener und vollständig dokumentierter empirischer Beweis erhalten geblieben ist. Wir haben zum Beispiel kein altes Raumschiff gefunden, und die Legenden und Mythen alter Völker sind eben Legenden und Mythen. Und Mythologie bleibt eben Mythologie. Außerdem sind diese legendären und mythologischen extraterrestrischen Besuche seit Beginn einer kritisch vergleichenden Geschichtswissenschaft etwa im 16. Jahrhundert für genau das gehalten worden, was sie zu sein scheinen: Märchen, die sich naturwissenschaftlich weniger gebildete Völker ausgedacht haben. Seit der Renaissance ist kein ernsthafter Historiker mehr für Aristoteles' Idee eingetreten, sie seien die »Relikte« eines »uralten Schatzes«, der auf einer wahrhaften Inspiration basiere.

Dieser Einwand, der von intelligenten Gegnern der Astroarchäologie am häufigsten vorgebracht wird, scheint gewichtig zu sein. Aber bei eingehender Analyse erweist er sich als beträchtlich schwächer als erwartet. Menschliche Ansichten ändern sich im Laufe der Zeit, und unsere Auffassung davon, was wirklich historisch ist, wird ständig wieder revidiert. Die Dinge, die wir heute als tatsächlich und historisch einstufen, unterscheiden sich sehr von denen, die spätere Generationen für historische Tatsachen halten werden. Auf diese Weise bleiben Legenden nicht immer bloße Legenden, und es gibt Beispiele, in denen selbst ein phantastischer Mythus plötzlich zu einer historischen Realität geworden ist. Der Fall Heinrich Schliemann (1822–1890) ist ein gutes Beispiel dafür. Ohne ihn wäre uns das alte Troja noch immer verborgen.

Schliemann bekam oft zu hören, Homers schöne Heldensagen seien nur Legenden, und es sei bestimmt leichter, Gullivers Laputa, die Überreste des berühmten Argonautenschiffes, Athenes Goldhelm oder irgendeinen anderen sagenhaften Gegenstand zu finden als das homerische Troja.

Aber Schliemann war hartnäckig. Die Schönheit der *Ilias* mit ihren bildhaften Beschreibungen der trojanischen Ebene, der Stadt und der blutigen Kämpfe hatte ihn von frühester Jugend an fasziniert. Er hörte mehr auf Homer und Herodot, für die Troja keine Phantasiestadt, sondern ein tatsächlich existierender Ort gewesen war, als auf die orthodoxen Historiker und Archäologen seiner Zeit. Bis 1870 war die mythologische Interpretation Homers für die meisten Gelehrten ein Glaubensgrundsatz, und wer eine andere Auslegung wie die literarische verfocht, galt als Pseudowissenschaftler. Schliemann beschloß, ein erklärter Pseudowissenschaftler zu werden: der Geschäftsmann und Amateurarchäologe machte sich in die Türkei auf, um unter Einsatz seines Privatvermögens das alte Troja zu suchen.

Nach jahrelangen Ausgrabungen, bei denen er selbst von der türkischen Regierung behindert wurde, konnte Schliemann einer skeptischen Welt die erstaunliche Tatsache mitteilen, er habe nicht nur *ein* Troja, sondern *sieben* Trojas entdeckt, von denen eines unter dem anderen begraben war. Er identifizierte das zweite Troja als die berühmte Stadt Homers, die Zeugin der erbitterten Kämpfe zwischen Griechen und Trojanern gewesen war. Vor seinem staunenden

Blick standen die Tore, die Wälle und der Platz, die der blinde Dichter von Chios beschrieben hatte. Wir wissen heute jedoch, daß seine ursprüngliche Identifizierung auf einem Irrtum beruhte und daß Homers Troja in Wirklichkeit die siebente Stadt war.

Der durch diese erste große Entdeckung faszinierte Schliemann konzentrierte sich nun auf Griechenland. Dort entdeckte er weitere »mythologische« Stätten. Mykenä und Tiryns kamen ebenfalls unter Tonnen von Erde und Vegetation hervor. Das war der Welt eine Lehre, und die Wissenschaftler mußten erkennen, wie gefährlich es war, sich in bezug auf die Geschichte des Altertums für unfehlbar zu halten. Schliemanns Werk wurde von einer langen Reihe visionärer Archäologen fortgeführt, die einfach deshalb visionär waren, weil sie mehr als ihre Zeitgenossen sahen. Sir Arthur Evans entdeckte beispielsweise Knossos, die lange verschollene Hauptstadt der kretischen Könige. Und praktisch jeden Tag taucht irgend etwas anderes aus den Tiefen der Erde auf, was wiederum dazu führt, daß unser historisches und archäologisches Wissen sich ständig erweitert.

Mit jeder neuen Ausgrabung wird das Rätsel unserer Vergangenheit komplexer und weitläufiger. Wer heute behauptet, daß wir alles wissen, was es zu wissen gibt, hat die Lektionen der Geschichtswissenschaft nicht gelernt.

Eine dieser Lektionen – und diese beeindruckt am meisten – besagt, daß die Menschen ihre geschichtliche Abstammung stets falsch beurteilt haben. In dieser Beziehung hat es eine Hypothese nach der anderen gegeben. Zum Beispiel kannten die Griechen verblüffend viele Antworten auf die »kindische« Frage: »Woher kommen wir?« Es gab natürlich zahllose mythologische Darstellungen, in denen die Existenz der Menschheit wie in der Bibel auf einen Akt der Götter zurückgeführt wurde. Die Orphiker glaubten, wir stammten von den Titanen ab, die das Herz Apolls gegessen hatten, während andere auf einer Vielzahl »menschlicher« Rassen bestanden: manche aus Gold, andere aus Silber und wieder andere aus Eisen, bis unsere eigene Rasse entstanden war. Auf der anderen Seite standen die Ansichten der Philosophen, die die Existenz der Menschheit allgemein und fast intuitiv mit den physikalischen Veränderungen der Erde in Verbindung brachten. Deshalb plädierten die meisten Philosophen des alten Griechenlandes für irgendeine evolutionäre Hypothese. Anaximander, Empedokles, Anaxagoras, die Sophisten, Demokrit und Epikur sprachen von einem Evolutionsprozeß. Ihrer Meinung nach hatten Menschen und Tiere einen gemeinsamen Ursprung – die Erde.

Deshalb zwang die schwierige Frage nach unserer Abstammung sie dazu, die Erde zu studieren. Geologie und Geographie waren die Wege, die der griechische Geist beschritt, um die Neugier, die die menschliche Existenz in ihm hervorrief, zu befriedigen. Wir können sagen, daß der Gegenstand, der den Menschen des Altertums nach dem Himmel mit seinen veränderlichen Gestirnen am meisten beschäftigt hat, unsere eigene Spezies gewesen ist . . .

Die Ansichten über Größe und Alter der Erde waren von Philosoph zu Philosoph erheblich verschieden. Manche glaubten, die Erde lasse sich am besten als flache Scheibe beschreiben, wie es Anaximenes von Milet, Anaxagoras und Demokrit taten. Andere hielten sie für eine riesige walzenförmige Ansammlung von Materie. Viele von ihnen, darunter die Pythagoreer und Aristoteles, behaupteten, die Erde müsse eine Kugel sein, und führten mehrere logische und physikalische Gründe an, die für diese Ansicht sprachen.

Manche Philosophen waren mit Thales von Milet der Überzeugung, die Erde schwimme auf einem Ozean aus Wasser. Es gab auch andere, die wie Xenophanes glaubten, die Erde habe keinen Boden und sei endlos, indem sie »ihre Wurzeln ins Unendliche vorstrecke«. Aristoteles behauptete, die kugelförmige Erde hänge bewegungslos im Raum, während die genaueren Pythagoreer sagten, sie kreise um die Sonne.

Was die Größe unseres Planeten betraf, herrschte die Ansicht vor, er könne nicht allzu groß sein. Am Ende einer Beweiskette schloß Aristoteles, daß »die Erde kugelförmig ist, aber auch, daß sie eine nicht sehr große Kugel ist«. In diesem Zusammenhang versuchte er als einer der ersten, die Größe unseres Planeten abzuschätzen: 400 000 Stadien, d. h. 16 069 km Umfang. Diese Zahl wurde später von Wissenschaftlern immer mehr verbessert, so daß wir jetzt wissen, daß der Erdumfang am Äquator 40 076,592 km beträgt.

Das Alter der Erde hielten manche griechischen Philosophen für ewig, während andere von einem zeitlich bestimmbaren Anfang sprachen. Empedokles und Heraklit waren der Ansicht, das gesamte Universum beginne in regelmäßigen Abständen wieder von neuem, nachdem seine alte Struktur durch ein großes Feuer vernichtet worden sei. Viele Griechen waren der Ansicht, die Erde müsse schon sehr alt sein, und das Alter der Menschheit sei kaum geringer. Andere hielten die Menschheit für ein erheblich jüngeres Phänomen.

Plato glaubte, daß die Menschheit weit über 10 000 Jahre alt sei, da die Zivilisation von Atlantis, die er so anschaulich beschrieb, schon vor 9000 Jahren untergegangen sei. Aber obwohl die Berechnungen der Griechen kein einheitliches Ergebnis brachten, ist eines klar: sie wurden immer wieder unternommen und verfeinert, wiederholt und abgelehnt, bestätigt, widerlegt und verbessert. Eine merkwürdige Tatsache ist beispielsweise, daß Griechen die entferntesten Länder bereisten, um Antworten auf ihre Fragen über das Universum zu finden. Sie waren nie mit ihren eigenen Lösungen zufrieden.

Aber durch das Christentum veränderte sich das geistige Klima Europas grundlegend. Bei den Juden dominierte im allgemeinen ein stark theologisch geprägter Existenzbegriff, und sie brachten ihren heiligen Schriften große Verehrung entgegen. Das war zum Teil auch bei den Griechen der Fall, aber in wesentlich geringerem Ausmaß. Nach Überzeugung der Juden hatte Gott das ganze Universum auf einmal erschaffen, und sie brauchten nur die Generationen zwischen Abraham und seinen bekannten Nachfahren abzuzählen, um das Rätsel der menschlichen Existenz scheinbar zu lösen. Das ist auch die Erklärung für den ständigen Appell an die Genealogie in griechischen Sagen, im Alten Testament und den christlichen Evangelien. Bei den Griechen war es üblich, eine lange Liste von Vorfahren zu zitieren, wenn es darum ging, das Alter einer bestimmten Stadt nachzuweisen. Und bei den Juden sehen wir, daß das Buch Mose *(1. Mose 5, 1–32)* die Generationen von Adam bis Noah aufzählt. Die den jüdischen Helden zugeschriebenen Alter sind beachtlich: Adam soll 930 Jahre alt geworden sein; Seth wurde 912; Enos 905; Kenan 910; Mahalaleel 895; Jared 962; Henoch, der offenbar in seiner Jugend starb, 365; Methusalem, der den Rekord für Langlebigkeit hält, 969; Lamech, der Vater Noahs, 777; und wir wissen schließlich, daß Noah mindestens 500 Jahre alt war, als er an Bord der Arche ging.

Biblische Genealogien erscheinen später wieder und behandeln die Generationen nach Noah *(1. Mose 10),* wo wir erfahren, daß alle Völker der Erde von seinen Söhnen abstammen. Einer von ihnen, Sem, war der Stammvater einer ganzen Reihe interessanter Personen *(1. Mose 11):* Sem selbst wurde respektable 600 Jahre alt; sein Sohn Arphachsad starb mit 438 Jahren; Salah wurde 433; Eber starb mit 464 Jahren. Danach nimmt das Alter der im Buch Mose aufgeführten Persönlichkeiten erheblich ab: Peleg, der Sohn Ebers, starb mit 239

Jahren; Regu mit 239; Serug mit 230. Abram (später Abraham), den die Bibel »alt und wohl betagt« nennt, war 175 Jahre, als er »in einem ruhigen Alter« starb. Nach Abraham scheinen die biblischen Alter sich allmählich normalen menschlichen Lebensspannen anzugleichen.

Es ist nicht leicht, sich vernünftig zu diesen Genealogien und dem behaupteten Alter der Patriarchen zu äußern. Falls die Bibel von *Jahren* in unserem Sinn des Wortes spricht (und wir haben keinen Grund, etwas anderes zu vermuten, weil die Juden einen vagen Begriff von der als Jahr bezeichneten astronomischen Zeiteinheit hatten), müssen wir daraus schließen, daß entweder die Alter stark übertrieben worden sind oder daß wir es mit einer besonderen Menschenrasse zu tun haben. Schließlich ist es keine Kleinigkeit, ein Alter von über 900 Jahren zu erreichen. Merkwürdig ist allerdings, daß Gott zu fürchten scheint, die von ihm selbst erschaffenen Wesen (besonders Adam und Eva) könnten das Geheimnis des ewigen Lebens entdecken und »ewiglich leben«. Im Buch Mose wird berichtet, Gott habe zu seinen Engeln gesagt: »Siehe, Adam ist geworden wie unsereiner und weiß, was gut und böse ist. Nun aber, daß er nicht ausstrecke seine Hand, und breche auch von dem Baum des Lebens, und esse, und lebe ewiglich!« *(1. Mose 3, 22.)* Und später scheint Gott zu befürchten, der Mensch könnte endlich den Himmel stürmen und die Sterne erreichen. In Babel *(1. Mose 11)* soll ein Turm gebaut werden, »des Spitze bis an den Himmel reiche«.

Aber abgesehen von diesem menschlichen Streben, es den Göttern in bezug auf Unsterblichkeit und Stellung gleichzutun, als hätten wir uns schon immer nach einer Brücke zu den Sternen gesehnt, bleibt das Problem biblischer Genealogien bestehen. Selbst heutzutage, wo Geburts- und Sterberegister geführt werden, sind Genealogien notwendigerweise beschränkt und zweifelhaft. Man braucht sich nur vorzustellen, wie die Zustände vor einigen Jahrtausenden ausgesehen haben müssen! Wie sollen wir dann das Alter der Schöpfung bestimmen können, indem wir die Alter der biblischen Patriarchen zusammenzählen?

Im Mittelalter wurde das jedoch ganz selbstverständlich getan, und selbst lange Zeit nach der Renaissance hielten bestimmte Kreise daran fest. Im 17. Jahrhundert berechnete Bischof John Usher von Oxford, das Universum sei durch die Gnade Gottes am 23. Oktober 4004 vor Christi Geburt entstanden. Es gibt zudem noch heute Gläubige, die diese Rechnung für richtig halten.

Aber schon zu Ushers Lebzeiten ließen bestimmte beunruhigende Entdeckungen erkennen, wie kompliziert das Problem des Erdalters in Wirklichkeit war. Zum Beispiel stellte Robert Hooke fest, die Funde uralter Fossilien seien Beweis genug, um die Geschichten der Bibel zu widerlegen – besonders die Darstellung der Sintflut. Im 18. Jahrhundert bestätigte der französische Naturforscher Buffon Hookes These, und damit war die Büchse der Pandora geöffnet: Der Streit um das Alter der Erde, den schon die alten Griechen ausgetragen hatten, flammte erneut auf.

Noch vor Buffons Tod war die Behauptung, unser Planet sei unter Umständen 100 000 Jahre alt, keineswegs mehr ungewöhnlich. Zu Kants Zeit war daraus ein Alter von mehreren Millionen Jahren geworden. Und Kant war davon überzeugt, die Entstehung der Erde hänge mit der der Sonne zusammen, und brachte eine Nebularhypothese für den Ursprung des Sonnensystems vor.

Trotz der Vielzahl von Theorien über die Entstehung der Erde, die bisher von Wissenschaftlern aufgestellt worden sind, herrscht heutzutage halbwegs Einigkeit über ihr wahrscheinliches Alter. Wissenschaftler glauben im allgemeinen nicht, die Erde sei aus einem ursprünglichen Nichts entstanden oder 4004 vor Christus aus einem universellen Chaos erschaffen worden. Sie glauben auch nicht, die Erde sei ewig, wie es einige frühgriechische Kosmologen behaupteten. In der menschlichen Erkenntnis ist das Erdalter ständig gestiegen und hat sich in den letzten Jahrhunderten monumental gewandelt. Dieser Vorgang hat Ähnlichkeit mit dem Wandel, den unser Begriff vom Universum durchgemacht hat. Von Bibelautoren und den Gläubigen, die darauf bestanden, die Bibel wörtlich zu nehmen, wurde das Universum einst für klein und jung gehalten; von den intelligentesten griechischen Gelehrten und Philosophen wurde es als unendlich groß und absolut ewig beschrieben. Im Gegensatz dazu herrscht heutzutage die Ansicht vor, es sei weder das eine noch das andere. Es scheint durch seine Krümmung irgendwelche räumlichen Begrenzungen zu haben und hat eine lange, aber keineswegs ewige Lebensgeschichte. Was die Erde betrifft, wird ihr Alter heute von Wissenschaftlern auf über vier Milliarden Jahre geschätzt.

Es ist faszinierend, den Vorgang zu studieren, der zu geologischen Altersbestimmungen führt. Für diese Messungen gibt es 19 verschiedene Methoden, und wenn das gleiche Phänomen mit mehreren Methoden untersucht wird, gelten die Resultate im allgemeinen als einigermaßen zutreffend. In *Der unbekannte Planet* hat der französische Wissenschaftler André Cailleux eine sehr umfangreiche Zusammenstellung von Meßmethoden gegeben. Unter anderem führt er darin auf: die Geschwindigkeit der Nebel, die Sonnenstrahlung, der Bleigehalt von Meteoriten, die Temperatur der Erdkruste, die Abnahme der Rotationsgeschwindigkeit der Erde, die Veränderungen des Uran-235-Gehalts, das Verhältnis zwischen Blei und Uran, die Radioaktivität von Gesteinen usw. Aber auch diese Vielzahl von Meßmethoden darf uns nicht »zu dem Trugschluß verleiten, uns im Besitze eines perfekten

Diktionärs zu wähnen«, wie A. N. Whitehead es ausgedrückt hat, d. h., wir dürfen uns nicht einbilden, unser geologisches Wissen sei vollständig. Es ist durchaus möglich, daß das Alter der Erde noch in diesem Jahrhundert erheblich anders als im Augenblick eingeschätzt wird. Was zukünftige Untersuchungen ergeben werden, ist stets ungewiß, und aus Hypothesen werden selten Tatsachen. Natürlich ist richtig, daß der radioaktive Zerfall von Uran 235 in unterirdischen Lagerstätten und die Analyse des Gehalts an Rubidium, Strontium und anderer Elemente uns wertvolle Hinweise geben, wenn es darum geht, das Alter von Gesteinen und damit das Alter der Erde zu bestimmen. Aber richtig ist auch, daß wir geologische Untersuchungen nur in der Erdkruste anstellen, was wiederum bedeutet, daß 99% des Planeten noch nie untersucht worden sind. Welche Ergebnisse die Untersuchung tieferer Schichten bringen würde, können wir nicht einmal vermuten.

Seit den vierziger Jahren hat die Messung von radioaktivem Kohlenstoff 14 uns einige interessante Hinweise geliefert. Aber diese von W. F. Libby und J. Arnold entwickelte Methode zur Altersbestimmung weist leider einige Mängel auf:

1) Sie ist nur bei organischen Stoffen anwendbar und scheidet deshalb für die meisten geologischen Zwecke aus;
2) sie setzt voraus, daß die Radioaktivität von Kohlenstoff 14 stets gleichmäßig abgenommen hat;
3) sie liefert selbst unter dieser Voraussetzung nur ungefähre Ergebnisse, die nach einigen Quellen um bis zu 280 Jahren[1] schwanken oder Irrtümer von »etlichen Jahrtausenden«[2] enthalten können, wie andere behaupten.

Wir müssen deshalb sehr vorsichtig sein, wenn wir von geologischen Altern sprechen. Die Untersuchung neuer Funde und die Entwicklung besserer Methoden zur Altersbestimmung können ohne weiteres die bisher akzeptierte geologische Zeittafel umstoßen, wie es bereits passiert ist.

Ähnlich sieht die Situation aus, wenn wir uns mit der Frage nach dem Alter der Menschheit befassen. Hier müssen wir eine wichtige Unterscheidung treffen. »Menschheit« wird oft im Zusammenhang mit »Zivilisation« benützt, während es sich bei anderen Gelegenheiten auf die biologische Spezies bezieht. Bei einigen Gegnern der Evolution hat das Wort gleichzeitig beide Bedeutungen. Bischof Usher meinte beispielsweise, im Jahr 4004 vor Christus hätten Menschheit *und* Zivilisation begonnen. Nach dieser Auffassung wäre der Mensch von Gott moralisch, physisch und geistig perfekt erschaffen worden; in den inzwischen vergangenen sechs Jahrtausenden wäre unsere Spezies wegen ihrer Sünden einem Degenerationsprozeß unterworfen gewesen.[3] Tatsächlich ist das eine interessante Art, die Menschheitsgeschichte zu betrachten, und man sollte sie nicht sofort ablehnen, nur weil sie nicht zu unseren allgemeinen Überzeugungen paßt. Natürlich stimmt es, daß Begriffe wie »Sünde«, »moralische Vollkommenheit« und dergleichen sich nicht wissenschaftlich einordnen lassen. Aber wir müssen erkennen, daß sie gewaltigen Einfluß auf viele Philosophen und Wissenschaftler gehabt haben, von denen hier nur Newton, Rousseau und Hegel genannt werden sollen.

Nach Hegels Überzeugung begann die eigentliche Geschichte mit der Entstehung der Zivilisation. Hegel zweifelte nie an den biblischen Offenbarungen und blieb bis zu seinem Tod ein »guter Lutheraner«. Hegel war der Ansicht, die im 1. Buch Mose geschilderte Sinflut habe 3473 vor Christus stattgefunden. Seiner Überzeugung nach hatte die chinesische Geschichte im Jahr 3000 vor Christi Geburt begonnen – und die Ägyptens, Assyriens und Indiens in den Jahren 2207, 2221 und 2204 vor Christus.[4] Hegels Geschichtsschreibung bietet reichlich Platz für die Erschaffung Adams und Evas, die Sintflut und die ägyptischen Plagen. Aber Hegel war sich völlig darüber im klaren, daß mehrere Historiker im Altertum andere Daten und Jahre genannt hatten, die einige der Angaben in der Bibel als zweifelhaft erscheinen lassen mußten. In seiner *Philosophie der Geschichte* befaßte er sich deshalb mit Herodots bereits erwähnter Aussage, die ägyptische Geschichte habe 11 340 Jahre gedauert. Hegel versuchte sogar, irgendeine historische Verbindung zwischen dem Ägypter Menes, der angeblich der erste *menschliche* König Ägyptens gewesen war, dem kretischen König Minos und dem Manu der Hindus herzustellen. Aber er vertrat mehr oder weniger offen die Überzeugung, historische Berichte, die nicht mit der Bibel vereinbar zu sein schienen, dürften nicht ernst genommen werden, weil sie auf Irrtümern und Falschinformationen beruhten. Nach Hegel begann die Geschichte mit der uns überlieferten Zivilisation – drei oder vier Jahrtausende vor Christi Geburt. Hegels prominente Stellung als Philosoph und Geschichtswissenschaftler hat dazu geführt, daß seine Ansichten seitdem in vielen historischen Darstellungen als musterhaft genau geschildert worden sind. Selbst heute hat sich an dieser Situation noch nicht viel geändert.

E. Burns' bekanntes Werk *Western Civilisations,* das an vielen Colleges als Lehrbuch verwendet wird, nennt das Jahr 4000 vor Christus als den Beginn wahrer Geschichte und Zivilisation.[5] Zahlreiche weitere Beispiele für diesen späten Hegelianismus sind leicht zu finden.

Aber als im 19. Jahrhundert Evolutionstheorien entwickelt wurden, sahen zumindest einige Leute die Dinge in einem etwas anderen Licht. Das Alter der Arten wuchs wie das Alter des Planeten stetig und rasch. Heute billigen wir dem *Homo sapiens* etwa 40 000 Jahre zu und rechnen bei den Neandertalern mit 100 000 und bei *Homo erectus* mit 1 300 000 Jahren. Der *Homo erectus,* den manche Wissenschaftler für den ersten wahren Menschen halten, sollte bis vor kurzem nur 500 000 Jahre alt gewesen sein, aber die in der Olduvai-Schlucht in Tansania gemachten Entdeckungen lassen den Schluß zu, daß sein Alter mindestens 1 300 000 Jahre betragen muß.

Die außergewöhnlichen Funde, die Dr. Louis S. B. Leaky und sein Sohn Richard E. Leaky gemacht haben, sind ausschlaggebend gewesen. Die beiden haben im ostafrikanischen Great Rift Valley gearbeitet und dort eine Anzahl verwirrender Funde gemacht. Dr. Leaky identifizierte einen Affenmenschen, *Homo habilis,* der vor über 1 800 000 Jahren gelebt hat. Sein kleiner Gehirnschädel mit nur 650 cm^3 Inhalt legt den Schluß nahe, daß er zu der bekannten Art *Australopithecus* gehört hat. Diese Art, die ebenfalls in der Olduvai-Schlucht gefunden worden ist, gilt im allgemeinen nicht als Vorfahre des Menschen, sondern als eine Spezies, die sich nicht weiterentwickelte und schließlich wieder verschwand. Aber wie Richard E. Leaky feststellt *(National Geographic,* Juni 1973), hat die geringe Schädelgröße des *Homo habilis* allein nicht viel zu bedeuten. Seine Züge waren viel menschenähnlicher als die des *Australopithecus,* und er könnte erheblich kleiner als die heutigen Menschen gewesen sein.

Seit Dr. Leakys Tod sind jedoch weitere, noch interessantere Funde gemacht worden, davon einige durch seinen Sohn. Auch sie stammen alle aus dem ostafrikanischen Great Rift Valley, wo Äthiopien, Uganda, Tansania und Kenia zusammenstoßen. In diesen »prähistorischen Jagdgründen« ist Richard E. Leaky auf Schädelfragmente gestoßen, die unsere gesamte Auffassung von menschlicher Evolution zu revolutionieren versprechen. »Wir müssen entweder diesen Schädel oder unsere bisherigen Theorien über den Urmenschen wegwerfen«, sagte Leaky in einem Interview über seine Entdeckung. Sicher gibt es viele, die bereitwillig diesen Schädel verschwinden lassen würden, nur um bei ihren überlieferten Ansichten bleiben zu können. Andererseits ist mit Sicherheit zu erwarten, daß sich auch andere finden werden, die mutig genug sind, ihre verstaubten Begriffe aufzugeben, um sich mit diesem geheimnisvollen Schädel auseinanderzusetzen.

Leaky und seine Mitarbeiter haben das prähistorische Stück am Rudolfsee, etwa 700 km nördlich des Viktoriasees, gefunden. Nachdem der Schädel aus zahlreichen Bruchstükken zusammengesetzt und mit Plastikmaterial ergänzt worden war, zeigte sich etwas Erstaunliches: plötzlich stieg ein menschenähnlicher Kopf aus der Vergangenheit auf – aus einer Vergangenheit, die über 2 800 000 Jahre zurückliegen kann. Dieses merkwürdige Fundstück besitzt nach Leakys eigener Aussage drei hervorragende Eigenschaften:

1) Es läßt sich in keines der bisher bekannten Modelle der Ursprünge der Menschheit einordnen;
2) sein Gehirnschädel ist so groß wie bei *Homo erectus;*
3) seine Gesichtszüge sind menschenähnlicher als die vieler späterer Arten. *Homo erectus* hat einen Gehirninhalt zwischen 750 und 1100 cm^3, der von Leaky gefundene Schädel enthält 800 cm^3. Der Gehirnschädel des heutigen Durchschnittsmenschen hat ungefähr 1400 cm^3 Inhalt, aber dabei ist zu berücksichtigen, daß die Gehirngröße stets von der Körpergröße abhängt. Deshalb sind diese Zahlen nur bedingt miteinander vergleichbar.

Der wichtigste Punkt ist jedoch, daß Leaky einen Menschen entdeckt hat, der vor über 2 800 000 Jahren in Afrika gelebt hat. Im Vergleich zu dieser großen Zeitspanne sind unsere 6000 Jahre »zivilisierten« Lebens praktisch nichts.

Zahlreiche Funde von uralten Knochen und Artefakten haben dazu beigetragen, Charles Darwins Evolutionstheorie zu untermauern, die 1859 unter dem Titel *Die Entstehung der Arten durch natürliche Zuchtauswahl* erschienen ist. Darwins Theorie ist seither in zahlreichen wichtigen Punkten revidiert worden und wird sich stets weiterverändern, solange es Wissenschaftler wie Leaky gibt. Aber sie ist leider von einigen zur *Tatsache* erhoben worden. Julian Huxley hat vor kurzem festgestellt, daß »wir alle die Tatsache der Evolution akzeptieren ... Die Evolution des Lebens ist keine Theorie mehr, sondern eine Tatsache.«[6] Die *Encyclopedia Britannica* wiederholt diese Behauptung: »An der Tatsache der Evolution kann nicht der geringste Zweifel bestehen.« Aber solche Feststellungen zeigen, daß manchmal selbst gute Wissenschaftler nicht mehr recht wissen, was das Grundproblem aller Wissenschaft ist. Es gibt Wissenschaftler, die von der Evolution als Tatsache sprechen und sofort bereit sind, den »Mystizismus« und die »Pseudowissenschaftlichkeit« anderer zu verdammen. Vielleicht sind sie sich nicht darüber im klaren, daß wissenschaftliche Hypothesen erst zu »Tatsachen« werden können, wenn wir bestimmt wissen, daß wir alle möglichen und einschlägigen Informationen analysiert haben. Sie vergessen vielleicht, daß es unmöglich ist, alle evolutionären Informationen einzubeziehen, weil wir dazu alle geologischen Überreste entdecken und eine größere Anzahl von Evolutionen beobachten müßten. Wie Darwin selbst eingesteht, sind die geologischen Funde recht lückenhaft, und selbst wenn wir das nicht gern zugeben, müssen wir erkennen, daß wir in dieser Beziehung nur Spekulationen anstellen.

Wir wissen, daß Experimente, mit denen die Evolution als Tatsache nachgewiesen werden sollte, scheinbar fehlgeschlagen sind. Ein Beispiel dafür sind die Versuche des berühmten

Wissenschaftlers E. Weismann, der die vererbbare Natur angenommener Eigenschaften zu klären versuchte. Er schnitt 20 aufeinanderfolgenden Mäusegenerationen den Schwanz ab, aber die jeweils nächste Generation kam unweigerlich mit dem langen Schwanz ihrer verstümmelten Eltern zur Welt. Dieser Mißerfolg widerlegt die Evolutionstheorie keineswegs; er unterstreicht nur ihren hypothetischen Charakter.

Das Beweismaterial, das für einen der Natur inhärenten Evolutionsprozeß spricht, beeindruckt so nachhaltig, daß man die Evolutionstheorie für ein äußerst wertvolles Denkmodell nehmen muß. Die Ansichten derer, die eine Schöpfung *ex nihilo* vertreten, d. h. eine Erschaffung des Universums aus dem Nichts – mit allen seinen Lebensformen und Spezies in einem einzigen Augenblick (am 23. Oktober 4004 v. Chr.) –, kann man dagegen mit allem Respekt als religiöse Fiktionen einordnen, die weder bewiesen noch widerlegt werden können.

Interessant ist übrigens auch, daß Charles Darwin das wahre Wesen seiner Ideen durchaus richtig einschätzte. Als er einmal über ihre inhärenten Schwierigkeiten sprach, stellte er fest: »Ich kann noch heute kaum über sie nachdenken, ohne bis zu einem gewissen Grad verwirrt zu sein.«[7]

Aber das war Darwin. Die Darwinisten sind von einem anderen Schlag. Sobald sie auf logische oder empirische Probleme stoßen, ziehen sie sich auf alle möglichen Ausflüchte zurück, als gäbe es für sie nur eine einzige festgeschriebene Erklärung. Wenn alles andere versagt, entscheiden sie sich dafür, das Neue zu ignorieren (eine Haltung, die auf Ignoranz beruht, wie Schopenhauer sagt).

Zwei Beispiele aus anderen Bereichen genügen vielleicht, um meine Feststellung zu bestätigen. Der amerikanische Astrophysiker Dr. A. Hynek berichtet von einem Empfang, an dem in Kanada mehrere hundert Astronomen teilnahmen und auf dem das Gerücht in Umlauf gesetzt wurde, gleich außerhalb des Kongreßgebäudes schwebten seltsame Lichter, vielleicht fliegende Untertassen, am Nachthimmel. Kein einziger Astronom war bereit, seinen Cocktail stehenzulassen, um dem Gerücht nachzugehen. Sie zogen es vor, es zu ignorieren.

Als Galilei einen römischen Kardinal aufforderte, sich die eben von ihm entdeckten Jupitermonde selbst durchs Fernrohr anzusehen, weigerte der Kirchenfürst sich und warf dem Astronomen dann vor, er habe alle möglichen Mechanismen in seinem Teleskop untergebracht, um ihn zu täuschen. Das erklärt die Erbitterung, mit der Galilei die Kirchenhierarchie angriff. Sie behandelte ihn, so schrieb er, »als hätte ich diese Dinge mit eigenen Händen am Himmel (und im Teleskop) angebracht, um die Natur durcheinanderzubringen und die Wissenschaften umzustürzen«.

Es gibt leider viele Fälle von Schwindel. Deshalb kommt es darauf an, sie kritisch zu erkennen und geistig gleichzeitig vorsichtig und aufgeschlossen zu bleiben. Nur so entgeht man diesen Fallen.

Liest man Brad Steigers *Mystery of Time and Space* aufmerksam durch, hat man genügend Material in der Hand, um vielleicht nicht die Evolutionstheorie als solche, aber bestimmt den heute akzeptierten Zeitplan in Frage zu stellen.[8] Steiger berichtet von menschlichen Fußstapfen, die viele Millionen Jahre alt zu sein scheinen, und von den Überresten von Zivilisationen, die Tausende von Jahren vor dem ominösen Jahr 4004 vor Christus existiert haben. Auch andere Forscher haben uns diese untergegangenen Zivilisationen und Kulturen, deren Alter alle historischen Grenzen übersteigt, vor Augen geführt.

Alle diese Untersuchungen lassen nur einen Schluß zu: daß

die Geschichte der Menschheit auf zwei völlig verschiedene Arten betrachtet werden kann. Wir können die Entwicklung des Menschen *linear* sehen – oder wir können sie uns als *Zyklus* vorstellen. Auf diese Weise gelangen wir zu einer linearen oder einer zyklischen Geschichtsbetrachtung.

Erstere sieht die Geschichte der Menschheit als ununterbrochenenen Fortschritt von einem primitiven Stadium bis hin zu einem vorläufigen Höchststand. Die frühen Höhlenmenschen markieren den Ausgangspunkt. Nachdem unsere Vorfahren vor ungefähr 100 000 Jahren das Tierstadium verlassen hatten, lebten sie etwa 90 000 Jahre lang in äußerst primitiven Verhältnissen. In dieser ganzen Zeit geschah kaum etwas. Der Höhlenmensch des Jahres 100 000 vor Christus und sein Nachkomme, der 10 000 vor Christus lebte, waren sich verblüffend ähnlich – nicht nur äußerlich, sondern auch in ihrem Verhalten und ihrer Lebensweise. Sie glichen sich wie ein Ei dem anderen.

Aber ungefähr ab 10 000 vor Christus setzten rasche Veränderungen ein. Wilde Tiere wurden zum Nutzen der Menschen domestiziert (der Hund um 9000 v. Chr., das Schaf um 8800 v. Chr., Pferd und Elefant um 2000 v. Chr. usw.), und der Mensch hatte im Laufe der Zeit eine ganze Anzahl interessanter Erfindungen zur Verfügung. Die ersten Musikinstrumente sind etwas über 10 000 Jahre alt, das erste Trinkgefäß 10 000, die ältesten Pfeile 9000, die ersten Hütten 4000, der erste Pflug 3000, der älteste Webstuhl 6500, der erste Bumerang 5000, der älteste Schlitten 4000 und so weiter. Diese Aufzählung ließe sich mühelos erweitern, aber das wäre ein enttäuschendes Vorhaben, weil diese »ersten« Erfindungen uns heutzutage nicht mehr so erregend wichtig erscheinen – und weil wir, was vielleicht entscheidend ist, jedesmal hinzufügen müssen, daß jede neue Erfindung nur die erste ist, die wir entdeckt haben, und nicht unbedingt der wirklich erste Gegenstand dieser Art.

Nach dem magischen Jahr 4000 v. Chr. beschleunigte die Entwicklung sich weiter. Fast aus dem Nichts schafften China, Indien, Assyrien und Ägypten ihren triumphalen Einzug in die Weltgeschichte. Innerhalb weniger Jahre tauchte das erste schriftliche Dokument auf (3100 v. Chr. in sumerischer Keilschrift); um 1400 v. Chr. gab es bereits ein vollständig entwickeltes Alphabet (die ugaritische Schrift). Etwa ab 2000 v. Chr. werden die Einzelheiten klarer, und der Rest ist überlieferte Geschichte. Die alten Zivilisationen und Reiche entstanden und vergingen, und nach dem Niedergang der Griechen und der Geburt Christi läßt sich der weitere Fortschritt leicht verfolgen. Nach dem bestürzenden Stillstand, der in Europa wegen der Barbareneinfälle eintrat und das sogenannte »finstere« Mittelalter nach sich zog, machte die Menschheit stetig immer größere Fortschritte. Wissenschaft und Technologie veränderten die Welt, und wir Menschen des 20. Jahrhunderts genießen die Früchte dieser Entwicklung. So etwas hatte sich in der Geschichte der Erde noch nie ereignet – vielleicht nicht einmal in der Geschichte des Kosmos. Der Marsch der Geschichte oder – wie Hegel es ausdrückte – der Marsch Gottes durch die Geschichte ist ein einzigartiges Ereignis. Wir haben allen Grund, auf unseren Triumph stolz zu sein.

In Wirklichkeit dürfte es sich jedoch wesentlich komplizierter zugetragen haben. Wir sind instinktiv davon überzeugt, was auf Hegels Einfluß zurückzuführen sein mag, daß der Fortschritt sich in aufsteigender Linie entwickelt hat. Wer würde unter Höhlenmenschen leben wollen? Wer würde auf die zahlreichen Bequemlichkeiten unseres technisierten Zeitalters verzichten wollen? Aber wenn man nach den moralischen Qualitäten unserere Leistungen, nach den menschlichen Aspekten des Fortschritts gefragt würde, würde man wohl zögern müssen, bevor man eine endgültige Antwort geben könnte. Es gibt zu viele, die diese angeblich lineare Entwicklung der Menschheit bezweifeln. Manche halten den Fortschritt für eine absteigende Linie: von einem Zustand moralischer Perfektion zu völliger Degeneration, von einer natürlichen Lebensweise zu einer künstlichen und dekadenten Existenz.

Viele Philosophen haben ihre eigene Zeit pessimistisch gesehen, und viele haben von einem idealen Naturzustand gesprochen, in dem die Menschen besser gelebt haben sollten. Plato gehört beispielsweise zu ihnen. Wie Andrew Efron in *The Sacred Tree Script* feststellt, war sein Blick stets der fernen goldenen Vergangenheit zugewandt[9], und Rousseau sah in vielen unserer Fortschritte Beweise für Verfall und Korruption. Und hier muß hinzugefügt werden, daß man diese betrübliche und pessimistische Ansicht vertreten kann, ohne auf eine religiöse Geschichtsdeutung zurückgreifen zu müssen. Zumindest ist eines sicher, daß wir in den letzten 2500 Jahren nicht imstande gewesen sind, größere moralische Fortschritte zu machen, und wir haben auch die intellektuellen Leistungen der alten Griechen nicht übertreffen können.

Bei ihnen findet man oft moralisch überragende Gestalten, die unsere besten Zeitgenossen beschämen könnten. Die alten Griechen hatten Musterbeispiele für intellektuelle und philosophische Leistungen aufzuweisen. Das gleiche gilt für Gebiete wie Architektur, Bildhauerkunst, Theater, Dichtkunst und Politik. Unsere politische Situation bekäme mehr Richtung und Eleganz, wenn Themistokles, Solon und Perikles in unserer Mitte wiedergeboren würden.

Es gibt jedoch noch eine weitere Methode, die Menschheitsgeschichte zu verstehen. Man kann sie nicht als lineare Entwicklung, sondern als Zyklus betrachten, bei dem Zivilisationen kommen und vergehen. Dann wären die großen Reiche des Altertums – China, Indien, Assyrien und

Ägypten – nicht mehr Wiegen, in denen völlig neue Kulturen geboren wurden, sondern Gruften, in denen alte Zivilisationen begraben wurden. Diese Reiche des Altertums wären demnach die sterbenden Überreste anderer Zeitalter, von denen wir praktisch nichts wissen. Und nach dem gleichen Prinzip stünden wir kurz vor dem Höhepunkt unserer Entwicklung – oder hätten ihn bereits überschritten – und näherten uns jetzt den Endstadien unseres Zyklus.

Die von orthodoxen Historikern gegen diese zyklische Betrachtungsweise erhobenen Einwände dürfen nicht leichthin abgetan werden. Sie zielen in zwei verschiedene Richtungen. Erstens verläuft die Evolution unweigerlich so, daß eine Zivilisation erst nach einem langen Entwicklungsstadium entstehen kann, in dem die rudimentärsten Entdeckungen und elementarsten Erfindungen gemacht werden. Sobald sie den Menschen zur Verfügung stehen, folgen weitere Veränderungen immer rascher nacheinander, so daß sich in den letzten 6000 Jahren mehr verändert hat als vorher im ganzen Paläolithikum und Neolithikum zusammen (über 1 750 000 Jahre). Und sie stellen fest, die Menschheit habe sich in den letzten 300 Jahren mehr gewandelt als in ihrer gesamten früheren Existenz. Daran ist ihrer Meinung nach die kumulierende Wirkung begrifflicher und technischer Veränderungen schuld.

Zweitens deuten das Fehlen echter historischer Aufzeichnungen und der Mangel an archäologischen Funden darauf hin, daß das zivilisierte Leben erst innerhalb der letzten 6000 Jahre begonnen hat. Bis dahin lebte die Menschheit in einem Zustand, den der englische Philosoph Thomas Hobbes als *bellum omnium contra omnes,* den Kampf aller gegen alle, beschrieben hat und durch den das Leben kurz, tierisch und wild war.

Stellt man jedoch eine sorgfältige Analyse an, erweisen sich diese Einwände gegen eine zyklische Geschichtsbetrachtung als weniger übermächtig, als Historiker uns vielleicht einreden möchten. Es stimmt nicht, daß es keine historischen Überlieferungen gibt, die von uralten Zivilisationen berichten. Daß manche Historiker es später vorgezogen haben, diese Hinweise zu ignorieren oder abzulehnen, muß man als Faktum hinnehmen und andererseits die Tatsache akzeptieren, daß die Auffassungen dieser späteren Historiker wie im Fall von Schliemanns Troja oft widerlegt worden sind.

Aus dem Altertum stammende historische Hinweise auf untergegangene Zivilisationen und sogar Kontinente gibt es häufig. Man findet sie bei Herodot, Plato, Aristoteles und anderen griechischen Schriftstellern, stößt in den geschichtlichen Überlieferungen der Inder und Ägypter auf sie und entdeckt sie selbst in der Bibel. Orthodoxe Historiker haben bisher dazu tendiert, diese Hinweise zu ignorieren oder abzulehnen. Der Fall Schliemann bildet gewiß keine Ausnahme. Man muß sich an weitere derartige Fälle erinnern – zum Beispiel an die Entdeckung der Hethiter –, um das ganze Ausmaß akademischer Unbeweglichkeit zu erkennen.

Die Hethiter wurden auf seltsame Weise entdeckt. Vor 1876 waren sie entweder unbekannt oder wurden für ein sagenhaftes Volk gehalten, das nie jemand finden würde. In der Bibel werden die Hethiter an zahlreichen Stellen erwähnt: Ich habe selbst über 15 gezählt, in denen sie als Ureinwohner Palästinas oder als ein im Norden lebendes Volk beschrieben werden. Esau soll zwei Hethiterinnen geheiratet haben *(1. Mose 26, 34)*. Außerdem berichten ägyptische und assyrische Quellen von einem Land Hatti, das in Wirklichkeit die Heimat der Hethiter war. Aber vor 1876 wußten die Historiker und Archäologen noch nicht, was sie damit anfangen sollten.

Dann kam die große Entdeckung der Hethiter, ihrer

Königreiche, ihrer Religion und Kultur, ihrer Sprache und vieler anderer Aspekte ihrer verschollenen Zivilisation. In der Wildnis Anatoliens wurde ein altes Volk entdeckt, und wir können heute mit einiger Bestimmtheit sagen, daß dort zwischen 1600 und 1200 v. Chr. eine mächtige Nation existiert und Kleinasien 300 Jahre lang beherrscht hat. Heutzutage sind die Hethiter weder sagenhaft noch fiktiv.

Aber sie haben natürlich in geschichtlicher Zeit gelebt, und ihre Existenz ist durch zahlreiche Funde nachweisbar. Ihre Entdeckung erhellt jedoch die zyklische Natur der Geschichte, die Unzulänglichkeit und Verhältnismäßigkeit unseres Geschichtswissens und die ständig wechselnde Bedeutung von Begriffen wie »prähistorisch«, »sagenhaft« und »mythisch«. Sie illustriert auch die faktische Wichtigkeit vieler alter Dokumente und Sagen, die bisher als unhistorisch behandelt worden sind. In diesem Zusammenhang ist übrigens interessant, daß die den Hethitern geltenden archäologischen und historischen Untersuchungen die Existenz bestimmter homerischer Helden wie Andreus und Atreus bestätigt haben.[10] Und wie heutzutage Organisationen zur Erforschung der Bibel einen wichtigen Beitrag zur Lösung des Rätsels unserer Abstammung leisten, hat die Gesellschaft für Bibelarchäologie erheblich dazu beigetragen, die Hethiter wiederauferstehen zu lassen.[11]

Weitere verschollene Nationen sind nicht nur in der Alten Welt, sondern auch auf dem amerikanischen Kontinent zu neuem Leben erweckt worden. Wir wissen, daß weder Mayas, Azteken noch Inkas die ersten amerikanischen Zivilisationen gewesen sind. In den Reichen der Mayas (317–1697), der Azteken (1300–1600) und der Inkas (1200–1600) sehen wir nur die allerletzten Stadien viel älterer Nationen, deren wahres Alter alle unsere überlieferten Begriffe sprengt.

Ich habe im Süden Kolumbiens alte Ruinen besichtigt, die

wahrhafte historische Rätsel darstellen. Weder heutige Forscher noch die einheimischen Indianer haben die geringste Ahnung, was diese Ruinen einst dargestellt haben könnten. Die Erinnerung an die Vergangenheit ist in diesen Fällen einfach ausgestorben. In und bei San Agustin habe ich Hunderte von gigantischen Steinstatuen gesehen, die denen auf der Osterinsel gleichen – allerdings mit dem großen Unterschied, daß die kolumbischen Statuen vor unbestimmter Zeit an fast unzugänglichen Orten wie Berggipfeln aufgestellt worden sind. Sie lassen sich mit keinem der Völker, die einst Kolumbien besiedelt haben, in Verbindung bringen und sind bis heute historische Kuriositäten geblieben.

In dem als Tierra Dentro bekannten kolumbianischen Gebiet, das eine Art Indianerreservat darstellt, habe ich in Begleitung eines Kirchenpräfekten und zweier Jesuiten eine Anzahl »indianischer« Grabkammern besichtigt, die uns verblüfften. Obwohl es viele solcher Kammern gibt – vielleicht mehrere Dutzend –, sind sie schwer zu finden, weil ihre Zugänge äußerst eng sind. Man steigt auf einer aus Stein gehauenen Wendeltreppe in die Tiefe. Etwa fünf oder sechs Meter unter der Erde liegt eine Kammer, in der es ohne künstliches Licht völlig dunkel ist. Beleuchtet man sie jedoch, werden zahlreiche seltsame Einzelheiten sichtbar. Die Wände sind mit komplizierten Darstellungen in verschiedenen Farben bemalt. Was sie bedeuten, kann niemand sagen, am wenigsten die indianischen Führer, die so gut wie nichts von der Geschichte dieser Gräber wissen. Und dann kommen die eigentlichen Grabkammern. In den meisten sind die Knochen und Grabbeigaben irgendeiner verschollenen Zivilisation zu sehen. Es wäre bestimmt interessant, das Alter dieser Knochen mit der Kohlenstoff-14-Methode zu bestimmen, und ich bin davon überzeugt, daß die Ergebnisse verblüffender wären, als wir uns jetzt vorstellen können. Sie würden wahrscheinlich die Existenz einer präkolumbianischen Zivilisation beweisen, mit deren Überresten sich die Wissenschaft eingehender beschäftigen sollte.

Was die Indianer betrifft, wird heutzutage allgemein angenommen, sie seien die Nachkommen asiatischer Stämme, die etwa 30 000 v. Chr. über die Beringstraße nach Amerika gekommen sein sollen. Vorher soll es in Nord-, Mittel- und Südamerika keine Menschen gegeben haben, und alle Spuren menschlicher Besiedlung der Neuen Welt lassen sich angeblich auf diese Einwanderung aus Asien zurückführen. Dabei ist jedoch zu berücksichtigen, daß wir es hier nur mit einer geschichtswissenschaftlichen Hypothese zu tun haben, die mit höchst zweifelhaften Beweisen gestützt wird. Die physiognomische Ähnlichkeit zwischen Indianern und Asiaten genügt keineswegs als Beweis. Tatsächlich spricht einiges für eine andere Hypothese, nach der die Bewohner der Neuen Welt aus verschiedenen Gebieten stammen – wenn sie überhaupt von irgendwoher gekommen sind. Wie allgemein bekannt ist, glauben viele der heutigen Indianer, ihre Vorfahren seien nicht von irgendwoher gekommen, sondern einfach »schon immer hiergewesen«. Das mag stimmen, aber wir müssen bestimmte Funde berücksichtigen, die darauf hinweisen, daß die Vorfahren der Indianer wahrscheinlich aus Japan, dem Südpazifik, Afrika und Europa stammen – also von überall her. Es ist ziemlich unwahrscheinlich, daß es in unserer jahrtausendelangen Vorgeschichte nur über die Beringstraße zu einer Völkerwanderung zwischen der Alten und der Neuen Welt gekommen sein soll.

Die Überlieferungen der mittelamerikanischen Indianer bekräftigen die alte Überzeugung, die Vorfahren der Azteken stammten von einer Atlan genannten Insel im Osten.[12] Die Tolteken, von denen wir dank der Zerstörungswut Bischof Landas praktisch nichts wissen, waren die Vorfahren der mexikanischen Indianer. Sie waren von Atlan gekommen – nicht ein oder zwei Jahrtausende vor den Azteken und Mayas, sondern mehrere tausend Jahre vor ihnen.

Diese Sage ist schon oft als Hinweis aufgefaßt worden, der uns helfen könnte, das Rätsel Atlantis zu lösen. Immerhin ist die Etymologie der Wörter Atlan und Atlantis ähnlich genug, um irgendeinen Zusammenhang nahezulegen. C. Berlitz hat unsere Aufmerksamkeit auf die Tatsache gelenkt, daß es linguistische Übereinstimmungen zwischen Indianersprachen und dem Altgriechischen gibt, so daß jetzt weithin bekannt ist, daß Wörter wie »Gott«, »Sonne« und »Palast« in diesen Sprachen fast identisch sind.[13] Die Alexander von Humboldt zugeschriebene Bemerkung ist vielleicht nicht einmal so abwegig. Nachdem der deutsche Naturforscher die Überreste der Mayasprache untersucht hatte, meinte er: »Diese Indianer haben Griechisch gesprochen.«

Aber linguistische Ähnlichkeiten werden von noch auffälligeren Übereinstimmungen übertroffen. Zwischen Kunst und Architektur der Ägypter und Mayas gibt es Ähnlichkeiten, und beide Völker weisen in ihrem mathematischen Verständnis des Universums große Gemeinsamkeiten auf. Der Himmel, das Geheimnis des Kosmos, die himmlische Herkunft der Götter und die Erinnerung an ein gewaltiges kataklysmisches Ereignis – das alles sind zeitlose Themen, die diese Kulturen trotz zeitlicher und räumlicher Entfernungen miteinander verbinden.

Deshalb muß man entweder feststellen, daß die alten Ägypter und Griechen Mittelamerika besucht haben, was nicht völlig ausgeschlossen ist, da schon 3000 v. Chr. ägyptische Schiffe den Atlantik befuhren und lange vor Herodot Afrika umrundet hatten; oder daß die Indianer in der Alten Welt gewesen sind, was ebenfalls nicht unmöglich ist, obwohl es keine Beweise für solche Besuche gibt; oder daß, was ebenso möglich ist, zwischen der Neuen und der Alten Welt ein weiterer Kontinent existiert hat, der in ferner Vergangenheit durch geologische Umwälzungen verschwunden ist. Diese drei Alternativen sind voneinander unabhängig; wir können entweder eine oder zwei oder alle drei akzeptieren, weil sie sich nicht gegenseitig ausschließen.

Das sagenhafte Atlantis ist der Grund für die Hartnäckigkeit, mit der manche Leute die zyklische Geschichtsbetrachtung verfochten haben. Große Zivilisationen sind aufgeblüht und vergangen, und unsere, die erst 6000 Jahre alt ist, ist vielleicht nur eine von vielen. Die Erde erlebt periodisch einschneidende Veränderungen, zu denen Polverschiebungen, Umbildungen von Kontinenten, Gebirgsbildungen und Veränderungen der Meereshöhen gehören, um nur einige zu nennen. Beispielsweise hat es eine Zeit gegeben, zu der das Mittelmeer eine große Wüste gewesen ist. Selbst im Himalaja sind versteinerte Fische gefunden worden, und alles deutet darauf hin, daß die jetzige Oberflächengestalt der Erde nicht so alt ist, wie man früher angenommen hat.

Vielleicht ist der fast universelle Mythos von der Sintflut nichts anderes als eine verfälschte Kollektiverinnerung unserer Vorfahren an eine dieser katastrophalen Umwälzungen. Das häufig kritisierte Buch Immanuel Velikovskys, *Worlds in Collision,* ist ein Versuch, in die Tiefen dieses Mysteriums einzudringen. Velikovskys Ansichten wurden von orthodoxen Wissenschaftlern kritisiert – von den gleichen Wissenschaftlern, die sich auf anderen Gebieten kurzsichtigerweise für allwissend halten.[14] Aber vielleicht hat Velikovsky mit seinen kühnen Vermutungen doch völlig recht. Das kann nur die Zeit erweisen.

Jedenfalls unterstützen Geschichten wie die von der Sintflut und von Atlantis und die Ansichten der altgriechischen Philosophen, die von einer wiederholten Zerstörung der Erde sprachen, die zyklische Geschichtsbetrachtung. Merkwürdigerweise neigen selbst einige jüdische Kommentatoren des Alten Testaments zu dieser Betrachtungsweise. »Unsere Weisen, die die Bibel ausgelegt haben«, schreibt Mortimer J. Cohen in *Pathways Trough the Bible,* »sagten, Gott habe vor dieser andere Welten erschaffen, aber sie hätten ihn nicht befriedigt, deshalb habe er sie zerstört.«[15] »Mehrere der alten Rabbis«, bemerkt Dr. J. H. Hertz in *The Pentateuch and Haftorahs,* »denen spätere Mystiker beipflichteten, glaubten an aufeinanderfolgende Schöpfungen.«[16] Danach wäre Noahs Sintflut nicht die erste große Katastrophe gewesen, und das Ende der Welt würde sich ziemlich häufig wiederholen.

Die Atlantissage haben wir durch Platos Schriften kennengelernt. Es stimmt, daß die meisten philosophischen Kommentare Platos Atlantis für einen bloßen Mythos halten, der sich nicht von anderen platonischen Mythen und Allegorien unterscheidet. Plato neigt dazu, einen Mythos oder eine Legende anzuführen, wenn er einen bestimmten Punkt erläutern will. Diese Mythen in Platos Dialogen entsprechen den Jesus im Neuen Testament zugeschriebenen Gleichnissen. Es stimmt weiterhin, daß wir den deutlichen Eindruck bekommen, mit dem atlantischen Mythos werde ein ethischer oder moralischer Zweck verfolgt. Der Niedergang von Atlantis soll uns eine Lehre sein, damit wir nicht vom schmalen Pfad der Tugend abkommen.

Eine andere Möglichkeit ist, daß Platos Ausführungen über Atlantis einen moralischen Zweck haben, der jedoch von dem historischen Wahrheitsgehalt der Atlantissage unabhängig ist. Die sorgfältige Lektüre des *Kritias,* des letzten, unvollendet gebliebenen Dialoges Platos, vermittelt den Eindruck, Plato sei es keineswegs nur darum gegangen, zur Erbauung seiner Freunde moralisierende Ausführungen zu machen. Er hat auch eine vertraute Sage wiedererzählt, deren

Wurzeln sich bis zu altägyptischen Überlieferungen zurückverfolgen lassen. Die Geschichte wird von einem Mann namens Kritias erzählt, der sie von seinem Großvater gehört hat, der sie seinerseits von dem berühmten Athener Gesetzgeber Solon gehört hatte. Aber Solon hatte sie wiederum von ägyptischen Priestern gehört, bei denen er während seines Aufenthalts in Ägypten zu Gast gewesen war. Wie wir bereits bei Herodot gesehen haben, handelt es sich hier um die Weitergabe ägyptischen Wissens an Griechen.

Etwa 9000 Jahre vor seiner Zeit, erzählt Kritias Sokrates, kam es zu einem verheerenden Krieg zwischen denen, die innerhalb der Säulen des Herkules lebten, und denen, die außerhalb lebten. Mit den Säulen des Herkules war die Straße von Gibraltar gemeint; folglich lebten die feindlichen Parteien am Mittelmeer und im Atlantik. Letztere wohnten auf einer Atlantis genannten Insel, die größer als »Libyen und Asien zusammen« war. Dabei ist zu berücksichtigen, daß die alten Griechen unter Asien etwas anderes als wir verstanden: Kleinasien, der Nahe Osten und Teile Südrußlands. Danach war Atlantis etwa so groß wie der halbe Nordatlantik.

Nachdem Kritias die Insel, ihre Hauptstadt und ihre Bewohner genau beschrieben hat – eine Schilderung, die uns vor Augen führen sollte, daß diese Zivilisation keineswegs neolithisch oder primitiv gewesen sein kann –, erklärt er dem geduldigen Sokrates, wie Atlantis geendet hat. Sein Bericht suggeriert, es habe ein schreckliches Ende genommen, weil die erzürnten Götter beschlossen hätten, seine stolzen Bewohner zu bestrafen. Das sollte uns natürlich an die Geschichte Noahs *(1. Mose 6, 7)* erinnern, wo wir lesen, daß Gott sprach: »Ich will die Menschen, die ich geschaffen habe, vertilgen von der Erde.«

Um Einzelheiten der atlantischen Tragödie zu erfahren, müssen wir uns jedoch an einen anderen Dialog, den *Timäus*, halten, der aus Platos berühmter Schilderung der Entstehung des Universums besteht und eines seiner geheimnisvollsten und anregendsten Werke ist.

Die im *Timäus* genannten Einzelheiten deuten wieder auf eine primitive Kollektiverinnerung der Menschheit hin, auf eine Erinnerung, die sich im Laufe der Zeit selbstverständlich aufspalten und dabei entstellt werden mußte: Menschen waren bei einer Flut umgekommen. Der aufmerksame Sokrates hört von Kritias, daß »sich heftige Erdbeben und Fluten ereigneten; und in einem einzigen Tag und einer einzigen Nacht des Unglücks versanken ... alle ... Menschen in der Erde, und die Insel Atlantis verschwand gleichermaßen in den Tiefen des Meeres«. Nach dieser großen Katastrophe sei der Atlantik »unpassierbar und undurchdringbar« geworden, sagt Kritias, »weil eine Schlammbank den Weg versperrt; und sie ist durch das Versinken der Insel entstanden«.

Vielleicht geht die traditionelle Angst, die Seeleute vor Reisen in das Gebiet jenseits der Säulen des Herkules empfanden, auf die Erinnerung an diese »Schlammbank« zurück. Noch 1492 war diese Angst so stark, daß es Christoph Kolumbus nur mit aller Überredungskunst gelang, die Brüder Pinzon und seine Besatzungen dazu zu bewegen, über die Azoren hinaus weiterzusegeln. Als sie ins Sargassomeer kamen, glaubten sie sich in dem sagenhaften Schlamm gefangen, bis sie zu ihrer Erleichterung feststellten, daß ihre drei Schiffe nur von Seetang umgeben waren. Offenbar wirkten Platos Worte im Herzen dieser Seeleute nach.

Platos Schilderung hat zahlreiche Kontroversen zwischen Gelehrten hervorgerufen, von denen sich viele für eine wörtliche Interpretation entschieden haben – selbstverständlich unter Berücksichtigung historischer und philologischer Verzerrungen. Andere haben jedoch alle Atlantissagen, auch Platos Darstellung, als bloße Mythen abgelehnt. Vielleicht befinden wir uns in einer Situation, die Ähnlichkeit mit der Lage vor der Entdeckung von Homers Troja Ende des 19. Jahrhunderts hat. Zahlreiche archäologische Funde scheinen zu beweisen, daß diejenigen recht haben, die im Atlantik oder vielleicht einem anderen Meer die Überreste einer versunkenen Zivilisation entdecken zu können glaubten.

Eine zyklische Geschichtsbetrachtung drängt sich uns also nicht nur wegen überlieferter Mythen, sondern auch wegen unserer Kenntnis geologischer Veränderungen auf. Wir wissen zum Beispiel, daß in den letzten 100 000 Jahren außergewöhnliche geologische Umwälzungen stattgefunden haben: der Südpol war einst ein tropisches Gebiet, die Pole lagen anderswo, Europa war zum größten Teil mit Eis bedeckt, die Kontinente lagen anders usw. Als Folge jedes dieser Ereignisse können wir uns die Vernichtung ganzer Zivilisationen vorstellen, und wenn es sich um noch gewaltigere Umwälzungen handelt, wie Velikovsky (in *Worlds in Collision)* und Herodot sie beschreiben, ist die Vernichtung des größten Teils der Menschheit denkbar. Gleichzeitig würde es natürlich zur Zerstörung von Gebäuden und Dokumenten führen. Die Gewalt dieser geologischen Umwälzungen muß so groß gewesen sein, daß fast alle Spuren menschlichen Fortschritts und biologischer Entwicklung vernichtet worden sind. Deshalb müssen Archäologen, Geschichtswissenschaftler und Naturforscher weiter im dunkeln tappen.

Andererseits können gerade wegen dieser kataklysmischen geologischen Umwälzungen zumindest einige Überreste der Vergangenheit erhalten geblieben sein. Verschwindet etwas plötzlich unter Tausenden von Tonnen Erde, bestehen größere Aussichten, daß es gut erhalten bleibt; andererseits verrichten Wind und Wetter ihr Zerstörungswerk meistens schon innerhalb weniger Jahrhunderte. Folglich kann die von Darwin in *Die Entstehung der Arten durch natürliche Zuchtaus-*

wahl bitter beklagte Lückenhaftigkeit geologischer Beweise unter Umständen in anderer Beziehung Vorteile haben.

Ob diese Beweiskette lückenhaft ist oder nicht, ändert jedoch nichts daran, daß sie zeigt, in welchem großen Zeitraum der Mensch bereits existiert. Es kann sich dabei um einen Zeitraum von fast 3 000 000 Jahren handeln – in der Tat eine sehr lange Zeitspanne, wenn man sie mit den bloßen 6000 Jahren vergleicht, die *unserer* Zivilisation meistens zugebilligt werden. Nach Ansicht eines Großteils der Evolutionisten hat sich unsere Spezies zumindest in den letzten 100 Jahrhunderten nicht mehr wesentlich verändert. Das Gehirnvolumen eines Höhlenmenschen aus dem Jahr 100 000 v. Chr. und unser Gehirnvolumen sind im Prinzip gleich. Das Gewicht des durchschnittlichen Erwachsenengehirns (1375 g) ist gleichgeblieben, und das Verhältnis zwischen Gehirn- und Körpergewicht (1 : 30) hat sich nicht geändert. Wie können wir dann behaupten, in den ersten 95 000 Jahren der eigentlichen Menschheitsgeschichte sei »praktisch nichts passiert«? Das ist schwierig zu akzeptieren, es sei denn, man wollte mangelnde Information mit fehlenden Ereignissen gleichsetzen, was nicht gerade von kritischer Intelligenz zeugt.

Die lineare Deutung der Menschheitsgeschichte, die wir den religiös motivierten Interpretationen des großen deutschen Philosophen Hegel verdanken, ist das Ergebnis einer gewissen historischen Kurzsichtigkeit; sie ist »unvermeidlich, solange man sich die Weltgeschichte als von kurzer Dauer vorstellt«, wie Darwin es ausgedrückt hat. Als der englische Wissenschaftler Lord Kelvin 1873 von der »völligen Wertlosigkeit von Darwins Philosophie« sprach, tat er das nur, weil seine physikalischen Analysen des Entstehungsprozesses der Erde ergeben hatten, daß unser Planet nicht älter als 24 Millionen Jahre sein konnte. Kelvin behauptete, die ursprünglich glühflüssige Erde habe nur 24 Millionen Jahre gebraucht, um auf ihre gegenwärtige Temperatur abzukühlen. *Ergo* mußte dies das Alter des Planeten sein.

Aber später wurde nachgewiesen, daß Kelvins Berechnungen falsch und Darwins Intuition richtig war. 1907 widerlegte Ernest Rutherford, ein weiterer englischer Wissenschaftler, Kelvins Theorie, indem er bestimmte radioaktive Substanzen entdeckte, die unter der Erdoberfläche liegen. Was unseren eigenen Fall betrifft, können wir sagen, daß die Verfechter der hegelschen Überlieferung, die der menschlichen Zivilisation nur eine so kurze Zeitspanne zubilligen wollen, sich vielleicht ebenso irren, wie Kelvin sich in bezug auf das Alter der Erde getäuscht hat. Auf diesen Fall trifft zu, was der englische Philosoph Haldane über das Universum gesagt hat: Die Menschheitsgeschichte ist nicht nur verrückter, als wir annehmen, sondern verrückter, als wir annehmen *können.*

Die zyklische Geschichtsbetrachtung untermauert die Theorie von den Götter-Astronauten, weil sie erstens den Vorgang aufzeigt, durch den Erinnerungen bewahrt, weitergegeben und entstellt werden, und weil sie zweitens die Geschichte der zivilisierten Spezies verlängert, so daß erheblich bessere Chancen für einen Kontakt zwischen Menschen und extraterrestrischen Intelligenzen entstehen. Beträgt die Lebensspanne unserer Zivilisation nur einige Jahrtausende, verringert sich diese Chance entscheidend; hat es andererseits seit mindestens 100 000 Jahren zivilisiertes Leben auf der Erde gegeben, läßt sich die statistische Wahrscheinlichkeit, die selbst für einen Zufallsbesuch spricht, nicht völlig leugnen.

Nach jeder geologischen Katastrophe könnten einige Überlebende den Prozeß menschlicher Entwicklung erneut eingeleitet haben. Da ihre einzige schwache Verbindung mit der Vergangenheit jedoch nur aus ihren wirren Erinnerungen bestand, wurden alle vergangenen Ereignisse übersteigert, verwandelt und ihren neuen Erfahrungen und Bedürfnissen angepaßt. Das Gedächtnis ist ein wandelbares und kreatives Element der menschlichen Existenz. Die Katastrophe war für die Überlebenden eine Strafe der Götter. Diese Götter, die einst nur fremde Besucher aus dem All gewesen waren, nahmen immer erlesenere Formen an, bis sie unsichtbare und spirituelle Wesen wurden, die einer »anderen« Welt angehörten.

Die Nachkommen der Überlebenden jeder Naturkatastrophe, die in verzweifelten und primitiven Umständen dahinvegetierten und nichts von der unvorstellbaren Größe des Universums und der Existenz anderer bewohnter Planeten wußten, konnten ihre Götter in keinem anderen Licht sehen. Aber sobald die Spezies einen hohen intellektuellen und technologischen Stand erreicht, sobald das benachbarte Universum besser verstanden wird, entsteht eine neue Konzeption. Die ätherischen Götter werden nun als kosmische Besucher aus irgendeinem entfernten Winkel der Galaxis gesehen. Jetzt treibt ein ansteckender Enthusiasmus die Menschen dazu, nach den Göttern zu suchen, die den Überlieferungen nach versprochen haben, zu ihnen zurückzukehren. Die Raumforschung verstärkt diesen verständlichen Enthusiasmus. Gigantische Raketen werden gebaut und rätselhafterweise auf die Namen alter Götter getauft: Jupiter, Apollo, Saturn. So ist das bewundernswerte amerikanische Projekt Apollo, durch das der Mensch den Mond erreichte, seltsamerweise ein irdischer Apoll auf der Suche nach dem anderen Apoll, dem nie ganz vergessenen altgriechischen Gott der Philosophie, dem Gott der Schönheit.

Hinter diesem fast unheimlichen Phänomen steht die geheime Hoffnung auf einen weiteren Kontakt, diesmal vielleicht ein dauerhafter Kontakt, eine weitgespannte Brücke zu den Sternen. Selbstverständlich spielt sich das alles zum größten Teil im menschlichen Unterbewußtsein ab. Auf der Bewußtseinsebene halten die Überlebenden alter Katastrophen sich für wahre Pioniere, die das Zeitalter der Raumfahrt eröffnet haben, als ob sie wirklich die ersten und einzigen wären, und sobald ein kritischer Kopf sie an die wahre Bedeutung ihrer Leistungen erinnert, stellen die Vertreter der Wissenschaft sich taub, während die Vertreter der alten Religionen die Idee, es könnte Besucher aus dem All gegeben haben, als Erfindung geldgieriger falscher Propheten abtun.

Diese Ablehnung scheint in vielen Fällen auf dem merkwürdigen Rat Ben Siras zu beruhen:

»Bekümmere dich nicht um die Dinge, die für dich zu schwer sind, und forsche nicht nach solchen, die zu verborgen sind. Bilde dich in dem, was dir gestattet ist; mit geheimen Dingen hast du nichts zu schaffen.«[17]

Mit diesem lähmenden Ratschlag gelingt es oft, die Aufmerksamkeit der Öffentlichkeit auf irdischere Dinge zu lenken, so daß das Interesse für den Kosmos erlischt. Vom Standpunkt der Großmächte aus ist plötzlich nichts wichtiger als die Eroberung eines kleinen asiatischen Landes, während gleichzeitig überall ABC-Waffen angehäuft werden. Schließlich wird das labile ökologische Gleichgewicht zerstört, so daß es zu einem weiteren vernichtenden Kataklysmus kommt. Wie Plato uns im *Timäus* erklärt, wiederholt sich diese tragische und groteske Folge von Ereignissen.

Diese Überlegungen haben mich dazu bewogen, die Hypothese von den früheren Besuchern aus dem All ernst zu nehmen. Wie ich bereits ausgeführt habe, sind wissenschaftliche Hypothesen keine Tatsachen: sie sind möglich, vielleicht sogar wahrscheinlich und ausreichend. Nur diese Adjektive lassen sich auf sie anwenden. Das muß ich betonen, um keinen Zweifel daran zu lassen, daß eine zyklische Geschichtsbetrachtung keineswegs eine endgültige Bestätigung für den Glauben an Götter-Astronauten liefern kann, der übrigens auch nicht durch die Überzeugung, es müsse extraterrestrisches intelligentes Leben geben, bestätigt werden kann. Hypothesen fassen die bisher zugänglichen Informationen zusammen – sonst nichts. Aber solange keine endgültigen Schlußfolgerungen möglich sind, müssen wir uns mit ihnen begnügen. Die Kritiker der zentralen These von Dänikens, die auf ihren hypothetischen Charakter aufmerksam gemacht haben, haben deshalb völlig recht, und diejenigen Verfechter der Astroarchäologie, die mit Hilfe der Zyklen der Menschheitsgeschichte, der Sagen und Mythen des Altertums oder der Wahrscheinlichkeit außerirdischen intelligenten Lebens die behauptete Tatsächlichkeit ihrer umstrittenen Ansichten beweisen wollen, haben das Grundproblem der Wissenschaft in Wirklichkeit nicht verstanden.

Deshalb ist es unbedingt erforderlich, beiden streitenden Parteien gegenüber fair zu bleiben, und während man sich darum bemüht, muß man den blinden Enthusiasmus bedauern, den Befürworter und Gegner manchmal an den Tag legen. Man kann eine wissenschaftliche Hypothese würdigen und verstehen, ihren Wert abschätzen und Überlegungen über ihre Auswirkungen anstellen, aber es ist etwas völlig anderes, sie entweder für eine bewiesene Tatsache auszugeben, die nur Dummköpfe leugnen können, oder als etwas Absurdes zu verdammen, das nur Schwachsinnige glauben können.

Für die Wissenschaft ist es zweifellos wichtig, alle Entwicklungen sorgfältig zu beobachten, nicht um sie zu unterdrücken, wie es manchmal geschieht, sondern um von ihnen zu profitieren. Wir haben alle noch vieles zu lernen, aber das ist nur möglich, wenn ein freimütiger Meinungsaustausch stattfindet.

Die Menschheitsgeschichte birgt noch immer Tausende von Geheimnissen, deren Entdeckung es uns unmöglich machen würde, unsere überlieferten Ansichten beizubehalten. Wir müssen deshalb bereit sein, die nötigen Anpassungen vorzunehmen, damit nicht eines Tages alle unsere Begriffe überholt sind.

5

Das Möglichkeitsproblem

Einer der verwirrendsten Ausdrücke indogermanischer Sprachen ist das Wort »möglich«. Auf den ersten Blick scheinen wir alle zu wissen, was es bedeutet, was es besagt und wie es gebraucht wird. Wenn wir sagen: »Es ist möglich, daß es morgen regnet«, »Es ist möglich, daß ich bei der Lotterie gewinne« und so weiter, sind wir uns der Bedeutung unserer Äußerungen anscheinend gewiß. Aber wie bei vielen anderen Ausdrücken kann diese Bedeutung in Wirklichkeit durchaus unklar sein. Andererseits lassen praktische Erwägungen und die Macht der Gewohnheit uns keine andere Wahl, als zu sprechen, selbst wenn wir nicht ganz sicher wissen, was wir meinen. Nur sehr wenige von uns würden die recht merkwürdigen Philosophen des Altertums imitieren wollen, die beschlossen, niemals zu sprechen, um nichts Falsches zu sagen. Wie ein Geschichtsschreiber berichtet, gebrauchten diese übervorsichtigen Denker nur ihre Zeigefinger, um ihre Gedanken und Wünsche auszudrücken. Als sie erkannten, daß selbst Handzeichen Anlaß zu Fehldeutungen und Irrtümern geben konnten, entschieden sie sich dafür, die Hände in den Taschen zu behalten und für immer zu schweigen.

Im Gegensatz dazu reden wir – und reden sogar sehr viel. Wir sprechen von Möglichkeiten und Unmöglichkeiten, selbst wenn wir nicht einmal die geringste Ahnung haben, was wir eigentlich meinen. In den meisten Fällen bleibt uns einfach nichts anderes übrig.

Aber die Philosophen, die es für eine ihrer wichtigsten Aufgaben halten, für die Klarheit des Ausdrucks zu sorgen, haben intensiv über die Bedeutung(en) von Begriffen wie »möglich« und »unmöglich« nachgedacht, und ihre Bemühungen sind auf diesem Gebiet nicht ganz fruchtlos gewesen. Wer Philosophen vorwirft, sie befaßten sich mit nutzlosen Wortklaubereien, ist sich nicht darüber im klaren, wie viele wahrhaft interessante Vorstellungen und Ideen aus dem

Bemühen hervorgehen, sprachliche Klarheit zu schaffen. Und solange nicht wenigstens einigermaßen Klarheit herrscht – zum Beispiel in der Wissenschaftssprache –, ist kein echter Fortschritt möglich. Das von Sokrates gegebene Beispiel ist in diesem Zusammenhang lehrreich. Sokrates verbrachte den größten Teil seines Lebens damit, nach Sinn und Gebrauch aller möglichen Wörter zu fragen; damit brachte er seine gedankenlosen Zeitgenossen gegen sich auf, aber er erfüllte seinen philosophischen Auftrag.

Was die Bedeutung des Möglichen betrifft, haben die Philosophen sich vielfach dazu geäußert, und selbst wenn ihre Schlußfolgerungen nicht immer miteinander übereinstimmen, ist zumindest soviel klar: sie sind zu der Erkenntnis gelangt, daß dieser Ausdruck höchst komplex ist. Sagt zum Beispiel jemand, die Theorie von den Götter-Astronauten sei unmöglich oder die Existenz Gottes möglich, stehen wir vor einer Vielzahl komplexer Deutungen, sobald wir fragen, was in diesem Zusammenhang möglich oder unmöglich heißt.

Aristoteles hat das Möglichkeitsproblem in vielen seiner Werke diskutiert. In seinem Werk *Über die Glieder der Geschöpfe* stellt er fest:

»Das Wort ›unmöglich‹ hat mehr als eine Bedeutung. Wenn wir sagen, es sei unmöglich, ein Geräusch zu sehen, und wenn wir sagen, es sei unmöglich, die Menschen im Mond zu sehen, gebrauchen wir zweierlei Bedeutungen des Wortes; ersteres ist notwendigerweise so, (und) letztere können wir nicht tatsächlich sehen, obwohl ihr Wesen sichtbar ist.«

Hieraus ergibt sich, daß die Begriffe »möglich« und »unmöglich« mindestens zwei Bedeutungen haben. Eine ist die logische, d. h. es ist unmöglich, ein Geräusch zu sehen, weil Geräusche akustische Wahrnehmungen sind; die andere ist die physische, d. h. es ist unmöglich, die Menschen im Mond zu sehen, weil sie zu weit von uns entfernt sind, als daß wir sie erkennen könnten.

In seiner *Kritik der reinen Vernunft* hat Kant das Mögliche als eine der 12 Verständniskategorien bezeichnet. Vereinfacht ausgedrückt sind diese Kategorien bestimmte Mechanismen des menschlichen Verstandes, mit deren Hilfe wir unsere Erfahrungen geordnet haben. Das Mögliche und das Unmögliche fallen deshalb mit den Grenzen menschlichen Wissens zusammen. Auch dieses Thema kann hier nicht erschöpfend abgehandelt werden. Es genügt die Feststellung, daß nach Kants Ansicht weder das Mögliche noch das Unmögliche außerhalb des menschlichen Erfahrungsbereichs irgendeine Bedeutung haben. *Wir* erschaffen diese Begriffe und bestimmen ihren Sinngehalt, ohne daß sie dadurch relativ oder willkürlich werden. Kants Realität ist im Gegensatz zu Steigers nicht beliebig formbar.

Einen weiteren Versuch, die Bedeutungen des Möglichen aufzuzeigen, enthält François Hetmans *Society and the Assessment of Technology*. Hetman unterscheidet *fünf* Arten des Möglichen, die er folgendermaßen definiert:

1) Das logisch Mögliche – etwas ist logisch möglich, wenn es den Gesetzen der Logik nicht widerspricht.
2) Das physikalisch Mögliche – etwas ist physikalisch möglich, wenn es den Naturgesetzen nicht widerspricht.
3) Das technisch Mögliche – etwas ist technisch möglich, wenn seine Herstellung technisch lösbar ist.
4) Das technologisch Mögliche – etwas ist technologisch möglich, wenn es technisch machbar und für Serienanfertigung geeignet ist.
5) Das sozio-technologisch Mögliche – etwas ist technologisch möglich und sozial erstrebenswert, wenn es auf die Dauer keine unbeabsichtigten, schädlichen sozialen und individuellen Konsequenzen hat[1].

Hetmans Analyse des Möglichen befaßt sich mit Gegenständen und soll vor allem ein Hilfsmittel zur Entwicklung einer Technologiebeurteilung sein. Sie ist jedoch auch für die Beurteilung wissenschaftlicher Theorien und Hypothesen wertvoll, obwohl dann bestimmte Veränderungen notwendig sind.

So muß man dann beispielsweise sagen, eine Hypothese sei logisch nur möglich, wenn sie nicht gegen die Grundgesetze der Logik verstößt. Aber woraus bestehen diese Gesetze – und welchen Bereich umfassen sie? Das sind Fragen, die schon von vielen Logikern eingehend untersucht worden sind. Pragmatisch gesehen gibt es drei:

1) In einem Satz kann das Subjekt keine zwei widersprüchlichen Prädikate haben. Man kann nicht sagen, ein bestimmter Gegenstand sei gleichzeitig blau und nicht blau. Man kann nicht sagen, die Götter-Astronauten hätten die Erde besucht und nicht besucht.
2) Zu dem Subjekt eines Satzes muß eines der beiden widersprüchlichen Prädikate gehören. Man muß also sagen, daß der Gegenstand blau oder nicht blau ist und daß die Götter-Astronauten die Erde besucht oder nicht besucht haben.
3) Jedes Ereignis im Universum ist das Ergebnis eines ausreichenden Grundes oder einer Ursache, die für sein Auftreten verantwortlich ist. Man muß davon ausgehen, daß es einen bestimmten Grund oder eine Ursache dafür gibt, daß der Gegenstand blau oder nicht blau ist und daß die Götter-Astronauten die Erde besucht oder nicht besucht haben.

Aber während die beiden ersten Prinzipien im allgemeinen unbestritten sind, ist das dritte in letzter Zeit oft angezweifelt worden. Manche Wissenschaftler glauben nämlich, bestimmte atomare Prozesse würden nicht verursacht, sondern seien absolut zufällig und unerklärlich. Werner Heisenberg hat ständig diese Ansicht vertreten, die ihm für die Quantenmechanik unerläßlich erschien.

Das logisch Mögliche gilt im allgemeinen als durch diese drei Gesetze bestimmt. Verstößt eine Hypothese nicht gegen sie, müssen wir sie als logisch möglich akzeptieren.

Eine Hypothese ist zudem physikalisch nur möglich, wenn sie den Naturgesetzen nicht widerspricht. Hier befinden wir uns jedoch in einer schwierigen Lage, weil wir nicht wissen, ob die uns bekannten physikalischen Gesetze

1) die einzigen Naturgesetze und
2) universal gültige Gesetze sind. Wir müssen uns vor Augen halten, daß die Gravitationsgesetze erst vor verhältnismäßig kurzer Zeit erkannt worden sind und daß Wissenschaftler ständig neue Gesetzmäßigkeiten entdecken, wodurch nach der Entwicklung von Einsteins Relativitätstheorie bestimmte Revisionen bereits bestehender Gesetze notwendig werden.

Weiterhin ist eine Hypothese nur dann technisch möglich, wenn technische Mittel existieren, auf die man sich beziehen kann, um ihre erklärende Funktion zu begreifen. Aber auch hier stoßen wir wieder auf Schwierigkeiten, denn wie diese technischen Mittel sich im Laufe der Zeit ändern, muß sich auch unsere Auffassung von dem technisch Möglichen verändern. Wir wissen beispielsweise, daß der Raumflug noch vor 50 Jahren als unmöglich galt. Das nötige Fortbewegungsmittel war einfach noch nicht vorhanden. Und um die Jahrhundertwende wurden die Brüder Wright von vielen verlacht, denn wie konnte man nur zu fliegen versuchen? Das Fliegen galt deshalb als *technisch* unmöglich. Wer mit der Technikgeschichte vertraut ist, wird mühelos weitere Beispiele finden können.

Aber dabei ist auch zu berücksichtigen, daß Luft- und Raumfahrt vor kaum 100 Jahren als *physikalisch* unmöglich galt. Im Mittelalter galt sie sicher gar als *logisch* unmöglich. Das ist erklärlich, weil Möglichkeit und Unmöglichkeit nicht nur doppelsinnige Ausdrücke sind, wie Aristoteles festgestellt hat, sondern auch relative und wechselnde Begriffe darstellen. Was gestern noch unmöglich war, ist heute eine Realität.

Haben die Kritiker der Astroarchäologie recht, wenn sie von der Unmöglichkeit der Behauptungen dieser Thesen sprechen? Versucht man dieser Unmöglichkeit auf den Grund zu gehen, bekommt man vage Antworten wie: »Na ja, das ist eben schwer zu glauben« oder »Wie sollen sie hierhergekommen sein?« oder »Man kann nicht tausend Jahre lang in einem Raumschiff unterwegs sein!« und so weiter.

Diese Antworten sind jedoch nicht zufriedenstellend und zeigen, daß abstrakte Begriffe in der Umgangssprache oft verschwommen gebraucht werden und daß manche Leute sie verwenden, wenn sie sich mit einem Problem nicht konstruktiv auseinandersetzen können oder wollen. Solche Antworten sind in erster Linie emotionale Überdruckventile, durch die intellektuelle Frustration abgelassen werden kann. Tatsächlich ist es viel einfacher, etwas als »unmöglich« zu bezeichnen, als eine geduldige und ernsthafte Bewertung vorzunehmen. Dabei ist die Bereitschaft vieler Leute groß, bestimmte Theorien wie die Existenz eines allmächtigen und allwissenden Gottes, wie Astrologie und andere zu akzeptieren, die man noch eher als unmöglich bezeichnen könnte.

Ist nun die Theorie von den Götter-Astronauten wirklich unmöglich?

Vom logischen Standpunkt aus kann diese Theorie nicht als unmöglich eingestuft werden. Sie ist nicht »notwendigerweise« unmöglich, um Aristoteles zu zitieren. Sie verstößt gegen kein Gesetz der Logik. Sie behauptet nicht, die alten Astronauten seien hier und nicht hier gewesen oder seien gekommen und nicht gekommen usw. Außerdem liefert sie eine völlig *logische* Erklärung für zahlreiche legendenhafte Ereignisse, Mythen und archäologische Funde, für die es bisher keine logischeren Erklärungen gibt. Die Theorie von den Götter-Astronauten versucht physikalische Ereignisse mit physikalischen Ursachen zu erklären und bleibt damit durchaus innerhalb der für wissenschaftliche Theorien gültigen Grenzen.

In diesem Zusammenhang muß festgestellt werden, daß das für andere scheinbare Erklärungen nicht gilt. Beispielsweise erfordern Erklärungen, die mit geheimnisvollen Wesen (unstofflichen Göttern, spirituellen Mächten usw.) operieren, eine weitaus größere geistige Flexibilität und ein weiterreichendes logisches Bezugssystem als die Theorie von den Götter-Astronauten. Die Behauptungen der Astroarchäologen mögen bizarr klingen und schwer zu akzeptieren sein, aber sie sind jedenfalls weder absurd noch unlogisch. Sollten die Wagen der Götter tatsächlich abgestürzt sein, wie es ein Kritiker vor kurzem ausgedrückt hat[2], kann man sicher sein, daß sie nicht gegen einen Berg von logischen Prinzipien gerast sind.

Sie sind auch sicher nicht an einem Berg von Naturgesetzen verunglückt. Zum Beispiel kann die moderne Physik nicht behaupten, wir hätten die physikalischen Gesetze, nach denen das Universum funktioniert, endlich völlig verstanden. Es ist durchaus möglich, daß in Zukunft neue Gesetzmäßigkeiten und Prinzipien entdeckt werden, so daß wir die heutzutage als brauchbar anerkannten Naturgesetze dann werden revidieren und korrigieren müssen.

Newtons Mechanik galt über zwei Jahrhunderte lang als die richtige Formulierung physikalischer Gesetzmäßigkeiten, aber dann wurde es erforderlich, kompliziertere Denkmodelle einzuführen. Der Übergang von der klassischen zur modernen Physik war gewiß von schmerzlichen Veränderungen begleitet, die durch bis zum Ende des 19. Jahrhunderts unbekannte physikalische Gesetze bewirkt wurden. Die bekannten Arbeiten Max Plancks, Albert Einsteins und Werner Heisenbergs haben uns Dimensionen der Realität erschlossen, die uns zwingen, die Postulate und Axiome früherer Wissenschaftler in einem anderen Licht zu sehen.

Wir dürfen deshalb vernünftigerweise erwarten, daß zukünftige Forschungsarbeiten weitere neue Gesetze zutage fördern werden, im Vergleich zu denen die Relativitätstheorie und die Quantenmechanik sich als ebenso ungenügend erweisen werden, wie dies heute bei Newtons Mechanik der Fall ist. Von »physikalischer Unmöglichkeit« zu sprechen heißt also, die bisherige Entwicklung der Naturwissenschaften zu ignorieren und wie jene Physiker des 19. Jahrhunderts zu handeln, die ausdrücklich bekräftigten, es sei unmöglich, Atome zu erzeugen oder zu vernichten, Elemente in andere umzuwandeln und im Atomkern zahllose weitere Teilchen zu entdecken. Wir wissen heute, daß viele Forschungszweige und zahlreiche Projekte, die von der klassischen Physik für unmöglich gehalten wurden, in den letzten 50 Jahren möglich, wirklich und sogar alltäglich geworden sind.

Welche neuen Gesetzmäßigkeiten, die die intra- und intergalaktische Raumfahrt erleichtern und erklären werden, möglicherweise noch entdeckt werden, läßt sich natürlich nicht vorhersagen. Wir wissen jedoch, daß es keineswegs unsinnig ist, die Existenz anderer Zivilisationen im Universum zu bestätigen und dabei vorauszusetzen, daß einige von ihnen einen hohen Entwicklungsstand erreicht haben müssen. Vielleicht haben manche von ihnen ihr evolutionäres Wachstum Milliarden von Jahren vor der Entstehung der

Erde begonnen, und falls sie nicht untergegangen sind (warum sollten Zivilisationen eigentlich stets untergehen müssen?), ist anzunehmen, daß ihre naturwissenschaftlichen Kenntnisse unsere weit übersteigen. Ihre Möglichkeiten, Raumfahrt zu treiben, müssen deshalb außergewöhnlich sein.

Da es uns nach nur 70 Jahren Menschenflug bereits gelungen ist, unbemannte Raumsonden Millionen von Kilometern weit ins Weltall zu schicken und Geschwindigkeiten von über 30 000 Stundenkilometern zu erreichen, können wir uns kaum vorstellen, was die nächsten 70 Jahre bringen werden – ganz zu schweigen von den nächsten 700 oder 7000 Jahren.

Die Gesetzmäßigkeiten der Naturwissenschaft, von denen Hetman spricht und mit denen wir vertraut sind, behindern die Verwirklichung der Raumfahrt keineswegs, sondern sind im Gegenteil sogar ihre Grundlage. Die Raumfahrttechnologie nimmt sie als gegeben hin, und indem wir sie systematisch anwenden, können wir Raumschiffe mit Geschwindigkeiten ins Weltall schicken, die unseren Großvätern schwindelerregend erschienen wären. Nichts in der Zusammensetzung des bekannten Universums schreibt eine Höchstgeschwindigkeit für physikalische Objekte vor – natürlich abgesehen von der Lichtgeschwindigkeit. Das Problem, einen Körper durch das Vakuum des interplanetaren und interstellaren Raumes zu schicken, hat nichts mit physikalischer Unmöglichkeit zu tun.

Wahr bleibt natürlich, daß wir hier auf gigantische technische Schwierigkeiten stoßen, von denen einige biologischer Natur sind, falls Lebewesen an Bord des Raumschiffs sind, während andere mit den verwendeten Treibstoffen zusammenhängen. Nach Berechnungen des amerikanischen Wissenschaftlers Louis Berman *(Exploring the Cosmos)* würden für den Flug zu Tau Ceti, einem nur 11,87 Lichtjahre entfernten Stern, bei einem Raumschiffgewicht von 100 Tonnen 41 000 Tonnen Treibstoff benötigt. Damit würde das Raumschiff 80% der Lichtgeschwindigkeit erreichen, und wegen des Phänomens der Zeitdehnung würde der Hin- und Rückflug nur 12 Jahre dauern. Außerdem wäre dazu ein Photonenantrieb mit einem Wirkungsgrad von 100% erforderlich, den es bisher noch nicht gibt.

Die Schwierigkeiten *scheinen* in der Tat technisch unlösbar zu sein. Aber wir müssen uns wieder ins Gedächtnis zurückrufen, daß die Technik durch ständigen Wandel gekennzeichnet ist. Die Zukunft kann neue Energiequellen und vielleicht auch neue Antriebsarten bringen, so daß die 41 000 Tonnen Treibstoff dann auf ein erträgliches Maß reduziert werden.

Es ist nicht unvernünftig, sich ein Raumfahrzeug vorzustellen, das beispielsweise mit 48 Sekundenkilometern fliegt, einer Geschwindigkeit, die höher ist als die Fluchtgeschwindigkeit, die ein Raumschiff erreichen muß, um das Schwerefeld von Sonne und Erde verlassen zu können. Aber wie Berman feststellt, würde der Hin- und Rückflug zu dem 4,27 Lichtjahre entfernten Stern Alpha Centauri bei dieser Geschwindigkeit 53 400 Jahre dauern. Alpha Centauri, der uns nach der Sonne zweitnächste Stern, ist respektable 42 534 954 410 000 Kilometer von uns entfernt. Wie es möglich sein soll, die entsprechenden biologischen Voraussetzungen für einen so langen Flug, auf dem Tausende von Raumfahrergenerationen am Leben erhalten werden müßten, zu schaffen, übersteigt eigentlich unser Vorstellungsvermögen.

Die Größenordnungen stellarer Entfernungen haben zweifellos zu der Skepsis beigetragen, mit der von Dänikens Ansichten aufgenommen worden sind. Wären die angeblichen Götter-Astronauten nämlich von einem Planeten in der Nähe von Alpha Centauri oder Tau Ceti gekommen, hätte ihre Raumreise Tausende und Abertausende von Jahren gedauert, was fast unvorstellbar ist. Außerdem lassen diese Größenordnungen die Aussichten für zukünftige interstellare Flüge von Menschen sehr düster und ungewiß erscheinen.

Trotzdem sind die Dinge wieder komplizierter, als sie auf den ersten Blick erscheinen. Die oben angeführten Berechnungen gehen von Geschwindigkeiten aus, die erheblich unter der Lichtgeschwindigkeit liegen. Wir haben von einem Raumschiff gesprochen, das Alpha Centauri mit 48 Sekundenkilometern anfliegt, während das Licht etwa 300 000 Kilometer in der Sekunde zurücklegt. Bei gewöhnlichen terrestrischen Geschwindigkeiten sind physikalische Werte additiv. Das bedeutet, einfach ausgedrückt: Fliege ich mit 885 km/h (der Reisegeschwindigkeit einer Boeing 747) von New York nach Chicago, kann ich damit rechnen, mein Reiseziel in ungefähr zwei Stunden zu erreichen, weil die Entfernung zwischen diesen beiden Städten rund 1600 Kilometer beträgt. Indem ich die Zahl der Entfernungskilometer durch die Stundenkilometer meines Flugzeugs dividiere, erhalte ich jedesmal die richtige Reisedauer, solange Windeinflüsse und andere Störungen unberücksichtigt bleiben oder vernachlässigt werden können.

Spreche ich von einem Flug mit 48 Sekundenkilometern zu Alpha Centauri, ist die Ausgangslage ähnlich: Ich teile die Gesamtstrecke durch die Reisegeschwindigkeit, das ist bereits alles. Aber sobald wir an Reisen mit 95% der Lichtgeschwindigkeit denken, sind unsere physikalischen Werte nicht mehr einfach additiv. Stellen wir uns beispielsweise einen Flug zu Alpha Centauri mit einer gleichmäßigen Beschleunigung von 1 g vor, wobei g die mittlere Erdbeschleunigung ausdrückt. Wie Berman feststellt, würden Raumfahrer diese Beschleunigung nicht als sonderlich unangenehm empfinden. Wir können sie bis zur Hälfte der Strecke zwischen der Sonne und unserem Ziel (einem um Alpha Centauri kreisenden Planeten) beibehalten; danach schalten wir auf eine Verzögerung von 1 g um. Unsere Höchstgeschwindigkeit würde 285 000 Sekundenkilometer oder 95% der Lichtgeschwindigkeit betragen. Zu unserer großen Überraschung würde der Hin- und Rückflug für uns an Bord des Raumschiffs nur 7,2 Jahre dauern. Aber nach unserer Rückkehr würden wir feststellen, daß auf der Erde inzwischen 12 Jahre vergangen wären. Wir wären also fast fünf Jahre jünger geworden!

Wir können uns auch Flüge zu entfernteren Sternen, zum Mittelpunkt der Galaxis (30 000 Lichtjahre von uns entfernt) und selbst zu Galaxien unserer lokalen Gruppe, z. B. zu Andromeda (M 31) vorstellen. Louis Berman hat geschätzt, daß der Hin- und Rückflug zum Mittelpunkt der Galaxis nur 40 Jahre dauern würde; bei stetiger Beschleunigung von 1 g läge die erreichte Höchstgeschwindigkeit bei 299 999,99 Sekundenkilometer, d. h. nur 0,0000005% unter der Lichtgeschwindigkeit.

Das eigentliche Problem entsteht jedoch durch das Phänomen der Zeitdehnung, das sich in diesem Fall als wahrhaft verblüffend erweisen würde, weil wir nach 40 Jahren Raumflug zum Mittelpunkt der Galaxis auf einer Erde landen würden, die inzwischen 50 000 Jahre älter wäre. Diese Tatsache ist nicht ohne weiteres verständlich. Wir haben es hier mit zwei völlig unterschiedlichen Zeitsystemen zu tun: dem der verhältnismäßig langsamen Erde und dem des beschleunigenden Raumschiffs. Die Relativitätstheorie, deren mathematische Grundlagen unterdessen durch Atomversuche bestätigt worden sind, zeigt uns, daß wir die Zeit nicht in rein Newtonschen Begriffen sehen dürfen. Die Zeit ist je nach Geschwindigkeit des betreffenden Körpers relativ.

Der französische Wissenschaftler Jean Charon hat jedoch Einwände gegen einige der angeblich unvermeidlichen Auswirkungen des Phänomens der Zeitdehnung erhoben – besonders gegen die Vorstellung, die Raumfahrer müßten bei ihrer Rückkehr unweigerlich eine wesentlich ältere Erde antreffen. In seinem ausgezeichneten Buch *Cosmology* führt Charon aus, ein Flug zu Andromeda (M 31), dem über 2 000 000 Lichtjahre entfernten Spiralnebel, würde nur zwei Jahre für eine Strecke und vier Jahre für beide dauern. Auch Charon nimmt dabei eine Beschleunigung von 1 g für jeweils die halbe Flugstrecke an. Aber er behauptet – und das ist heutzutage der große Streitpunkt –, die wagemutigen Astronauten würden bei ihrer Rückkehr auf einer Erde landen, die genau wie sie *vier* Jahre älter wäre. Charon plädiert für die Verformbarkeit der Zeit, die mit wachsender Geschwindigkeit zusammenschrumpft. Er behauptet auf Grund einwandfreier physikalischer und mathematischer Berechnungen sogar, daß bei Lichtgeschwindigkeit alle Entfernungen innerhalb des bekannten Universums auf Null reduziert werden: der Weltraum existiert dann nicht mehr, und wir wären bei dieser Geschwindigkeit überall gleichzeitig!

Charons Interpretation der Relativität regt zu Überlegungen an, die das Geheimnis des Kosmos sogar noch mehr betonen. Die Identifikation der Natur des Lichts mit der Möglichkeit, allgegenwärtig zu sein, ist fast unheimlich und jedenfalls verblüffend. Licht zu werden bedeutet, überall gleichzeitig zu sein, so daß jegliche Ortsveränderung überflüssig ist. Seltsamerweise ist gerade die Allgegenwärtigkeit eine der Gott immer zugeschriebenen Eigenschaften: Gott soll überall gleichzeitig sein. Außerdem werden Gott und Licht in mehreren kulturellen Überlieferungen in enge Verbindung gebracht, und Licht ist einer der ältesten Beinamen Gottes. So nannten die griechischen Orphiker beispielsweise den Urquell aller Dinge *Phanes,* ein von dem griechischen Wort *Phos,* Licht, abgeleiteter Name. Im *1. Buch Mose 1, 3* lesen wir, daß Gott zu Beginn der Schöpfung als erstes von Licht gesprochen hat: »Und Gott sprach: Es werde Licht!« Im Evangelium des Johannes hören wir, daß Jesus, der Sohn Gottes, sich als »das Licht der Welt« bezeichnet *(8, 12).*

Es ist möglich, daß diese Hinweise rein metaphorisch zu verstehen sind. Aber angesichts von Charons Analyse der Relativität wäre es vielleicht ganz nützlich, Nachforschungen anzustellen, ob bestimmte Völker des Altertums etwa durch später verlorengegangene Überlieferungen oder durch Intuition vom Wesen des Lichts und seiner kosmischen Allgegenwart gewußt haben.

Die Allgegenwart des Lichtes deutet außerdem auf die Tatsache hin, daß der Maßstab, mit dessen Hilfe wir das Universum aufgeteilt haben, nur ein Produkt menschlichen Erfindergeistes ist. Wie Kant 1781 gesagt hat, sind Raum und Zeit schließlich reine Formen von Intuition, die außerhalb des menschlichen Intellekts keinerlei Bedeutung haben. Sagen wir beispielsweise, daß Alpha Centauri 4,27 Lichtjahre entfernt ist, Beteigeuze 300, der Große Orionnebel (M 42) 550, der Mittelpunkt der Galaxis 30 000, die Galaxis Andromeda (M 31) 2 119 975 Lichtjahre und so weiter, bedeutet das nur, daß das Licht so viele Jahre mit 300 000 Sekundenkilometern unterwegs gewesen ist, bis es unser Auge erreicht hat. Aber diese Werte gelten nur für die speziellen Verhältnisse eines Beobachters auf der Erde; sie basieren auf der Tatsache, daß die Erde mit einer mittleren Geschwindigkeit von 29,79 Sekundenkilometern um die Sonne kreist. Hätte die Erde eine andere Geschwindigkeit, würden wir den Kosmos mit anderen Maßstäben messen.

Wie Schopenhauer richtig gesagt hat, ist die Welt nur meine Vorstellung, und alle menschlichen Begriffe, auch die physikalischen und mathematischen, sind geistige Hilfskonstruktionen, mit denen wir unsere Erfahrungen zu verdeutlichen versuchen. Deshalb sind Raumzeit und Erdzeit nicht miteinander identisch, und die Zeit alter oder zukünftiger Astronauten, von der wiederum ihre kosmischen Maßstäbe abhängen, braucht nicht mit unserer übereinzustimmen.

Man muß zugeben, daß wir uns in dieser Beziehung noch immer hauptsächlich auf Vermutungen verlassen. Aber physikalische Theorien weisen eine gewisse Tendenz zu überraschenden Bestätigungen auf, und man kann sich den Tag vorstellen, an dem etwas, das heute noch als wildes Phantasieprodukt gilt, endlich praktisch bewiesen wird. Die noch in den Kinderschuhen steckende Raumforschung wird unvorstellbare Horizonte erschließen und zu unglaublichen Abenteuern führen, an deren Ende vielleicht unvermutete kosmische Bindungen und Brücken stehen werden. Bis dahin können wir zumindest festhalten, daß die Raumfahrt bis in ferne Gebiete der Galaxis und des Universums keine physikalische Unmöglichkeit ist.

Daraus können wir logischerweise schließen, daß die Behauptung, die Götter-Astronauten könnten die Erde vor Jahrtausenden besucht haben und auch jetzt wieder an unserem Himmel erscheinen, keineswegs *physikalisch unmöglich* ist. Wie es in der Sage heißt, entspricht ein Göttertag tausend Menschenjahren, und im Neuen Testament erinnert der Apostel Petrus uns daran, daß tausend Jahre vor dem Herrn wie *ein* Tag sind. Vielleicht kehren die alten Götter eines Tages zurück, und wir brauchen nicht wie die unglücklichen und verlassenen Bewohner von Tanna noch länger zu warten.

Nun bleibt noch die Frage nach dem technisch Möglichen. Bis ausreichende Produktions- und Betriebsmethoden entwickelt worden sind, werden viele Dinge *a priori* für unmöglich gehalten. Dabei ist *a priori* technisch nichts unmöglich, solange es nicht gegen logische oder physikalische Grundsätze verstößt. Es stimmt, daß wir Richtung und Ausmaß unserer technischen Fähigkeiten zu keinem Zeitpunkt wirklich kennen, und die Futuristik ist ein Wissenschaftszweig, der nur wenige Jahre weit in die Zukunft sehen kann. Science-fiction-Schriftsteller erleben oft noch, wie ihre phantastischen Extrapolationen und Zukunftsvisionen aktuell und wirklich werden. Die technische Welt von heute ist die fiktive Welt von gestern und die primitive Welt von morgen. Unsere Vorfahren wären bestimmt verwirrt und erstaunt gewesen, wenn sie unsere gewöhnlichen technischen Geräte wie Telefone oder Fernseher zu Gesicht bekommen hätten.

Menschen, die mit 30 000 Stundenkilometern zum Mond fliegen, wären uns vor nur 20 Jahren als technische Unmöglichkeit erschienen. Heutzutage sind wir klüger. Was hindert uns also daran, unsere Gedanken in die Zukunft zu projizieren? Und können wir unter der Voraussetzung, daß die Zivilisation ein zyklischer Prozeß ist, nicht sagen, daß andere Lebewesen in ferner Vergangenheit, in der Vergangenheit, die mit Ausnahme vager Hinweise und Erinnerungen aus unserem Gedächtnis entschwunden ist, etwas erreicht haben können, das wir jetzt zu entwickeln beginnen? Weder logische, physikalische noch technische Gründe sprechen gegen diese Möglichkeit.

Wird dagegen eingewendet, solche Überlegungen seien nutzlos und müßig, es gebe vor unserer eigenen Haustür genügend Probleme, mit denen man sich sofort befassen müsse, und wir müßten stets im Rahmen des gegenwärtig Möglichen bleiben, kann man antworten, daß es eben Menschen mit unterschiedlichen Interessen geben muß. Aristoteles teilt sie in drei Gruppen ein: Menschen, die in einer durch und durch praktischen Welt leben und sich nur um die im Augenblick aktuellen Probleme kümmern; Menschen, die in öffentliche oder private politische Angelegenheiten verstrickt sind und deren einziges Lebensziel es ist, Ehre, Ruhm,

Reichtum und Macht zu erringen; und Menschen, die es vorziehen, sich in Gedanken zu versenken. Für sie ist das Leben eine ständig wechselnde Szenerie, in der nichts möglich oder unmöglich ist, bis wir es dazu machen. Sie sind die wahren Philosophen, die echten Wissenschaftler, die Übermenschen Nietzsches. In gewisser Beziehung sind sie die Sternenkinder. Vom moralischen Standpunkt aus ist es ratsam, diese drei Menschentypen nicht *vertikal*, sondern horizontal zu klassifizieren. Dabei ist keiner besser als die anderen, denn sie erfüllen alle notwendige Aufgaben innerhalb der Gesellschaft. Aber man vermutet unwillkürlich, daß der Denker für alle bisher gemachten Fortschritte verantwortlich gewesen ist. Praktiker und Politiker gibt es zu Zehntausenden, und ihre Namen werden in den meisten Fällen vergessen. Aber die *anderen* gibt es nur in beschränkter Anzahl, fast als Meisterwerke der Natur. Ihre Namen leben weiter und werden noch lange weiterleben – hier und im Himmel. Plato, Aristoteles, Hipparch, Ptolemäus, Kopernikus, Galilei, Kant, Herschel und die übrigen dieser Auserwählten haben ihre Namen in den Boden des Mondes und der Planeten geschrieben. Die Krater, Meere und Berggipfel des Mondes tragen ihre Namen. Sie haben von möglichen Welten, von Welteninseln und von Sonnenbewohnern geträumt, während ihre Zeitgenossen nur Sinn für das Alltagsgeschehen hatten. Die Theorie von den Götter-Astronauten ist zumindest ein weiteres Thema, von dem man träumen kann: Einigen von uns hat sie den Weg zu faszinierenden Spekulationen über unsere Herkunft, das Geheimnis des Universums und das Labyrinth der Menschheitsgeschichte gewiesen. Dieses sogenannte »intellektuelle Gift«, wie manche Kritiker es bezeichnet haben, hat jungen Menschen eine Welt von Fragen und Phantasien geöffnet, die der Menschheit ihre verlorengegangene Fähigkeit, sich zu wundern und sich verzaubern zu lassen, zurückgeben wird.

6

Die Entwicklung einer neuen Theorie

Wie lautet nun die Hypothese von den Götter-Astronauten genau und wie ist sie entstanden? Wie kann man sie vom wissenschaftlichen Standpunkt aus beurteilen? Die genaue Beschreibung einer so kontroversen Theorie verhindert, daß man ihr Bedeutungen und Inhalte zuschreibt, die sie einfach nicht aufweist. Ihre Bewertung hilft bei dem Versuch, sie in die von der Allgemeinheit eher akzeptierten Interpretationen der Menschheitsgeschichte einzuordnen. Die bisherigen Feststellungen sind selbstverständlich nur erklärender und begründender Natur gewesen. Die Überlegungen über das Geheimnis des Universums haben gezeigt, daß unsere Kenntnis der Realität äußerst beschränkt und bruchstückhaft ist. Was außerhalb unseres Gesichtsfeldes liegt, bleibt ein unlösbares Geheimnis. Die kurze Darstellung der Frage nach der Existenz außerirdischen intelligenten Lebens hat das Geheimnis unseres Seins nur betont, und die Anmerkungen zu den Religionen, Mythen und historischen Rätseln haben die Kompliziertheit unserer Vergangenheit nachdrücklich dargelegt. Der Möglichkeitsbegriff schließlich ist flexibel und wechselt ständig, so daß es hieße, die Lehren der letzten Jahrhunderte zu ignorieren, wenn man ihn als stabil betrachten wollte.

Der Ausdruck »Astroarchäologie«, der heutzutage oft mit von Dänikens Ideen in Verbindung gebracht wird, scheint ziemlich neu zu sein. Er ist gelegentlich in Zusammenhang mit wissenschaftlichen Untersuchungen der Kalender alter Völker gebraucht worden – besonders in den Fällen, in denen diese Kalender unmittelbar auf astronomischen Ereignissen basierten. Deshalb werden archäologische Untersuchungen von Stonehenge, dessen noch stehende Monumente jahreszeitliche Veränderungen anzuzeigen scheinen, als »astroarchäologische« Studien bezeichnet; das gleiche gilt für die Untersuchung der Markierungen auf der peruanischen

Nazca-Ebene. In meiner Besprechung von E. von Dänikens *Erinnerungen an die Zukunft* habe ich den Begriff »Astroarchäologie« einfach deshalb verwendet, weil seine Etymologie auf eine alte Verbindung zwischen den Sternen und menschlichen Zivilisationen hinweist. Nach 1972, dem Erscheinungsjahr meiner Besprechung, ist dieser Ausdruck allgemein als mit der Theorie von prähistorischen Besuchen in Verbindung stehend akzeptiert worden.

Aber ob nun dieser oder irgendein anderer Ausdruck verwendet wird, spielt eigentlich keine Rolle. Wichtig ist nur, was die Theorie besagt. Von meinem Standpunkt aus definiere ich die Astroarchäologie als die Masse wissenschaftlicher Aussagen, die auf der Hypothese beruhen, daß die Erde von Bewohnern anderer Planeten, wahrscheinlich aus Regionen außerhalb unseres Sonnensystems, besucht worden ist. Die Astroarchäologie hat deshalb nicht unbedingt etwas mit Theorien wie der »Panspermie« oder der Ansicht zu tun, wir würden gegenwärtig von unidentifizierten fliegenden Objekten besucht. Die Ende des 19. und Anfang des 20. Jahrhunderts sehr populäre Panspermie ist eine Hypothese, die davon ausgeht, daß Leben nicht etwa auf dem Boden eines Planeten entsteht, sondern daß Keime von anderen Planeten dorthin gelangen – vielleicht durch den von Sternen ausgehenden Lichtdruck. Danach würde das Leben auf keinem Planeten neu entstehen müssen, und die Vorstellung, es sei aus anorganischen Stoffen in einem für diesen Zweck geeigneten Urschlamm entstanden, wäre dann überflüssig. Diese interessante Idee wurde Ende des 19. Jahrhunderts von dem berühmten schwedischen Chemiker Svante Arrhenius vertreten, nachdem sie anscheinend bereits von einigen altgriechischen Philosophen akzeptiert worden war. Anaxagoras war einer von ihnen.

Obwohl die Vorstellung von einer ewigen und universellen

Lebensübertragung durch Mikroorganismen oder Sporen reizvoll ist, scheinen die gegenwärtig vorliegenden astronomischen Erkenntnisse zu zeigen, wie Carl Sagan in *Intelligent Life in the Universe* feststellt, daß die Wahrscheinlichkeit einer derartigen Panspermie sehr gering ist.

Bei den unidentifizierten fliegenden Objekten scheint es sich um ein echtes Problem zu handeln, das wesentlich ernster genommen werden sollte als bisher. Es ist unwahrscheinlich, daß so viele Berichte und Erzählungen auf bloßen optischen Illusionen oder Verwechslungen beruhen können. Aber so wichtig dieser Komplex auch ist, darf er nicht mit der Astroarchäologie vermengt werden, die wiederum nichts mit der Panspermie zu tun hat. Trotzdem ist es eine Tatsache, daß Menschen, die sich für die Frage nach extraterrestrischem Leben oder das Problem der allgemein als fliegende Untertassen bekannten unidentifizierten fliegenden Objekte interessieren, sich manchmal auch zur Astroarchäologie hingezogen fühlen. Die Ergebnisse sind gelegentlich fruchtbar, gelegentlich sehr schädlich gewesen.

Außerdem muß festgestellt werden, daß astroarchäologische Probleme *in keiner Weise* direkt etwas mit bestimmten fundamentalen philosophischen und religiösen Fragen wie nach der Existenz Gottes zu tun haben. Die Überzeugung, daß wir in früheren Zeiten von Astronauten besucht worden sind und daß einige unserer eigenen religiösen und kulturellen Traditionen ihren Ursprung in diesen kosmischen Kontakten gehabt haben, bedeutet nicht, die Existenz eines gütigen, fürsorglichen und allmächtigen Gottes zu leugnen. Vielleicht existiert Gott doch, und wir können uns jederzeit vorstellen, diese alten Astronauten hätten ihren eigenen weiterentwikkelten Gottbegriff gehabt. Wie bei der natürlichen Evolution muß man sich darüber im klaren sein, daß eine wissenschaftliche Betrachtungsweise wie die der Astroarchäologie grundlegende religiöse und philosophische Probleme nicht berührt. Ich habe Wissenschaftler kennengelernt, die davon überzeugt sind, daß der Prophet Hesekiel von außerirdischen Lebewesen besucht worden ist, und die trotzdem ehrlich und aufrichtig an jenes universale Wesen glauben, von dem der Apostel Paulus an die Römer schreibt: »Von ihm und durch ihn und zu ihm sind alle Dinge« *(Römer 11, 36)*. Andere Astroarchäologen glauben nicht an Gott, aber das hat in Wirklichkeit nichts mit ihren wissenschaftlichen Ansichten zu tun.

Und trotzdem ist unbestreitbar, daß die Theorie von prähistorischen Besuchen sich gravierend auf die selbstverständliche Anerkennung religiöser Dogmen auswirken muß. Wie der amerikanische Philosoph P. S. Schievella 1975 in Zürich auf der 2. Weltkonferenz über Götter-Astronauten festgestellt hat, werden religiöse Überlieferungen grundlegend revidiert werden müssen, sobald die Realität kosmischer Kontakte nachgewiesen ist. Einige dieser Revisionen machen sich schon jetzt bemerkbar. Bekannte Theologen wie Barry Downing erklären viele Bibelstellen unter Berücksichtigung der Theorie von den Götter-Astronauten. In seinem überzeugenden Buch *The Bible and Flying Saucers* spricht Downing sich gegen rein metaphorische und allegorische Bibelauslegungen aus, die er durch eine naturalistischere und physikalischere Betrachtungsweise ersetzen will. Das Wort »Himmel« ist nach Downings Ansicht nur ein Synonym für »Weltraum«. Die Frage nach der Existenz Gottes spielt bei diesen Dingen keine Rolle, was nur beweist, daß alle diejenigen, die die Astroarchäologie im Namen des Glaubens in Bann getan haben, nicht begriffen haben, wie kompliziert das Problem in Wirklichkeit ist.

Astroarchöologen behaupten nur, daß extraterrestrische intelligente Lebewesen unseren Planeten besucht haben. Sie sind hier gewesen und haben die Menschheit in einem frühen

Entwicklungsstadium angetroffen. Da unsere Vorfahren jedoch vermutlich noch primitiv und ungebildet waren, müssen ihnen die Besucher aus dem All als übermenschliche, gottähnliche Superwesen vorgekommen sein – oder tatsächlich als Götter. Wie auf Tanna wurde den Besuchern deshalb eine ganze Anzahl übermenschlicher Eigenschaften zugeschrieben, von denen einige wahr, die anderen jedoch fiktiv und illusionär waren. Der Kontakt zwischen Menschen und Außerirdischen kann intensiv und lang gewesen sein, und wir können vermuten, daß die Besucher alle möglichen Anstrengungen unternommen haben, um das Wesen der Menschen zu beeinflussen und zu formen. Manche Astroarchäologen sprechen sogar von genetischen Manipulationen und geschlechtlichen Bindungen, obwohl diese Ideen, so interessant sie auch sein mögen, höchst spekulativ bleiben. Der amerikanische Autor Max Flindt vertritt solche Ansichten beispielsweise in seinem Buch *Mankind – Child of the Stars.* Darin wird behauptet, der Mensch sei das Endprodukt genetischer Beeinflussung, für die es angeblich eine Vielzahl von anatomischen Beweisen gibt. Andere Autoren gehen sogar so weit, die Existenz verschiedener Menschenrassen auf *verschiedene* Besuche aus dem Kosmos zurückzuführen. Aber obwohl alle diese Ideen interessant und vielleicht auch richtig sind, muß dabei berücksichtigt werden, daß sie Erweiterungen des zentralen Themas der Astroarchäologie sind und daß ihre empirische Basis zumindest vorläufig noch sehr schmal ist.

Außerdem wird behauptet – dies übrigens von den meisten Astroarchäologen –, daß der geheime Ursprung alter Mythen, Religionen und Kulturen zumindest teilweise auf kosmische Kontakte zurückzuführen sei. Im Laufe der Zeit, nach einem langen Leidensweg der Menschheit und lange nach dem Abflug oder dem Verschwinden der Besucher wurde die Erinnerung an diese Begegnung ungenau und verzerrt. Das

Fehlen definitiver und permanenter Aufzeichnungen und die unkritische Einstellung primitiver Völker waren für diesen Prozeß verantwortlich, durch den Erinnerungen verändert und entstellt wurden. Mythen, Legenden und blinder Glaube traten an die Stelle von immer lückenhafterem Tatsachenwissen, bis Jahrtausende später kaum noch eine Erinnerung an die ursprünglichen Ereignisse verblieben war. Der Fall John Frum und der seiner Anhänger auf Tanna ist wie kein anderer geeignet, diese Folge von Ereignissen zu demonstrieren.

Sobald der technologische und wissenschaftliche Fortschritt der Menschheit jedoch den Punkt erreicht, an dem die Raumforschung technisch möglich wird, während sich andererseits eine umfassendere und weniger geozentrische Betrachtungsweise des Universums durchsetzt, findet eine Art Wiedererwachen menschlicher Erinnerungen statt. Dann fangen wir an, uns zu erinnern. Unsere natürliche Neugier veranlaßt einige von uns dazu, an archäologischen Fundorten nach physischen Überresten kosmischer Kontakte zu suchen, und für alte Dokumente werden neue Interpretationen erarbeitet. Religiöse und mythische Symbole werden neuen Überprüfungen unterworfen, und eine neue Theorie bildet sich heraus. Historische Kontroversen, die als längst abgeschlossene Geschichtskapitel galten, flammen erneut auf, und die Suche nach verschollenen Kontinenten und Zivilisationen wird enthusiastisch begonnen. Eine Neubewertung der akzeptierten Evolutionstheorien wird trotz der starren Haltung bestimmter wissenschaftlicher Kreise nötig. Und schließlich spielen die Sterne wieder wie früher eine beherrschende Rolle in der menschlichen Existenz: Projekte zur Erforschung der Galaxis und des beobachtbaren Universums werden in Gang gesetzt, Radio- und Radarteleskope horchen ins All hinaus, um vielleicht irgendeine Botschaft aufzufangen, und der Mensch stürzt sich selbst in die dunklen Tiefen des Weltraumes. Ein neues Zeitalter beginnt.

Alle diese Anzeichen sind jetzt überall sichtbar, und man braucht nicht viel Intelligenz und Spürsinn, um sie inmitten des lärmenden Alltagsgetriebes zu entdecken. Selbst die Wiedererweckung der Astrologie weist in diese Richtung – und die Tatsache, daß Papst Paul VI. eine schlaflose Nacht verbracht hat, weil er hoffte, durch ein Fernglas das Kopplungsmanöver zwischen Sojus und Apollo in 250 Kilometer Höhe über der Erde beobachten zu können. Manche sind über diese Entwicklung besorgt und fordern, der Ausbreitung dieser neuen Geisteshaltung – besonders wenn sie in Form von Erich von Dänikens Ideen auftritt – entgegenzuwirken. Andere bleiben zukünftigen Möglichkeiten gegenüber aufgeschlossen und interessieren sich dafür, was die Astroarchäologie ihnen zu bieten hat. Universitätsstudenten sind rasch von den neuen Entwicklungen fasziniert, und der Name von Däniken wird in ihren Kreisen überall genannt. Sogar zeitgenössische Philosophen, die oft keinen Sinn für wirklich relevante Tagesfragen haben, beginnen über außerirdische Lebewesen zu sprechen. Interessant ist in diesem Zusammenhang, daß Dr. L. Beck, der Präsident der American Philosophical Association, über eben dieses Thema gesprochen hat, als er 1972 in Boston sein Amt übernommen hat. Das ist in der Tat ein ermutigendes Zeichen, denn die Philosophen sind wieder am Werk, wie Peter Singer festgestellt hat, und sollten ihre Aufgabe nie aus den Augen verlieren: die Untersuchung von für die Situation der Menschheit wichtigen und relevanten Fragen[1].

Unsere Zeit, die von einigen populären Schriftstellern als »Zeitalter des Wassermannes« bezeichnet worden ist, stellt möglicherweise ein gewisses Reifestadium der Menschheit dar. Die Astroarchäologie hat dabei eine wichtige Rolle zu spielen; sie ist keineswegs ein schändliches und tödliches Geistesgift, wie manchmal behauptet worden ist, sondern könnte sich gut als weit offenes Tor in eine kosmische Zukunft erweisen, in der eine Brücke zu den Sternen Wirklichkeit wird. Die Tatsache, daß einige Wissenschaftler sie mit Entsetzen, Mißtrauen und sogar Zorn begrüßt haben, darf uns nicht stören. Für bestimmte Wissenschaftler steht mit den allgemein akzeptierten Ansichten und Interpretationen zuviel auf dem Spiel, als daß sie sich grundlegende Änderungen vorstellen oder sie gar annehmen könnten. In früheren Zeiten hatten diese Kreise Inquisitionstribunale zur Verfügung, durch die sie Häretiker und Visionäre zum Tode verurteilen lassen konnten. 399 v. Chr. zwangen sie Sokrates dazu, Gift zu trinken und dadurch Selbstmord zu verüben. 1600 ließen sie Giordano Bruno, einen der wißbegierigsten und brillantesten Forscher aller Zeiten, hinrichten und setzten zugleich Galilei auf unwürdige Weise zu, bis er seine Ansichten widerrief. Heutzutage, wo im allgemeinen nur noch Kriminelle und politische Gegner hingerichtet werden, verzichtet man auf so brutale Abwehrmaßnahmen. Die Schlagzeile *Im 17. Jahrhundert wären wir alle verbrannt worden,* mit der eine deutsche Zeitung über die Züricher Konferenz berichtete, ist sachlich richtig, aber diese unseligen Zeiten gehören der Vergangenheit an. Jetzt weichen die Starrsinnigen unter den Wissenschaftlern jedoch auf subtilere Unterdrückungsmethoden aus: auf Spott und persönliche Verunglimpfungen, die – wie John Stuart Mill in seinem Essay *On Liberty* erläutert hat – manchmal so wirksam wie Schafotte und Inquisitionstribunale sind[2].

Aber in Wissenschaftlerkreisen findet man auch tolerante und intelligente Menschen, die sich darüber im klaren sind, wie lückenhaft alles menschliche Wissen notwendigerweise sein muß. Diese Wissenschaftler fördern stillschweigend oder offen andere ungewöhnliche Möglichkeiten intellektuellen Wachstums, die oft als absurd gelten. Ein bekannter amerikanischer Historiker erzählte mir kürzlich, sein Interesse für Präkognition und extrasensorische Perzeption sei in akademischen Kreisen auf starken Widerstand gestoßen. Diesem Gelehrten war erklärt worden, für einen Historiker schicke es sich nicht, sich mit solchen Dingen zu befassen. Aber es gibt viele andere wie ihn, die demütig die Wahrheit suchen, wie Thomas Huxley es ausgedrückt hat.

Wenn es den Befürwortern der Astroarchäologie gelingt, mit den aufgeschlosseneren Naturwissenschaftlern und Philosophen zusammenzuarbeiten, und wenn sie bereit sind, die Grenzen ihrer Hypothese zuzugeben, kann in der Tat viel erreicht werden, was zu einer Integration der Wissenschaften beiträgt.

Die zentrale These der Astroarchäologie setzt kosmische Begegnungen voraus. Weitere Hilfshypothesen sind bereits in der Hoffnung entwickelt worden, sie könnten dazu beitragen, diese Kernfrage zu klären. Zu befürchten ist jedoch, daß manche von ihnen mehr schaden als nützen, weil dazu auch einige ziemlich extravagante Spekulationen gehören, mit denen man sich nur schwer identifizieren kann. Wie wir gehört haben, gibt es Leute, die die Existenz verschiedener menschlicher Rassen mit Besuchen von verschiedenen Planeten erklären wollen, während andere über die Motive und Absichten der prähistorischen Astronauten, die genauen Zeitpunkte ihrer Besuche und die wahre Herkunft dieser geheimnisvollen Wesen sprechen. Mir ist selbst erzählt worden, sie stammten ganz sicher von den Plejaden, einer 430 Lichtjahre weit entfernten Gruppe von sieben Sternen in der Nähe des Sternbildes Stier. Die Literatur über diese höchst spekulativen Thesen ist sehr reichhaltig, und sie werden gelegentlich als bewiesene Tatsachen hingestellt. Nach dem heutigen Stand sind solche Behauptungen jedoch ganz und gar ungerechtfertigt, und die Wissenschaftler, die sie als unwissenschaftlich bezeichnen, haben vielleicht recht. Aber auch das ist noch kein Grund, die Autoren solcher Thesen zu verspotten oder zu verbannen.

In Wirklichkeit wissen wir nicht, wann, wie und warum die alten Götter unserer Vorfahren unseren unbedeutenden Planeten besucht haben, und solange man diese Fragen nicht beantworten kann, sollte man die sokratische Unwissenheit imitieren, für die Sokrates in den Tod gegangen ist. Außerdem wissen wir nicht einmal ganz sicher, ob die Götter gekommen sind. Wir kennen einige deutliche Hinweise, die dafür sprechen – aber das ist auch schon alles. Ihre angeblichen Besuche sollten als eine bedeutsame, mögliche und vielleicht sehr wahrscheinliche Hypothese herausgestellt werden, mit deren Hilfe sich einige bisher unerklärliche Tatsachen erklären lassen. Sobald darüber Einigkeit besteht, können wir mit der notwendigen empirischen Forschungsarbeit beginnen, bei der wir stets bereit sein müssen, die ursprüngliche Hypothese auf der Basis späterer Erkenntnisse zu revidieren oder zu verwerfen. Wird die Astroarchäologie auf diese Weise wahrhaft wissenschaftlich aufgefaßt, wofür ich 1974 vor der Ancient Astronaut Society in Chicago und 1975 in Zürich plädiert habe, wird die enthusiastische Mitarbeit interessierter Philosophen und Naturwissenschaftler nicht lange auf sich warten lassen. Dann wird sich auch die feindselige Atmosphäre, die bisher noch herrscht, in frischer Luft verflüchtigen.

Das wahrscheinlich einflußreichste Werk über Astroarchäologie ist in den letzten Jahren Erich von Dänikens *Erinnerungen an die Zukunft* gewesen. Dieses Buch ist das erste weitverbreitete Werk zu diesem Thema. Bisher sind von allen Büchern Erich von Dänikens über 34 Millionen Exemplare verkauft worden. Es hat einige Diskussionen darüber gegeben, ob Robert Charroux in *Phantastische Ver-*

gangenheit die Ideen von Dänikens vorweggenommen hat[3]. Charroux, der selbst ein hervorragender Schriftsteller ist, soll in diesem Zusammenhang geäußert haben:

»Obwohl ein gewisser skrupelloser Autor, der sich die Idee (von prähistorischen außerirdischen Besuchern) angeeignet hat, diese kosmischen Reisenden gern ›meine Götter‹ nennt, habe ich lange vor ihm über sie geschrieben.«[4]

Von Däniken hat den hier anklingenden Vorwurf berechtigterweise zurückgewiesen. Aber auf diesem Gebiet kommt es nicht darauf an, wer die Idee als erster gehabt hat, sondern wer sie wirkungsvoller verbreitet hat. Wir wissen beispielsweise, daß Galilei nicht der Erfinder des Teleskops war; aber wir wissen, daß er es als erster in großem Umfang benützt hat. Alles andere ist unwichtig.

Außerdem steht fest, daß es lange vor dem Erscheinen von *Phantastische Vergangenheit* und *Erinnerungen an die Zukunft* Versuche gegeben hat, die Astroarchäologie als bedeutsame erklärende Hypothese darzustellen. Es ist leicht, eine lange Liste von Buchtiteln und Verfassern vorzulegen, die ausdrücklich von prähistorischen Astronauten sprechen. In den fünfziger Jahren sind beispielsweise Bücher wie *The Sky People* und *The Temple of the Gods* von B. L. Trench, *Gods and Spacemen* und *Ancient Secrets of Mysterious America* von R. Drake und andere erschienen. In den sechziger Jahren war die Zahl solcher Veröffentlichungen noch größer.

Dabei ist jedoch zu berücksichtigen, daß diese ersten Arbeiten im allgemeinen als interessante Phantasieprodukte galten und nur einem kleinen Leserkreis bekannt waren. Philip H. Abelson hat in *Science* (Juni 1974) auf den seiner Meinung nach glücklichen Umstand hingewiesen, daß diese frühen Bücher über Astroarchäologie ohne Ausnahme als Science-fiction galten. Abelson scheint die ernsthafte und akademische Arbeit des russischen Wissenschaftlers M. Agrest nicht gekannt zu haben, der 1959 von Besuchen aus dem Kosmos sprach, um auf diese Weise bestimmte Bibelstellen wie die Vernichtung von Sodom und Gomorra zu erklären. Agrest, ein ausgezeichneter Ethnologe, ist alles andere als ein Science-fiction-Schriftsteller. Carl Sagan, der von Dänikens Ideen eher skeptisch beurteilt, hat 1966 in *Intelligent Life in the Universe* über Agrests Hypothesen geschrieben, sie seien »völlig vernünftig und sorgfältiger Analyse wert«.

Von Dänikens großes Verdienst liegt deshalb nicht so sehr in seiner Originalität – eine Tatsache, die er als intelligenter und ehrlicher Mann bereitwillig zugibt –, sondern darin, daß er eine neue Ära voller Diskussionen und Kontroversen eingeleitet hat.

Auf *Erinnerungen an die Zukunft* folgte ein zweites Buch von Erich von Däniken: *Zurück zu den Sternen.* Beide wurden fast augenblicklich zu Bestsellern, was zum Teil auf ihren klaren und attraktiven Stil, zum Teil auf ihre wahrhaft faszinierenden Themen und zum Teil auf das durch die erste Mondlandung am 20. Juli 1969 geweckte Interesse für Raumfahrtfragen zurückzuführen war. Von Däniken hat seine beiden ersten Bücher als *nicht wissenschaftlich* bezeichnet[5], womit er vermutlich sagen wollte, sie seien nicht in dem Stil geschrieben, den man oft mit wissenschaftlichen Monographien in Verbindung bringt. »Sie bieten«, sagt er, »eine neue Alternative zu der anerkannten wissenschaftlichen Denkweise.«[6] Sie sollen Erklärungsmöglichkeiten bieten, die nicht allgemein von Wissenschaftlern anerkannt werden. *»Erinnerungen an die Zukunft«,* stellt er fest, »ist ein sehr provozierendes, ein sehr explosives Buch mit vielen Fragen. Wir haben darin 238 Fragen.«[7] Damit hat er meiner Ansicht nach völlig recht: Das Buch ist tatsächlich explosiv, besonders für Leser, die noch nie an kosmische Kontakte gedacht hatten – was übrigens bei mir der Fall war, wie ich gestehen muß.

Interessant ist auch die Feststellung, daß von Däniken später erklärt hat, einige dieser 238 Fragen seien schon lange vor dem Erscheinen von *Erinnerungen an die Zukunft* von Archäologen beantwortet und zufriedenstellend gelöst worden. Er hatte offenbar nicht alle einschlägigen Informationen berücksichtigt und wußte nichts von diesen Antworten. Indem er diese Mängel zugab, verschaffte er seinen Kritikern einen bedeutsamen Vorteil. Wenn seine Methode in bezug auf *diese schon beantworteten Fragen* mangelhaft und ungenau war, konnten sie argumentieren, muß sie auch in allen anderen Beziehungen mangelhaft sein, was praktisch bedeutete, daß das ganze Buch als Unsinn oder bestenfalls als Science-fiction-Roman abqualifiziert wurde. Aber diese Argumentation unterscheidet sich nicht von dem Versuch, aus der offenbar unsinnigen Behauptung des Aristoteles, Frauen hätten weniger Zähne als Männer, den Schluß zu ziehen, dann müßten auch seine übrigen empirischen Aussagen falsch sein. Hier sieht man bei den Kritikern einen logischen Fehlschluß und bei von Däniken das mutige Eingeständnis, teilweise nachlässig recherchiert zu haben.

Zurück zu den Sternen ist nach von Dänikens Ansicht »besser und tiefer« als *Erinnerungen an die Zukunft,* obwohl ich keinen Grund für diese Wertung habe erkennen können. Nach diesen beiden Büchern sind einige weitere erschienen, von denen ich nur *Aussaat und Kosmos* erwähnen will, in dem einige der alten Themen wiederholt und mit neuen Theorien verknüpft werden. Dazu kommt sein bisher letztes Buch *Erscheinungen,* in dem das ganze Phänomen religiöser Erlebnisse historisch erklärt wird – natürlich stets vom Standpunkt der Astroarchäologie aus. Ich vermute, daß dieses Buch über Wunder die meisten Kontroversen und Diskussionen auslösen wird. Die Verfechter traditioneller religiöser Ansichten werden es wahrscheinlich für ärgerniserregend und nicht gelehrt genug halten. Aber ihre Behauptungen werden sich im Laufe der Zeit als nicht stichhaltig erweisen, und wir können aus der astroarchäologischen Betrachtungsweise von Wundern viel lernen.

Von Dänikens Gesamtwerk hat einen sehr imponierenden Umfang erreicht. Dazu kommen eine charismatische und freundliche Persönlichkeit und ein hellwacher Verstand. Seine Kritiker haben seine Ideen oft als blanken Unsinn abgetan – und das schon von Anfang an.

Diese Bücher enthalten eine Reihe von Fragen, die sich leicht mit irdischeren Problemlösungen beantworten lassen, aber andererseits auch zahlreiche Probleme und Fragen bringen, die mit orthodoxen Mitteln nicht befriedigend zu lösen waren und die von Däniken bisher am besten erklärt. Dieser Faktor verleiht seinen Ideen große logische Überzeugungskraft.

Nach der Explosion von *Erinnerungen an die Zukunft* war die Öffentlichkeit für weitere astroarchäologische Entwicklungen aufnahmebereit. In den USA wurde 1973 eine Fernsehserie mit dem Titel »In Search of Ancient Astronauts« von einem großen Publikum begeistert aufgenommen. Danach folgte ein hervorragend gemachter Film – eine Art Dokumentarfilm – über prähistorische Astronauten, der ebenfalls begeisterte Aufnahme fand. Gegenwärtig laufen die Vorarbeiten für einen zweiten derartigen Film.

Die Bibliographie von Veröffentlichungen über Astroarchäologie, die im jetzigen Jahrzehnt erschienen sind, ist unglaublich lang. Darunter befinden sich naturgemäß einige, die ernsthaft und vorsichtig sind, andere, die extrem und fast extravagant wirken, manche, die gerade genug sagen, wieder andere, die zuviel behaupten, und so weiter.

Eines der seriösesten Bücher über dieses Thema ist Josef Blumrichs *Da tat sich der Himmel auf*, das äußerst sorgfältig geschrieben und auch wissenschaftlich einwandfrei fundiert ist. Das ursprünglich in Deutschland erschienene Buch erinnert an die Überlegungen des Russen Agrest, weil es ebenfalls auf einer Bibelstelle basiert und weil sein Verfasser wie Agrest ein anerkannter Wissenschaftler ist.

Josef Blumrich, ein hochgebildeter Mann, war bei der NASA Leiter der Systemplanung. In dieser Eigenschaft war er selbstverständlich mit allen Fragen und Problemen der Raumforschung vertraut. Seine Ausbildung hat bestimmt nicht dazu beigetragen, ihn für die Astroarchäologie zu begeistern. Und trotzdem war es merkwürdigerweise gerade seine empirische und technische Ausbildung als Raumfahrtingenieur, die ihn ähnliche Überlegungen wie von Däniken anstellen ließ. Wie er privat und in der Öffentlichkeit zugegeben hat, hat er sich zunächst ähnlich wie ich nur widerstrebend und skeptisch mit der Theorie der Götter-Astronauten befaßt. Seine endgültigen Schlußfolgerungen waren jedoch überraschend positiv. Mit dem fachmännischen Blick eines Raumfahrtingenieurs und dem scharfen Verstand eines hervorragenden Wissenschaftlers analysierte Blumrich bestimmte Stellen aus dem alttestamentarischen Buch Hesekiel und kam zu dem Schluß, der Prophet Hesekiel habe in Wirklichkeit nur die Landung eines Raumschiffes gesehen. Hier sollen Blumrichs Behauptungen nicht bewertet werden. Es kann aber gesagt werden, daß sie Hesekiels geheimnisvolle Erlebnisse wesentlich besser erklären als alle bisherigen jüdischen und christlichen Ausdeutungen.

Im Januar 1973 war Gene Phillips, Rechtsanwalt in Chicago, auf die Idee gekommen, eine Vereinigung zum Studium der Astroarchäologie zu gründen. Phillips ist ein sehr gebildeter Mann mit unersättlicher intellektueller Neugier. Im April 1974 berief die Gesellschaft die 1. Weltkonferenz über Alte Astronauten ein. Da ich eine der ersten Besprechungen über

Erinnerungen an die Zukunft geschrieben hatte, wurde ich eingeladen, einen Vortrag über die philosophische Bewertung der Astroarchäologie zu halten. In diesem Vortrag definierte ich die Bedeutung des Begriffs Astroarchäologie und wies auf einige der Hauptschwierigkeiten hin, die sie zu überwinden haben wird. Mein Vortrag war etwas skeptisch, ausreichend kritisch und ganz allgemein wohlwollend. Ich forderte die Mitglieder der Gesellschaft – darunter auch von Däniken und Blumrich – bei dieser Gelegenheit auf, sich des hypothetischen Charakters der Astroarchäologie bewußt zu sein, auf akademische Archäologen und Historiker zu hören, die logische Klarheit der Theorie von den Götter-Astronauten zu betonen und eingehende empirische Untersuchungen zu fördern.

Ich muß erwähnen, daß meine akademischen Kollegen unterschiedlich auf meine Teilnahme an dieser Konferenz in Chicago reagiert haben. Es gab natürlich einige, denen von Dänikens Ideen nicht ganz geheuer waren und die fanden, ein Philosoph habe dort nichts zu suchen gehabt. Ihrer Ansicht nach war die Astroarchäologie, von der sie nur sehr wenig wußten, etwas für Amateure und Fanatiker. Die konservative Einstellung dieser Akademiker engte ihr Blickfeld ein.

Aber es gab natürlich auch andere, die anders reagierten. Es ist nicht schwer, praktisch überall Menschen zu finden, die nicht davor zurückschrecken, ein Risiko, vielleicht sogar ein gefährliches Risiko einzugehen, und die nicht ihr Leben lang mit dem zufrieden sind, was sie während ihrer Studienzeit gelernt haben. Einige dieser Leute hielten meine Teilnahme an der Chicagoer Konferenz für eine aufregende Sache und stellten mir Material zur Verfügung, das mir damals sehr nützlich war. Ich diskutierte mit einigen von ihnen und entdeckte dabei, daß viele von Dänikens und Blumrichs Bücher bereits kannten. Offenbar waren nicht nur meine

Studenten über solche Dinge informiert. Ich erkannte bald, daß es nicht sämtlichen Wissenschaftlern darum zu tun war, wirkungsvolle Gegenmittel gegen die Astroarchäologie zu entwickeln. Und ich erfuhr auch, daß einige meiner Kollegen sich privat bereits mit astroarchäologischen Problemen beschäftigten und daß verschiedene Seminare sich ernsthaft mit von Dänikens Ideen befaßten.

Nachdem diese in Nietzsches Geist handelnden Freidenker mich mit Rat und Tat unterstützt hatten, nahm ich an der Konferenz in Chicago teil und konnte einen Beitrag leisten, der als wesentlich und ausgleichend beurteilt wurde.

Im Mai 1975 wurde eine zweite Konferenz einberufen – diesmal in Zürich. Den über 300 Konferenzteilnehmern wurden mehrere Ausarbeitungen vorgelegt. In meinem eigenen Vortrag ging ich erneut auf das Problem des logischen Status der Theorie von den alten Astronauten ein. Form und Inhalt der in Zürich diskutierten Ideen waren allgemein höchst wissenschaftlich, und die vielen Berichte europäischer Zeitungen schilderten den Verlauf der Konferenz wohlwollend und zutreffend. Die amerikanische Presse, die von Dänikens Person und Ideen ungewöhnlich kritisch gegenübersteht, brachte dagegen Besprechungen, die meiner Ansicht nach mit gutem Journalismus unvereinbar sind. Ein führendes amerikanisches Nachrichtenmagazin stellte mich sogar als einen Gegner Erich von Dänikens hin. Es zitierte meine Äußerung, die Astroarchäologie wirke »wie etwas aus einem Science-fiction-Roman«, vergaß jedoch zu erwähnen, daß ich festgestellt hatte, zwischen Anschein und Wirklichkeit bestehe in diesem Fall ein großer Unterschied. Dieses Magazin, eines der bekanntesten der Welt, gab weiterhin meine Äußerung wieder, nach der »wir keinen einzigen unwiderlegbaren Beweis gefunden haben«. Dabei unterschlug es die Tatsache, daß die empirischen Grundlagen aller wissenschaftlichen *Theorien* unbewiesen sind, denn sonst wären diese Theorien keine Theorien, sondern Fakten. Es machte seine Leser auch auf die angeblichen strafbaren Handlungen Erich von Dänikens aufmerksam, als seien sie eine bewiesene Tatsache (was sie nicht sind) und hätten etwas mit Wert oder Unwert seiner astroarchäologischen Ansichten zu tun. Hier sehen wir einen Fall von schlechter und tendenziöser Berichterstattung, wie wir sie täglich erleben und die das Produkt böswilliger oder unzureichend informierter Reporter ist.

Die Ancient Astronaut Society, die Veranstalterin der Konferenzen in Chicago und Zürich, gibt auch ein Journal heraus und organisiert archäologische Expeditionen zur Erforschung der Möglichkeiten prähistorischer Besuche aus dem All. Ich halte diese Aktivitäten für gesund und anregend. Ich bin davon überzeugt, daß die bisher gesammelten empirischen Beweise spärlich und anfechtbar sind. Aber wie Darwin in bezug auf die Evolutionstheorie gesagt hat, gibt es für viele wichtige wissenschaftliche Erkenntnisse anfangs »kaum direkte Beweise«.

Die Eigenart naturwissenschaftlicher und philosophischer Fortentwicklung bringt es mit sich, daß wichtige Fragen stets umstritten waren und sein werden. Das wirkt sich jedoch keineswegs als ernster Nachteil für neue Theorien aus. Inmitten solcher Kontroversen und Debatten werden Ideen entwickelt und verteidigt, manchmal aufgegeben und ein andermal revidiert. Und es ist stets ein schwerer Fehler, damit zu beginnen, daß man etwas, mit dem man nicht vertraut ist, unter Hinweis auf die angebliche Unfehlbarkeit bestimmter akzeptierter Dogmen angreift. Keiner ist unfehlbar, und niemand kann sich rühmen, das Rätsel unserer Existenz gelöst zu haben. Philosophen und Naturwissenschaftler sind sich darüber im klaren, selbst wenn manche ihrer in der

Öffentlichkeit gemachten Äußerungen den Eindruck erwekken, als dächten sie anders. Was die Astroarchäologie betrifft, scheinen tatsächlich immer mehr Wissenschaftler bereit zu sein, sich mit der Hypothese zu befassen, auf der sie basiert: daß es einst eine Verbindung zwischen außerirdischen intelligenten Lebewesen und der Menschheit gegeben hat.

Die Astroarchäologie, die erst beginnt, Lösungsmöglichkeiten für zahlreiche alte Rätsel aufzuzeigen, kann uns ganz sicher viele wichtige Hinweise geben. Dabei kommt es jedoch vor allem darauf an, streng methodisch vorzugehen und alle Kommunikationsmöglichkeiten zu nutzen. Es sollte zu einem fruchtbaren Dialog zwischen den verschiedensten und unterschiedlichsten wissenschaftlichen Disziplinen wie Archäologie, Geschichtswissenschaften, Linguistik, Theologie, Astronomie und Raumfahrttechnik kommen. Dieser Dialog würde sich bestimmt als sehr lohnend erweisen, selbst wenn die Astroarchäologie eines Tages als brauchbare wissenschaftliche Hypothese aufgegeben werden müßte.

Unabhängig davon, ob es später nötig sein wird, sie aufzugeben, können wir uns darauf verlassen, daß die jetzigen Angriffe auf diese Theorie, die auf Befangenheit und Vorurteilen beruhen und allgemein das Ergebnis einer weitverbreiteten Ignoranz sind, sich als vorschnell und unklug erweisen werden. Das Entstehen der Astroarchäologie ist von bestimmten respektierten wissenschaftlichen Kreisen und in einer Anzahl von Zeitungen mit einer Flut persönlicher Anschuldigungen gegen diesen oder jenen Autor quittiert worden. Einige dieser Anschuldigungen könnten meiner Ansicht nach aus der elendesten Klatschspalte des schlimmsten Revolverblattes stammen. Ob sie auf Tatsachen beruhen oder nicht, ist in diesem Zusammenhang irrelevant.

Falls Astroarchäologen – vermutlich aus Übereifer – Fehler gemacht haben, wäre es angebracht, sie geziemend darauf hinzuweisen – mit dem Einfühlungsvermögen, der Objektivität und dem Verständnis, mit denen Aristoteles die kritisiert hat, deren Meinung er nicht teilte. Dies war hier bedauerlicherweise nicht der Fall, und in einem Zeitalter wie dem unseren, in dem wir die Göttin der öffentlichen Meinung anbeten, in dem Komiker und billige Politiker menschliche Vorbilder sind, in dem wir bereits die Anfänge einer neuen Barbareninvasion erleben, in der Schule und Universität zu Berufsbildungsstätten degeneriert sind und in der die alten Götter zögern würden, sich bei uns niederzulassen, drängt sich uns der Eindruck auf, daß selbst das Streben nach wissenschaftlicher Erleuchtung von einem heftigen Konkurrenzkampf beherrscht wird.

Wer die von der Astroarchäologie geleisteten konstruktiven Beiträge wegpsychologisiert, macht größere Fehler als die, die man den Verfechtern der Theorie von den Götter-Astronauten anlasten könnte. Sie erliegen nicht nur dem genetischen Trugschluß, von dem sie wahrscheinlich nichts wissen, sondern versagen auch, wenn es darum geht, die Zeichen der Zeit zu erkennen. Es ist in gewisser Beziehung richtig, daß die Theorie von den Götter-Astronauten im Zusammenhang mit dem Verfall unserer überlieferten Glaubensgrundsätze gesehen werden muß. Aber das besagt noch keineswegs, daß die Astroarchäologie *nur* der psychologische Mechanismus ist, durch den wir verzweifelt versuchen, den Begriff eines himmlischen Gottes wiederzubeleben.

7

Prähistorische Astronauten: Mythus oder Wirklichkeit

Die vorigen Kapitel haben eine Grundlage für eine objektive Bewertung der Astroarchäologie geschaffen. Es ging darum, den logischen Status dieser Theorie zu verdeutlichen. Dabei hat sich gezeigt, daß die Astroarchäologie eine wissenschaftliche Hypothese ist, die zumindest rein wissenschaftlichen Anforderungen entspricht. Die hypothetische Behauptung, die Erde sei von extraterrestrischen intelligenten Lebewesen besucht worden, ist somit eine völlig logische und vernünftige Idee, die nichts Unmögliches oder Absurdes enthält.

Es muß jedoch außerdem eine ausreichende Begründung geben, die den Wahrheitsgehalt dieser Behauptungen bestätigt, und die Prämissen müssen auf Möglichkeiten basieren, um als ausreichende Erklärungen zu gelten. Um die relative Aussagekraft einer neuen Hypothese zu beurteilen, muß man bereit sein, alle bereits akzeptierten und ebenfalls möglichen Erklärungen mit in die Überlegungen einzubeziehen. Wird das unterlassen, macht man sich schwerer methodischer Fehler schuldig. Es ist oft leicht, existierende Erklärungen abzulehnen und zu kritisieren, und es ist noch leichter, sie völlig zu ignorieren, aber wer das tut, verfälscht die echten wissenschaftlichen Forschungsmethoden.

Die Astroarchäologie ist als Methode vorgestellt worden, mit deren Hilfe sich bestimmte, scheinbar rätselhafte Informationen erklären lassen, die mit orthodoxeren wissenschaftlichen Mitteln bisher nicht haben geklärt werden können. Diese Informationen stammen aus den verschiedensten Sachgebieten und müssen getrennt behandelt werden, wenn es darum geht, die Astroarchäologie zu beurteilen. In jedem Fall muß folgende Frage gestellt werden: Wie gut erklärt die Astroarchäologie die vorliegenden Informationen – und ist es möglich, für diese Phänomene eine andere Erklärung zu finden, die keine Besucher aus dem Kosmos voraussetzt? Die zweite Hälfte der Frage stellt uns vor ein Problem, weil wir auf Grund unserer Kenntnis des Universums und unserer neuesten Informationen über andere Planetensysteme die hohe Wahrscheinlichkeit kosmischer Kontakte nicht einfach ignorieren können. Das könnte bedeuten, daß die Beweislast in einigen Fällen nicht bei der Astroarchäologie, sondern bei streng terrestrischen Hypothesen liegt.

Die Astroarchäologie bezieht ihre Informationen aus folgenden Gebieten:

1) den religiösen und mythischen Überlieferungen des Altertums, die wir aus alten Schriften, Sagen und Legenden kennen,
2) einer Anzahl historischer Hinweise in Geschichtswerken, die auf das zyklische Wesen der Menschheitsgeschichte hinzuweisen scheinen,
3) zahllosen evolutionären und kulturellen Charakteristiken, die den *Homo sapiens* aus der übrigen Tierwelt herausheben, und
4) einer Reihe alter und neuerer archäologischer Funde, die sich mit herkömmlichen Begriffen nicht oder nur schwer erklären lassen.

In Kapitel 3, Mythus und Religion in der Vorgeschichte, wurde die erste Quelle in mehreren Beispielen vorgestellt. Eines davon soll nun genauer betrachten werden: die Visionen des jüdischen Propheten Hesekiel.

Der einzige Bericht über Hesekiel, auf den man sich stützen kann, stammt natürlich aus der Bibel. Es gibt deshalb keine davon unabhängige Möglichkeit, seine geschichtliche Echtheit zu verifizieren, aber vor diesem Problem stehen wir bei den meisten biblischen Gestalten. Selbst bei Jesus von Nazareth sähe die Situation nicht anders aus, wenn Flavius Josephus, ein zeitgenössischer römischer Geschichtsschreiber, der keine Verbindung zu den Aposteln hatte, Jesus nicht ausdrücklich erwähnt hätte. Im Gegensatz dazu steht Hesekiel allein da, und das Buch *Hesekiel,* das seine autobiographischen Aussagen enthält, ist unsere einzige Quelle.

Dem Bibeltext nach war Hesekiel der Sohn des Priesters Busi, der mit seiner Familie zu den in Babylon gefangengehaltenen Juden gehörte. Die Babylonier hatten damals anscheinend nur die prominentesten Juden entführt, um dadurch die jüdische Nation zu schwächen. In Babylon genossen die »Gefangenen« beträchtliche Freiheiten, brachten es zu Reichtum und durften die Traditionen ihres Volkes wahren. Hesekiel scheint in der jüdischen Kolonie Thel-Abib, einer kleinen Siedlung an einem der Kanäle Babylons, gelebt zu haben. Wir wissen außerdem, daß er etwa 627 v. Chr. geboren worden war, daß er verheiratet war und daß seine Frau 587 v. Chr. starb. Sein Prophetenamt war bei den im Exil lebenden Juden hochgeachtet, weil Hesekiel ein Schüler des großen Propheten Jeremia gewesen sein sollte.

Um 570 v. Chr. verschwindet Hesekiel aus den geschichtlichen Überlieferungen. Wir wissen nicht, wie er zu Tode gekommen ist, obwohl gesagt wird, Hesekiel sei von einem Herrscher, den zu unterstützen er sich geweigert hatte, getötet worden.

Hesekiels Werk bei den im Exil Lebenden war von größter Bedeutung. Er war in erster Linie ein Prophet, und seine Weissagungen enthalten Drohungen gegen Juda, Verurteilungen heidnischer Völker, die Ankündigung von Israels Wiederbelebung und ethische Grundsätze für ein freies Israel. Alles das findet sich jedoch auch bei anderen Propheten. Was Hesekiel von ihnen unterscheidet, sind seine Visionen, die um 592 v. Chr. begonnen haben sollen; eben ihretwegen ist Hesekiel für die Astroarchäologie so wichtig. Der Bibeltext enthält nichts, was zu der Annahme berechtigen würde, der Prophet sei etwa geistesgestört gewesen und habe an Halluzinationen gelitten. Er kann als hochintelligenter und vernünftiger Mann beschrieben werden, der zudem ein scharfer Beobachter empirischer Phänomene war.

Hesekiel berichtet gleich zu Anfang, wie er das Wort des Herrn in Form einer Vision empfangen habe:

»Und ich sah, und siehe, es kam ein ungestümer Wind von Mitternacht her mit einer großen Wolke voll Feuer, das allenthalben umher glänzte; und mitten im Feuer war es lichthell« *(Hesekiel 1, 4).*

Dann erzählt er von vier Lebewesen in diesem Feuer – »und dieselben waren anzusehen wie Menschen« *(Hesekiel 1, 4–5).* Nun reihen sich alle Einzelheiten aneinander: die Beschreibung der vier Lebewesen, ihrer Hände, Arme und Füße; der Lärm und das Feuer; die Räder in den Rädern; die Augen an den Rädern; der Stuhl, auf dem ein »Mensch« saß, und so weiter. Die ganze seltsame Erscheinung wird von Hesekiel als »Herrlichkeit des Herrn« bezeichnet *(1, 28).*

Der Text vermittelt den Eindruck, Hesekiels Reaktion sei anfangs von Angst und Panik bestimmt gewesen, und die folgenden Visionen hätten sich anders auf ihn ausgewirkt. Zumindest wurde ihm die »Herrlichkeit des Herrn« vertraut; er begann, Sinn und Aufgabe der Insassen zu begreifen, und lernte sie zu erkennen. Einmal fliegt er »zwischen Himmel und Erde« *(8, 3),* und ein andermal wird er Zeuge eines höchst bizarren Rituals der »Cherubim« *(10, 1-22).* Die »Herrlichkeit des Herrn« vollbringt vor den Augen des verwirrten Propheten alle möglichen Wundertaten: sie fliegt fast augenblicklich von Babylon nach Jerusalem, stellt sich auf einen Berg *(11, 23)* und verläßt schließlich den irdischen Propheten: »Und das Gesicht, so ich gesehen hatte, verschwand von mir.« *(11, 24)*

Wie man sich vorstellen kann, wurde Hesekiel durch diese seltsamen Erlebnisse, die er als einen Ruf Gottes deutete, stark beeinflußt. Durch sie wurde er zum Propheten. Alle die zahlreichen Einzelheiten, die er gesehen und sorgfältig aufgezeichnet hatte, erhielten eine religiöse Bedeutung, die mit den Traditionen der im babylonischen Exil lebenden Juden zu vereinbaren war und ihren religiösen, politischen und kulturellen Bedürfnissen diente. Für Hesekiel war die fliegende »Herrlichkeit des Herrn« eine Verkörperung des Gottes Abrahams, Jakobs und Isaaks – des gleichen Gottes, der vom Himmel herabkam, um sein auserwähltes Volk zu retten.

Wir, die wir 25 Jahrhunderte später leben, müssen uns folgende Frage stellen: Wie sollen wir Hesekiels Erzählung bewerten? Beispielsweise kann man behaupten, die ganze Episode sei blanker Unsinn, das Phantasieprodukt späterer Autoren. So wird Hesekiel von manchen sowjetischen Ideologen ausgelegt.

Diese Auffassung ist jedoch zu simplifizierend, und man kann ihr entgegenhalten, daß es in der Erzählung des Buches *Hesekiel* Elemente gibt, die sich unabhängig historisch verifizieren lassen – wie die babylonische Gefangenschaft der Juden. Folglich ist nicht alles, was in der Bibel steht, Unsinn.

Dann kann man sich für die traditionellere Auslegung entscheiden und sagen, Hesekiel habe ein echtes mystisches und religiöses Erlebnis gehabt, bei dem Gott sich seinem Propheten wirklich gezeigt habe. Von diesem Standpunkt aus besitzen die zahlreichen Details, die Hesekiel schildert (Feuer, Räder, Cherubim usw.), nur eine symbolische Bedeutung, die im Zusammenhang mit einer religiösen Offenbarung zu sehen ist. Diese Auffassung wird im allgemeinen von den Juden und Christen vertreten, die der Bibel noch immer eine wahre religiöse Bedeutung beimessen. Für die traditionelle Auslegung spricht, daß das Buch *Hesekiel* vor allem religiöse

Bedeutung hat; die Visionen sind nur der Anlaß zu seinen Weissagungen.

Aber da religiöse Erklärungen sich wissenschaftlich gesehen selbstverständlich weder verifizieren noch verfälschen lassen, könnten Wissenschaftler sich nicht zu dieser Interpretation von Hesekiels Schilderungen äußern. Vom wissenschaftlichen Standpunkt aus sind religiöse Erklärungen zunächst ohne wissenschaftlichen Wert.

Weiterhin könnte man unterstellen, Hesekiel sei das Opfer außergewöhnlicher Halluzinationen, Träume oder Phantasiegebilde geworden. Im Grunde genommen könnte die »Herrlichkeit des Herrn« dann einen psychopathologischen Ursprung haben. Aber wenn das der Fall ist, müssen folgende Fragen beantwortet werden: 1) Wie konnte der Prophet sich mit größter Leichtigkeit auf der halluzinatorischen *und* der realen Existenzebene bewegen? Immerhin scheint er auf beiden gleichermaßen zu Hause gewesen zu sein. 2) Wie lassen sich die Wiederholungen der angeblichen Halluzinationen erklären? Echte Halluzinationen sind selten identisch und lassen sich im allgemeinen nicht detailliert und systematisch wiedergeben.

Wenn diese Deutungen nicht befriedigend sind, steht man unweigerlich vor einem Dilemma: Hesekiels Visionen sind entweder unerklärlich, so daß man alle Hoffnung aufgeben muß, sie eines Tages verstehen zu lernen, *oder* es muß irgendeine andere Erklärungsmöglichkeit geben. Das gleiche Dilemma tritt auf, wenn wir es mit religiösen oder mythischen Schriften zu tun haben, in denen von Engeln, Göttern, die wie bei den Ägyptern als Könige regierten, Gottheiten, die ein Volk durch die Wüste führten, göttlichen Wesen, die vom Himmel herabkamen und wieder dorthin zurückkehrten, und dergleichen berichtet wird. Wir befinden uns in der schwierigen Lage, eingestehen zu müssen, daß weder die

Körperlichkeit, die angebliche Herkunft noch der allgemeine Anthropomorphismus der alten Götter sich zufriedenstellend erklären lassen – es sei denn, man wäre bereit, auf eine andere, bisher unbekannte Erklärungsmöglichkeit zurückzugreifen.

Selbstverständlich muß die Neigung einfacher Menschen, ihre Erlebnisse übertrieben und verzerrt wiederzugeben, berücksichtigt werden. Beispielsweise ist die Theorie vorgebracht worden, Hesekiel habe in Wirklichkeit nur die Naturkatastrophe erlebt, von der die Insel Santorin um 1500 v. Chr. heimgesucht wurde. Diese Naturkatastrophe, die als das vernichtendste Ereignis in historischer Zeit gilt, zerstörte die kretische Kultur auf Santorin und den benachbarten Inseln, und ihre Auswirkungen waren so gewaltig, daß der größte Teil des Mittelmeerraumes davon betroffen wurde. Zahlreiche geologische und archäologische Spuren weisen darauf hin, daß es diese Naturkatastrophe tatsächlich gegeben hat. Selbst die zehn Plagen, mit denen Gott die Ägypter bestrafte, sind auf die Eruption von Santorin zurückgeführt worden, und Platos Bericht über die Vernichtung von Atlantis ist als Darstellung des gleichen Ereignisses aufgefaßt worden.

James W. Mavor, ein Wissenschaftler der Oceanographic Institution in Woods Hole, ist so weit gegangen, Hesekiels Visionen als Interpretation der Wirkung dieser Naturkatastrophe zu deuten. Mavor hält Hesekiels Schilderung »wegen ihrer möglichen Bedeutung für reizvoll«. Er stellt weiterhin fest:

»Dies ist für eine frühe Beobachtung eines leuchtenden Wirbelsturmes gehalten worden. Obwohl es in der wissenschaftlichen Literatur obskure Hinweise auf Lichtphänomene bei nächtlichen Wirbelstürmen gibt, klingt Hesekiels Bericht meiner Meinung nach viel eher nach einem Vulkan- oder einem Nebenausbruch. Bei einem Auftreten aus nördlicher Richtung hätte es sich um Santorin handeln können.«

Dazu ist festzuhalten, daß Mavor in jedem Aspekt seines höchst wissenschaftlichen Werkes ein echter Wissenschaftler bleibt, der sich des Unterschiedes zwischen Fakten und Hypothesen stets bewußt ist. Er ist vorsichtig und klug genug, um »es hätte sich handeln können« zu sagen. Folglich präsentiert er Hesekiels Vision als *wahrscheinliche* Vision der Katastrophe von Santorin. Mavors interessante Idee erscheint jedoch aus mehreren gewichtigen Gründen höchst unwahrscheinlich.

Vor allem soll der Prophet seine Visionen »am Wasser Chebar« *(Hesekiel 1,1)* gehabt haben, das als der schiffbare Kanal Kabaru bei Nippur in der Nähe von Babylon identifiziert worden ist. Hesekiel lebte damals, d. h. von etwa 592 bis 570 v. Chr., bei den von den Babyloniern verschleppten jüdischen Gefangenen. Setzt man die Eruption von Santorin jedoch für das Jahr 1480 v. Chr. an (plus oder minus 100 Jahre), liegt fast ein Jahrtausend zwischen dieser Naturkatastrophe und Hesekiels Schilderung – und das ist ein unglaublich langer Zeitraum. Wahrscheinlich wäre es vernünftiger, die zehn ägyptischen Plagen oder den Auszug der Kinder Israels aus Ägypten mit den Ereignissen auf Santorin in Verbindung zu bringen, da die allgemein akzeptierte biblische Chronologie die Jahre 1491 oder 1320 v. Chr. für Moses Erscheinen in Ägypten nennt. Hesekiel gehört jedoch einem anderen Zeitalter an.

Zweitens liegt Babylon nicht genau südlich von Santorin, sondern südöstlich der Ägäis. Das Schwarze und das Kaspische Meer liegen im Norden von Babylon – aber nicht das Ägäische Meer, aus dem Santorin aufragt. Was Hesekiel aus dem Norden kommend gesehen haben will, kann deshalb nicht von Santorin ausgegangen sein.

Drittens muß man berücksichtigen, daß die Entfernung zwischen Santorin und Babylon etwa 2000 Kilometer beträgt und daß zwischen diesen beiden Orten Gebirgszüge mit über 1000 Meter Höhe liegen. Das bedeutet, daß es für einen in Babylon stehenden Beobachter praktisch unmöglich war, eine 2000 Kilometer weit von ihm entfernt stattfindende geologische Katastrophe zu *sehen,* außer sie hätte sich mindestens 150 Kilometer hoch bis in die Ionosphäre ausgewirkt. Sicher will niemand behaupten, das sei bei der Eruption von Santorin der Fall gewesen.

Viertens muß man den Rest von Hesekiels Beschreibung seines eigenen Erlebnisses berücksichtigen. Er sah nicht nur »einen ungestümen Wind«, der »von Mitternacht her« kam, oder »eine große Wolke voll Feuer, das allenthalben umher glänzte«, sondern eine erhebliche anthropomorphere Vision, die sich nicht einafach dadurch erklären läßt, daß man von einem Wirbelsturm oder einem leuchtenden Phänomen spricht, das durch einen Vulkanausbruch im Ägäischen Meer hervorgerufen worden sein soll.

Mavors Vorschlag ist trotzdem völlig vernünftig, entspricht den strengsten Anforderungen wissenschaftlicher Deutungsversuche und sollte ernster genommen werden als die rein theologische Fiktion oder die psychologische Erklärung. Diese beiden letzteren Möglichkeiten werfen mehr Probleme auf, als sie tatsächlich lösen können. Deshalb sind Erich von Dänikens religiöse Zweifel einerseits und Josef Blumrichs kühne Behauptungen andererseits durchaus verständlich. Blumrichs *Da tat sich der Himmel auf* stellt *seinen* eigenen persönlichen Schlüssel zum Verständnis von Hesekiels Bericht dar. Da die religiösen Fiktionen ihn nicht überzeugt haben und er mit gewöhnlicheren Erklärungen, beispielsweise der Freudschen, nicht zufrieden ist, hat dieser Raumfahrtingenieur es vorgezogen, Hesekiels Vision als reale und physikalische Besuche aus dem Kosmos zu deuten. Dabei bleibt jedoch die Frage offen, wer diese Besucher gewesen sein könnten, und in dieser Beziehung läßt uns das Buch *Hesekiel* im Stich. Angesichts des damals noch niedrigen technischen Wissensstandes ist es eher wahrscheinlich, daß sie keine Menschen waren. Folglich dürfte es sich wahrscheinlich um extraterrestrische Lebewesen gehandelt haben.

Dabei ist das Wort »wahrscheinlich« hervorzuheben. Wenn es um solche Dinge geht, ist es jedenfalls unklug, so zu sprechen, als sei man sich seiner Sache ganz sicher. Einige Autoren haben die Vermutung geäußert, die fremden Besucher seien aus bestimmten höchstentwickelten terrestrischen Zivilisationsenklaven gekommen, die zur gleichen Zeit wie die damalige babylonische Kultur existiert haben sollen. Andere haben behauptet, die Besucher stammten aus anderen Existenzebenen, die parallell zu unserem physikalischen Universum in anderen Dimensionen existieren. Dafür plädiert zum Beispiel Brad Steiger. Diese reizvollen Hypothesen in Bausch und Bogen abzulehnen oder gar ins Lächerliche zu ziehen wäre sicher vorschnell, da das Universum vielleicht größere Geheimnisse enthält, als wir uns überhaupt vorstellen können. Und trotzdem ist es vernünftiger, solchen Lösungsvorschlägen zumindest solange aus dem Weg zu gehen, bis wir mehr Informationen zur Verfügung haben. Die vermuteten technologischen Leistungen der sogenannten verschollenen Kontinente sind noch nicht soweit belegt, daß man ohne Zögern sagen könnte, vor vier- oder fünftausend Jahren habe es *Menschen* gegeben, die mit Luftfahrzeugen fliegen konnten. Außerdem müssen Hinweise auf andere Dimensionen noch erheblich besser erklärt und verifiziert werden, bevor wir sie als endgültig akzeptieren können.

Die Besucher sind deshalb *wahrscheinlich* extraterrestrische Lebewesen im physischen Sinn des Wortes gewesen. Die Astroarchäologie hat Blumrich die bestmögliche Erklärung für ein geschichtliches Ereignis gezeigt, das offenbar ein wahres Rätsel darstellt. Blumrichs Erklärung setzt natürlich ein völlig anderes Bezugssystem als das früherer Bibelkommentare voraus. Betrachtet man beispielsweise die Versuche mittelalterlicher Kommentatoren, Hesekiels Visionen oder Daniels Träume *(Daniel 7, 13)* zu erklären und abzubilden, fällt einem auf, daß dies stets durch phantastische und beinahe monströse Darstellungen geschah, die irgendeine mythische Szene symbolisierten. Es gab Versuche, die Räder in den Rädern, die vierfachen Gesichter der seltsamen, menschenähnlichen Wesen und den Thron, von dem aus Hesekiels »Mann« mit ihm sprach, im Bild zu zeigen. Aber für alle diese Kommentatoren gab es noch im 19. Jahrhundert begreiflicherweise nur eine Erklärungsmöglichkeit: eine Mischung aus Symbolismus und Realismus, wie wir sie aus den bekannten Bestiarien des Mittelalters kennen.[1] Mit Beginn der wissenschaftlichen Revolution wurde das realistische Element schwächer, und der Symbolgehalt trat mehr und mehr in den Vordergrund.

Im 19. Jahrhundert blieben Gustave Dorés berühmte Bibelillustrationen auf anthropomorphischen Symbolismus beschränkt, wie seine Darstellung von Elias Entrückung deutlich zeigt. In der Bibel heißt es: »Und Elia fuhr also im Wetter gen Himmel« *(2. Könige 2, 11)*. Doré zeichnete dazu einen zweirädrigen römischen Wagen, der von zwei prächtigen geflügelten Rössern gezogen wird, die den Propheten in einem Aufruhr von Wind und Wolken gen Himmel entführen.

Auf ähnliche Weise stellte er viele andere Bibelszenen dar: Wir finden in seinen Illustrationen fliegende Pferde (»Denn sie sahen ein Pferd, das wohlgeschmückt war, darauf saß ein schrecklicher Reiter«, *2. Makkabäer 3, 25)*, ganze Heere, die am Himmel kämpfen (»Man sah aber durch die ganze Stadt vierzig Tage nacheinander in der Luft Reiter in goldenem

Harnisch mit langen Spießen in einer Schlachtordnung«, *2. Makkabäer 5, 2)*, gewaltige Wagen, die von majestätischen Engeln gelenkt und von feurigen Pferden gezogen werden (»Und ich hob meine Augen abermals auf und sah, und siehe, da waren vier Wagen, die gingen zwischen zwei Bergen hervor«, *Sacharja 6, 1)*, und so weiter. Wie die Illustratoren mittelalterlicher Bestiarien hatte Doré damit seine Vorstellungskraft für das Mögliche erschöpft; seine Darstellungen sind deshalb rein symbolisch zu werten.

Im allgemeinen fliegen Pferde nicht über den Himmel, und geflügelte Engel sind ebenso selten zu beobachten. Folglich mußten Bibelstellen, die solche Anblicke beschreiben, entweder als Wunder oder als bloße Metaphern aufgefaßt werden. Das gleiche gilt für die vielen Bibelstellen, die von Menschen berichten, die wie Elia, Enoch und andere zum Himmel aufgefahren sind, und für die geheimnisvollen Stellen, an denen davon die Rede ist, Gott sei auf einem Cherub vom Himmel herabgekommen (»Und er fuhr auf dem Cherub und flog daher; er schwebte auf den Fittichen des Windes«, *Psalm 18, 11)*. Seitdem es Flugzeuge gibt – und besonders im Zeitalter der Raumfahrt –, lassen sich diese rätselhaften Berichte natürlich anders deuten. Die biblischen Pferde werden vielleicht zu wirklichen Energiequellen (schließlich sprechen wir noch heute von Pferdestärken, um Leistungen anzugeben), die Wagen können sich in Raumfahrzeuge verwandeln, und die Engel, Cherubim und Seraphim spielen vielleicht wieder ihre ursprüngliche Rolle als *Boten*, als die Juden und Griechen sie gesehen haben. Dann hätten diese Bibelstellen wieder eine physikalische Bedeutung, und das Problem der Engel in der biblischen und anderen Traditionen könnte von einer neuen Warte aus betrachtet werden.

Das Engelproblem gehört zu den schwierigsten theologischen Fragen. Engel treten im Alten und Neuen Testament in verschiedenen Zusammenhängen auf; dabei schwankt ihre Bedeutung: sie wurden zeitweilig praktisch vergessen und abgelehnt, dann aber wieder als Gottheiten verehrt. Der Apostel Paulus mußte beispielsweise die Christen von Kolossä vor übermäßiger Engelverehrung warnen *(Kolosser 2, 18)*. Bei den späteren Gnostikern war sie weit verbreitet, aber bei den alten Juden wurden die Engel nicht verehrt. Dort galten sie als Beauftragte Gottes, als seine Boten, die eine Art Vermittlerrolle zwischen Gott und den Menschen zu spielen hatten. In der Zeit vor der babylonischen Gefangenschaft wurde die Position der Engel vermutlich durch die Überzeugung gestärkt, kein Mensch könne den Anblick des Gesichtes Gottes überleben *(2. Mose 33, 20)*. Sie scheinen anfangs keine ausgeprägte Persönlichkeit besessen zu haben und waren deshalb namenlos. In den meisten Fällen ist von *einem* Engel die Rede, deshalb wird das Wort »Engel« – außer bei Abraham und Jakob – stets in der Einzahlform gebraucht. Später finden wir Hinweise auf den »Engel des Herrn«, und in mehreren Fällen sagen Menschen, die Engel gesehen haben, sie hätten Gott selbst gesehen *(1. Mose 32, 30; Richter 13, 22)*. Damit verschwimmt der Unterschied zwischen Gott und seinen Engeln, und wir stehen vor dem in Kapitel 3 diskutierten Problem des Polytheismus der alten Juden.

In der Zeit nach der babylonischen Gefangenschaft nahmen die Engel ein physischeres Wesen an und werden oft wie in *Hesekiel 1, 26* als »Männer« bezeichnet. Solche Hinweise finden sich natürlich auch schon früher: Die Engel lassen sich die Füße waschen und essen ein menschliches Mahl *(1. Mose 19, 2-3)*, kämpfen mit einem Menschen (»Und Jakob blieb allein; da rang ein Mann [ein Engel] mit ihm, bis die Morgenröte anbrach«, *1. Mose 32, 24)*, bedrohen den verwirrten Bileam mit dem bloßen Schwert *(4. Mose 22, 31)*, halten am Tor des Gartens Eden Wache *(1. Mose 3, 24)* und so weiter.

Aber in der Zeit nach der babylonischen Gefangenschaft erreichte die Körperlichkeit der Engel früher unbekannte Extreme. Ordnungen und Ränge wurden bei ihnen eingeführt, und mehrere Engel erhielten Namen. Wir hören jetzt von Michael, Gabriel und Raphael, von guten und bösen Engeln, von den Seraphim, die den Hofstaat Gottes bilden, und von den Cherubim, die Wächter des Paradieses und Träger des Gottesthrones sind. Gelegentlich kommen diese Engel notleidenden Menschen zur Hilfe: Der hungrige Elia wird von einem Engel verpflegt *(1. Könige 19, 5)*, während andere Engel goldene Waffen schwingen und die jüdischen Heerscharen gegen ihre Feinde führen *(2. Makkabäer 11, 9)* oder 185 000 feindliche Assyrer ermorden *(2. Könige 19, 35)*.

Was das Engelproblem betrifft, sind in Theologen- und Laienkreisen drei Theorien verfochten worden. Die Engel sollten entweder reale Wesen, mythologische Gestalten oder strikt symbolische und poetische Verkörperungen sein. Es ist immer am leichtesten, sich für die dritte Möglichkeit zu entscheiden und zu sagen, die Engel seien nur Symbole. Diese Alternative scheint einen zu nichts zu verpflichten – es wird nichts riskiert, weil nichts gesagt wird. Die zweite Alternative ist schon deshalb nicht sehr klar, weil zuerst der Status sogenannter »mythologischer Gestalten« untersucht werden müßte. Entscheidet man sich jedoch für die erste Alternative, kann man sagen, diese Engel seien übernatürliche Wesen, spirituelle Erscheinungen, körperlose Intellekte, die irgendwelche außerirdischen Sphären bewohnen. Dies ist stets die Lehrmeinung der katholischen Kirche gewesen, die sich dabei nicht nur auf Überlieferungen, sondern auch auf die Philosophie Thomas von Aquins stützen konnte. In Übereinstimmung mit katholischen Glaubenslehren wurden die Engel kanonisiert, so daß wir jetzt von einem heiligen Erzengel Gabriel usw. sprechen. Jeder Mensch hat angeblich einen

Schutzengel, der ihn führt, beschützt und eines Tages in die andere Welt geleitet. Diese Ansicht wird durch mehrere Bibelstellen erhärtet, beispielsweise durch *Matthäus 18, 10,* und geht auf die ältesten Glaubensgrundsätze der Perser zurück.

Vom wissenschaftlichen Standpunkt aus kann man sich kaum zu Bedeutung und Wert dieser Ideen äußern. Körperlose Intellekte, Schutzengel, übernatürliche Wesen, Gott . . . das alles sind Begriffe, die den Horizont eines Wissenschaftlers übersteigen. Ob diese Vorstellungen etwas Reales verkörpern, das außerhalb der Grenzen unserer physikalischen Welt und jenseits des Wahrnehmungsbereiches unserer höchst unvollkommenen menschlichen Sinne liegt, kann die Wissenschaft nicht beurteilen. Es ist möglich, daß unter dem Deckmantel der physischen Existenz sehr wohl eine größere Realität existieren kann – eine Realität, zu der die Mystiker aller Zeiten angeblich Zugang hatten. Deshalb kann man diese Fragen, so kontrovers sie auch sein mögen, nur mit Respekt und Taktgefühl behandeln.

Doch die Verfasser der oben zitierten Bibeltexte, wer sie auch gewesen sein mögen, haben nicht an »entkörperlichte Intellekte« gedacht, als sie von Engeln, Seraphim und Cherubim sprachen. Sie dachten dabei an Lebewesen mit offensichtlicher und unbestreitbarer Körperlichkeit, die ihnen sogar den Geschlechtsverkehr mit Frauen gestattete. Dieser eigenartige Aspekt ist bereits erwähnt worden. Nicht nur die alten Juden, sondern auch die alten Griechen kannten zahlreiche Beispiele für einen Geschlechtsverkehr zwischen Göttern oder Engeln und Menschen. Interessant ist, daß der große Geschichtsschreiber Flavius Josephus ihn ausdrücklich erwähnt, als er schreibt, daß »viele Engel des Herrn Frauen beiwohnten und mit ihnen Söhne zeugten . . .« Diese Söhne wären nach alter Überlieferung, die Josephus wiedergibt, die berühmten Giganten des Altertums gewesen, deren Gebeine noch zu seiner Zeit zu besichtigen waren:

»Es lebte bis dahin eine Rasse von Giganten, deren Körper so groß und deren Gesichter so von anderen Menschen verschieden waren, daß sie erstaunlich anzusehen und schrecklich anzuhören waren. Die Knochen dieser Männer, die noch bis heute gezeigt werden, haben keine Ähnlichkeit mit anderen glaubwürdigen Verwandten anderer Menschen.«

Wie können wir im Namen einer angeblich mehr vom Geistigen geprägten Betrachtungsweise einfach die Körperlichkeit der Engel leugnen – zumindest vom Standpunkt derer, die über sie geschrieben haben –, wenn die Möglichkeit des Geschlechtsverkehrs zwischen Engeln und Menschen von den Alten so nachdrücklich bejaht worden ist?

Die Interpretation Josef Blumrichs und des Russen M. Agrest bringen diese in Vergessenheit geratene Körperlichkeit der alten Götter und Engel zurück, die einst die Welt unserer Vorfahren bevölkerten. Sie stellen jedenfalls ein besseres Bezugssystem dar, mit dessen Hilfe wir Abschnitte und Aussagen heiliger Schriften verstehen können, die sonst völlig unerklärlich bleiben müßten. Tatsächlich gibt es allein in der Bibel Hunderte von solchen Stellen, und wenn man die Legenden und Traditionen der Griechen, Ägypter, Indianer, Hindus und anderer Völker berücksichtigt, geht ihre Zahl in die Tausende. Überall im Altertum treffen wir auf Besucher vom Himmel, Engel oder Boten, die vom Himmel herab- und wieder hinauffliegen, Seraphim und Cherubim, die das Kommen des Herrn ankündigen, fliegende Wagen, die kosmische Reisende transportieren, und Götter und Göttinen, die intime Beziehungen zu Menschen aufnehmen. Die Behauptung, die angebliche Unwissenheit der Alten sei für die Verbreitung dieser offenbar phantastischen Geschichten verantwortlich gewesen, ist vielleicht zum Teil zutreffend, aber nicht ganz richtig. Unter der kreativen Verbreitung von Mythen und Legenden kann sich stets die Erinnerung an ursprüngliche Fakten verbergen, die wie bei John Frum und den Eingeborenen von Tanna der wahre Ursprung mythischer und religiöser Überlieferungen sind.

Wir können beispielsweise sogar sagen, Hesekiels Bericht und andere derartige Schilderungen seien nichts anderes als die Wiedergabe noch älterer Erlebnisse. Indem wir *das* sagen, bräuchten wir nicht zu unterstellen, die Erde sei 592 v. Chr. von Götter-Astronauten besucht worden. Vielleicht lag dieser Besuch zu Hesekiels Lebzeiten schon Hunderte oder gar Tausende von Jahren zurück und wurde aus einer Vielzahl von heute nicht mehr erkennbaren Gründen erst während der babylonischen Gefangenschaft der Juden in dieser dauerhafteren Form aufgezeichnet.

Das gleiche ließe sich von vielen anderen Fällen annehmen. Deshalb erscheint es unvermeidlich, daß eine astroarchäologische Deutung, wie Blumrich sie vorschlägt, weiter ausgearbeitet werden kann, bis sie eine große Vielfalt ähnlicher mythologischer und religiöser Situationen abdeckt. Aber jeder neue Fall muß natürlich einzeln und mit größter analytischer Sorgfalt untersucht werden. In Wirklichkeit tragen sie alle dazu bei, die Astroarchäologie zu untermauern – besonders in Hinblick auf die Tatsache, daß andere »normalere« Erklärungen nie völlig ausreichend sind. Solange man nicht bereit ist, an eine reine Erlösung zu glauben (die tatsächliche Intervention eines unendlichen Gottes, durch die der Gang der endlichen Menschheitsgeschichte beeinflußt wird) oder psychologische und anthropologische Erklärungen zu akzeptieren (die wie die Astroarchäologie Kinder ihrer Zeit sind), muß man zu dem Schluß kommen, daß die Theorie von den Götter-Astronauten eine gute Erklärungsmöglichkeit bietet.

Entschließt man sich weiterhin dazu, den metaphorischen und symbolischen Charakter aller Legenden zu betonen, kann man nicht an der simplen Tatsache vorbei, daß Metaphern und Symbole im allgemeinen in eine bestimmte Richtung abzielen und nicht einfach aus dem Nichts entstehen. Wohin zielen also die Metaphern und Symbole der Bibel und anderer heiligen Bücher? Was verkörpern Metaphern, in denen von Engeln und fliegenden Wagen die Rede ist? Was steckt hinter ihnen? Selbstverständlich muß es Verzerrungen und Entstellungen gegeben haben, weil diese Legenden von einer Generation zur nächsten mündlich überliefert wurden, bis sie endlich niedergeschrieben wurden. Aber wie bei John Frum und den Bewohnern von Tanna liegt den Legenden wahrscheinlich irgendein halbvergessener Vorfall, irgendeine nebelhafte Erinnerung zugrunde.

Jetzt, wo wir durch den Himmel fliegen können, wo auch wir zu kosmischen Boten geworden und auf dem Mond gelandet sind, um dort unsere irdische Botschaft einzupflanzen, und wo *Pioneer 10* zu den Grenzen des Sonnensystems rast, verstehen wir die verschwommen überlieferten Berichte unserer Vorfahren vielleicht endlich richtig. Dies soll nicht heißen, daß wir endlich die Wahrheit entdeckt hätten. Die »Wahrheit« ist nichts, was man mühelos findet und für immer behält. Nur sehr simple Naturen können davon sprechen, die »Wahrheit« zu finden. Die wirkliche Wahrheit besteht aus einer ständigen Weiterentwicklung menschlicher Erfahrungen, einer ewigen Entschleierung des Seins und einer niemals endenden Durchdringung des gewaltigen Labyrinths des Universums. Aus diesem Grund müssen alle unsere Antworten und Lösungen provisorisch und anfechtbar sein. »Unser Blick ist submarin«, sagt T. S. Eliot. »Wir sehen das Licht, aber wir sehen nicht, woher es kommt.«

Es ist durchaus möglich, daß die Astroarchäologie eines

Tages durch eine noch kompliziertere und schwerer verständliche Theorie abgelöst wird, die auf verschiedenen Realitätsebenen basiert. Wie Carl Sagan in *Cosmic Connection* ausführt, ist es durchaus möglich, daß wir in Zukunft andere Universen entdecken, die räumlich und zeitlich neben unserem existieren. Vielleicht leben wir schon jetzt in Gegenwart anderer Lebewesen, die das Raum-Zeit-Kontinuum ganz anders als wir ausfüllen. Die geheimnisvollen im Weltraum entdeckten »schwarzen Löcher« erweisen sich vielleicht eines Tages als Fenster in andere Lebenssphären. Wer wollte das im voraus leugnen?

Auf dem Gebiet der Altertumsgeschichte stehen wir vor ähnlichen Rätseln. Wir wissen nicht, ob unsere Geschichte linear oder zyklisch ist und wie lange der Mensch schon auf der Erde lebt. Es ist deshalb nicht leicht, zwischen alten religiösen Mythen und alter Geschichte zu unterscheiden, die in fernster Vergangenheit zu einem verwirrenden Ganzen verschmelzen. Aber wir können wenigstens unabhängig von alten Geschichtsschreibern wie Herodot, Livius, Flavius Josephus und Cassius sprechen.

In ihren Schriften werden immer wieder Besuche aus dem Kosmos erwähnt. Herodot berichtet beispielsweise von einer Zeit, in der die Ägypter von »Göttern« regiert wurden. Livius erzählt von einem Besuch, den die römischen Konsuln erhielten; eine »Erscheinung, ein Mann, der größer als gewöhnliche Menschen und majestätischer war«.[2] In Flavius Josephus' *Der jüdische Krieg* lesen wir:

»Vor Sonnenuntergang erschienen in der Luft über dem ganzen Land Streitwagen und Bewaffnete, die durch die Wolken zogen und die Städte einschlossen.«[3]

Dieser letzte Hinweis findet sich auch in mehreren Bibelstellen, zum Beispiel in *2. Makkabäer 5, 2.*

Dazu kommen die überlieferten Aufzeichnungen der Ägypter und die historischen Überlieferungen der Hindus. Ob man es vorzieht, alle diese Berichte über extraterrestrische Besucher als absurde Irreführungen und phantasievolle Lügengebilde der alten Historiker abzulehnen, ist vielleicht eine Frage des intellektuellen Geschmacks. Aber eines ist jedenfalls unbestreitbar: daß unsere Geschichte Mysterien und Labyrinthe enthält, die unsere Vorstellungskraft übersteigen und unsere Neugier reizen. Die Verfechter der Theorie von den Götter-Astronauten haben sich dafür entschieden, die Realität irgendeiner kosmischen Kommunikation und Gegenwart zu akzeptieren, und indem sie das tun, entscheiden sie sich für eine völlig annehmbare Erklärungsmethode, die mit unserer jetzigen Kenntnis des Universums völlig vereinbar ist.

Aber wenn ihnen alte Mythen, Legenden und historische Berichte reichlich Beweismaterial liefern, sollen archäologische Forschungen sie sogar noch besser unterstützen können. Das behauptet zumindest Erich von Däniken in seinen Büchern *Erinnerungen an die Zukunft, Zurück zu den Sternen* und *Aussaat und Kosmos* (sein Buch *Erscheinungen* behandelt keine archäologischen Funde). Im Zusammenhang mit von Dänikens archäologischen Interpretationen stoßen wir auf die ernstesten Probleme und die energischste Gegnerschaft zur Astroarchäologie. Wie die scheinbar grundlosen Träume Heinrich Schliemanns sind von Dänikens Aussagen als visionäre Behauptungen eines enthusiastischen Amateurs bezeichnet worden.

Aber man muß traditionelle und akademische Vorurteile beiseite lassen und fragen, ob seine Behauptungen bis zu einem gewissen Grad wahr sind – besonders angesichts der Tatsache, daß es Leute gibt, die der Meinung sind, die gesamte Glaubwürdigkeit der Theorie von den Götter-Astronauten beruhe einzig und allein auf dem unterstellten Wahrheitsgehalt dieser Behauptungen.

Dies ist in jedem Fall eine Übertreibung, denn von Dänikens archäologische Ansichten werden nicht nur von ihm allein vertreten. Die Astroarchäologie wäre selbst dann imstande, als vernünftige, mögliche und sehr wahrscheinliche Hypothese akzeptiert zu werden, wenn sie sich nur auf Quellen aus dem Altertum in Form von Mythen, Legenden und historischen Beschreibungen stützen könnte. Die durch neuere archäologische Funde ans Tageslicht gekommenen Beweise geben dieser Hypothese nur zusätzliches Fundament.

Die Archäologie ist eine Wissenschaft, die auf der Interpretation von Ruinen beruht. Der Archäologe hat deshalb nie ein vollständiges Phänomen, eine perfekte Realität vor seinem kritischen Blick. Er sieht Bruchstücke dessen, was einst existiert hat, und Überreste von Kulturen, die einst in Blüte gestanden haben – sonst nichts. Er hat deshalb die Aufgabe, die Toten aus diesen Trümmern wiederzubeleben, Zivilisationen aus zu Staub zerfallenen Gebeinen zu rekonstruieren, und diese Titanenarbeit bringt es mit sich, daß er unzählige Annahmen machen und Vermutungen anstellen muß. Er ist ständig damit beschäftigt, bruchstückhafte Funde aus der Vergangenheit in einen bestimmten Zusammenhang zu bringen.

Aus diesem Grund darf man von ihm nicht die Exaktheit eines Mathematikers erwarten. Die archäologische und die mathematische Genauigkeit unterscheiden sich erheblich voneinander, und wenn man im Zusammenhang mit einem archäologischen Fund von einem »Beweis« spricht, meint man damit keinen »Beweis« im mathematischen Sinn.

Eine archäologische Theorie kann man als ausreichend bezeichnen (mehr läßt sich in dieser Beziehung ohnehin nicht sagen), wenn sie eine Reihe bekannter Informationen wie Baudenkmäler, Kennzeichnungen, Kunstformen und dergleichen erklären kann. Diese Theorie muß jedoch auch mit den Aussagen verwandter Wissenschaften übereinstimmen: Geologie, Linguistik, Geschichtswissenschaft und anderen – oder sie muß ihre abweichenden Feststellungen zumindest begründen können. Würde eine archäologische Theorie beispielsweise eine Kultur voraussetzen, die vor nur 1000 Jahren am Nordpol existiert haben soll und deren Ruinen in 100 Meter Tiefe unter dem Eis zu finden sein sollen, muß sie auch die geologische Frage nach der Position des Nordpols vor 1000 Jahren beantworten.

Die Archäologie steht überdies vor einem weiteren Problem, das Erich von Däniken vielleicht besser erfaßt hat als einige anerkannte Archäologen: der bereits erforschte Teil der Erdoberfläche ist im Vergleich zur Gesamtfläche tatsächlich unbedeutend. Daraus folgt, daß alle archäologischen Ansichten im Prinzip auf beschränktesten Informationen basieren. Wer würde es wagen, Wert und Bedeutung eines riesigen Wandgemäldes zu beurteilen, wenn er nur ein Hundertstel davon betrachten dürfte? Jedes neue Jahr bringt neue Entdeckungen, und das archäologische und geologische Wissen wird ständig revidiert. Manchmal führen Zufallsentdekkungen zu völlig neuen Gesichtspunkten. Historiker und Archäologen tappen die meiste Zeit im dunkeln, bis ein glücklicher Fund Licht in die Finsternis bringt – und meistens nur dazu dient, die Existenz noch größerer Rätsel aufzuzeigen. Aus diesem Grund halten gute und ernsthafte Archäologen sich für keineswegs unfehlbar; aus dem gleichen Grund sind schlechte Archäologen manchmal reizbar und eingebildet. Wie andere empirische Wissenschaften basiert die Archäologie auf der schwierigen Kunst, unendlich viele Informationen auszuwerten und die Stücke eines riesigen Puzzlespiels zusammenzusetzen, dessen Abmessungen niemand kennt.

Der Akzent liegt also auf Interpretationen, und es scheint stets mehrere mögliche Interpretationen zu geben, die mehr oder weniger akzeptabel sind. Das gilt sowohl für die Auslegung alter Dokumente wie für die Deutung neuer Entdeckungen. Spricht man beispielsweise von Atlantis, denkt man dabei oft an Platos Schriften. Aber was diese Schriften wirklich aussagen, welche Bedeutung ihnen zukommt und welchen Wert man Platos Äußerungen beimessen sollte – das alles sind schwer zu beantwortende Fragen. Wenn wir bei ihm lesen, der Kontinent Atlantis habe jenseits der Säulen des Herkules gelegen, können wir daran mehrere Interpretationen knüpfen. Man kann zum Beispiel sagen, die Griechen hätten mit den Säulen des Herkules die heutige Straße von Gibraltar gemeint, was von den Verfechtern eines atlantischen Atlantis behauptet wird. Aber man kann andererseits auch sagen, die Säulen des Herkules seien in Wirklichkeit Kap Malea und Kap Tainaron am griechischen Peloponnes gewesen, wie der bekannte griechische Wissenschaftler Dr. Angelos Galanopoulos vorgeschlagen hat. Nach jahrelangen philologischen und archäologischen Forschungsarbeiten ist Galanopoulos zu dem Schluß gekommen, Platos Atlantis sei die Insel Santorin im Ägäischen Meer gewesen. In seinem ausgezeichneten Buch *Voyage to Atlantis* hat James W. Mavor die »Entdeckung« von Atlantis mitten im Ägäischen Meer faszinierend geschildert.

Die Ansichten Galanopoulos' und Mavors beruhen jedoch auf mehreren Hypothesen und können nicht überzeugend wirken, solange man nicht bereit ist, diese hypothetische Basis zu akzeptieren. Beispielsweise wird behauptet, wegen eines Rechenfehlers seien die von Plato in seinem Bericht über Atlantis genannten geographischen und historischen Zahlen mit zehn multipliziert worden. Wenn Plato »9000 Jahre« schreibt, sollten wir also »900 Jahre« lesen usw. Indem man diesen angeblichen Rechenfehler verbessert, kann man Atlantis nicht nur ins Ägäische Meer verlegen, sondern auch in historische, von der Überlieferung her glaubhaftere Zeiten rücken. Ob diese »Fehlerhypothese« überzeugend genug ist, um ein wahrhaft prähistorisches und riesiges Atlantis auszuschließen, ist eine noch immer ungelöste Frage. Weder unsere gegenwärtigen wissenschaftlichen Methoden noch unsere Kenntnis der Vergangenheit lassen einen eindeutigen Schluß zu.

Der Fall der geheimnisvollen Markierungen auf der peruanischen Ebene von Nazca kann als weitere Illustration des gleichen Problems dienen.

Etwa 350 Kilometer südlich von Lima liegt eine Wüste, in der seit der Entwicklung der Luftbeobachtung zahlreiche Linien, geometrische Figuren und Tierformen entdeckt worden sind. Wie J. Alden Mason in *The Ancient Civilization of Peru* feststellt, ist im Nazcagebiet »Regen unbekannt, und die Sonne scheint praktisch jeden Tag«. Er berichtet auch, daß »die Beständigkeit dieses Gebietes unglaublich ist«. Das ist offenbar der Grund für die Tatsache, daß die Markierungen so erstaunlich gut erhalten sind. Wahrscheinlich waren sie schon den spanischen Konquistadoren bekannt, aber sie blieben bis in unser Jahrhundert weitgehend unbeachtet, weil sie erst aus etwa 500 Meter Höhe richtig zu erkennen sind. Um sie ganz würdigen zu können, muß man sie also vom Flugzeug aus sehen.

Als erster machte Dr. Paul Kosok 1939 auf diese geheimnisvollen Zeichnungen aufmerksam. Kosok war nach Peru gekommen, um alte Bewässerungssysteme an der Küste zu erforschen. Er vermutete zunächst, die Zeichen hätten etwas mit Bewässerungsanlagen zu tun, kam aber später von dieser

Idee ab. Danach untersuchte die bekannte Forscherin Maria Reiche die seltsamen Figuren und Linien von Nazca eingehend, und dank ihrer hervorragenden Photos besitzen wir jetzt einen genauen Plan dieses Gebiets.

Die Markierungen bedecken eine Fläche von etwa 60 Quadratkilometern und bestehen aus zahlreichen Figuren: Spinnen (eine davon mit 50 Meter Durchmesser), Vögeln, Krokodilen (eines davon, das von der Panamerican Highway durchschnitten wird, mit 200 Meter Länge), Hunden, Schlangen, Affen mit übertriebenen Ringelschwänzen, Kreisen, Trapezen, Rechtecken und Hunderten von Linien, die sich auf verschiedenste Weise schneiden und scheinbar planlos nach irgendwohin verlaufen. Beispielsweise gibt es dort zwei parallele Linien, die nach zwei Kilometern abrupt enden. Wie Maria Reiche festgestellt hat, sind die Linien und Figuren unter dunklen Kieseln verborgen, die erst weggekehrt werden müssen, damit sie aus der Luft sichtbar werden.

Die reizvollste geometrische Figur ist ein etwa 800 Meter langes Trapez, das wie die Start- und Landebahnen eines Flughafens aussieht.

Die ortsansässigen Peruaner sind nicht imstande, irgendeine Erklärung für Ursprung, Bedeutung und Zweck dieser Überreste zu geben. Die Indios, die jahrhundertelang – teilweise mit brutaler Gewalt – gezwungen worden sind, die ihnen völlig fremde europäische Kultur anzunehmen, haben keine Erinnerung an die Vergangenheit mehr.

Aber diese Wissenslücke bedeutet nicht, daß die Nazcazeichnungen weder Sinn noch Zweck haben. Da sie von Menschen trotz ungünstiger Witterungsbedingungen mühsam erschaffen worden sind, müssen sie irgend etwas bedeuten.

Wer diese Linienzieher gewesen sind, die nach Maria Reiche »einen bisher nicht vermuteten kulturellen Entwicklungsstand erreicht hatten«, wissen wir nicht. Manche Historiker bezeichnen sie als Ica-Nazcas[4], als ein Volk, dem wir den Namen der geographischen Fundstätten seiner angeblichen Überreste gegeben haben. Sie waren anscheinend Zeitgenossen der Mochikas in den nördlichen Bergen Perus und gemeinsam mit diesem Volk Vorläufer der Inkas, die erst viel später auf der Bildfläche erschienen. Tatsächlich machen die Ica-Nazcas jedoch den Eindruck, nur eine praktische Erfindung zu sein, die eine klaffende Lücke in unserem Geschichtswissen schließt; in dieser Beziehung stehen sie auf der gleichen Stufe wie die Hyperboreer der alten Griechen.

Aber selbst wenn man ihre historische Existenz als gegeben voraussetzt, bleibt das Problem der Markierungen. Stammen sie von den Ica-Nazcas? Vielleicht. Haben sie die Linien bereits als Erinnerung an ein noch älteres Volk in der Wüste vorgefunden und konnten sie sie ebensowenig erklären wie die jetzigen Bewohner von Ica und Ayacucho? Auch das ist möglich. Wir wissen es einfach nicht. Aber die Linien sind da, und es gibt keine Methode, mit deren Hilfe sich ihr Alter bestimmen ließe. Sie können aus dem Jahr 200 n. Chr., 200 v. Chr., 2000 v. Chr. oder aus noch früheren Zeiten stammen.

Angesichts dieser sich vor uns auftürmenden Rätsel fällt dem Archäologen die Aufgabe zu, diese Markierungen zu erklären. Er muß auf zahlreiche Vermutungen zurückgreifen und dann schließlich doch eingestehen, wie Maria Reiche es bescheiden getan hat, daß er keine Erklärung weiß. Auf diesem Gebiet gibt es viele verschiedene Ansichten. Manche Archäologen haben die Meinung vertreten, wir hätten es hier mit Bewässerungsgräben zu tun, mit denen die unbekannten Bewohner dieses Gebiets die Wüste fruchtbar machen wollten. Veränderungen der Bodenstruktur sollen die eigenartige Tatsache erklären, daß viele der Linien anscheinend ins Leere führen. Und die mythische Phantasie der Ureinwohner wäre die Erklärung für die überall auftretenden seltsamen Tiergestalten.

Dr. Paul Kosok und andere haben in den Linien und Zeichnungen einen Beweis für das astronomische Wissen ihrer Schöpfer und deren Beschäftigung mit der Astronomie gesehen. Wie Maria Reiche berichtet, hat Kosok Nazca als »das größte Astronomiebuch der Welt« bezeichnet. Es ist nämlich denkbar, daß die Linien im Zusammenhang mit den Auf- und Untergängen von Himmelskörpern bis zu am Horizont liegenden Punkten durchgezogen waren. Dieser Gedanke wird dadurch untermauert, daß die Sommersonnenwende am 21. Juni durch eine dieser Linien bezeichnet wird. Falls diese Deutung zutrifft, käme den in Nazca gemachten Funden die gleiche Bedeutung wie den ägyptischen Pyramiden, den Ruinen von Stonehenge und anderen Geschichtsdenkmälern zu. Hier sieht man wieder, welchen beherrschenden Einfluß der Himmel auf das Denken der Menschen des Altertums gehabt hat.

Ob diese Interpretation das Phänomen jedoch ganz zu erklären vermag, ist höchst zweifelhaft. Wir haben es noch immer mit Tausenden von Linien zu tun, für die bisher keine astronomische Basis entdeckt worden ist – besonders die riesigen Rechtecke und Trapeze, die an Start- und Landebahnen erinnern. Und dazu kommen natürlich noch die Tiere. Wären sie klein und von der Erdoberfläche aus zu erkennen, könnte man sie als animistische und totemistische Darstellungen von Gottheiten erklären. Schließlich ist die Tierverehrung bei zahlreichen primitiven Völkern nachgewiesen worden.

Aber das Problem dabei ist, daß diese Tiere nur aus der Luft und dort nur aus beträchtlicher Höhe sichtbar sind. Dabei drängt sich einem natürlich der Gedanke auf, sie seien von Leuten, die fliegen konnten, oder von Erdbewohnern, die damit die Aufmerksamkeit fliegender Lebewesen erwekken wollten, in die Wüste gezeichnet worden. Vor ein ähnliches Problem stellen uns die ägyptischen Pyramiden, die anscheinend nicht nur Grabdenkmäler oder astronomische Enzyklopädien, sondern für fliegende intelligente Wesen Hilfsmittel zur Standortbestimmung gewesen sind.

Erich von Däniken vertritt die Ansicht, die bei Nazca gemachten Funde seien Beweise für die Anwesenheit außerirdischer intelligenter Lebewesen auf unserem Planeten. Dabei nimmt er an, diese Zeichnungen seien entweder von den Besuchern oder von den Eingeborenen angefertigt worden, die sich bemühten, wieder Kontakt zu den Besuchern zu bekommen. Diese Annahme ist in Wirklichkeit keineswegs absurd, besonders da es in benachbarten Gebieten weitere Hinweise gibt. Beispielsweise ist in der Pizcobucht etwa 180 Kilometer nordwestlich von Nazca ein riesenhaftes Zeichen in die Felsen am Strand eingehauen.

Dieses 270 Meter lange Zeichen scheint eine Art Dreizack darzustellen und hat Ähnlichkeit mit einem dreifachen Pfeil. Es ist vom Pazifik aus deutlich zu sehen – und weist erstaunlicherweise in Richtung Nazca. Ein Luftfahrzeug bräuchte sich also nur nach dem Dreizack bei Pizco zu richten, um mühelos den Landeplatz Nazca zu finden.

Von Däniken und Blumrich haben in Nazca und Pizco eingehende Untersuchungen angestellt, und ihre astroarchäologischen Schlußfolgerungen werden durch weitere Funde in Tiahuanaco, Bolivien, und an anderen Orten untermauert. Daraus ergibt sich das Bild einer uralten Menschenrasse, die Verbindung mit seltsamen fliegenden Besuchern hatte, die aller Wahrscheinlichkeit nach nicht von anderen irdischen Orten, sondern von den Sternen kamen.

Hätte die Archäologie die Geheimnisse von Nazca und Pizco auf völlig akzeptable Weise gelöst, wäre der Lösungsvorschlag der astroarchäologischen Theorie überflüssig. Die Archäologie tappt jedoch noch immer im dunklen, was diese Phänomene betrifft. Folglich kann von Dänikens Hypothese, die durch eine Vielzahl von Überlieferungen, Legenden und Mythen gestützt wird, nicht einfach abgelehnt werden. Das ist um so verständlicher, als es viele andere archäologische Rätsel gibt, die sich ähnlich erklären lassen.

Einige dieser Rätsel sind beispielsweise in Mexiko zu finden. In indianischen Überlieferungen wird oft dargestellt, wie der Gott Quetzalcoatl mit einem Fluggerät nach Mexiko gekommen ist: ein Thema, das der bekannte Schriftsteller Andrew Tomas in *On the Shores of Endless Worlds* eingehend behandelt hat. Auf dem mexikanischen Palenquestein scheinen wir eine deutliche Abbildung dieses Luftfahrzeugs vor uns zu haben. Für Astroarchäologen war die große Ähnlichkeit zwischen der indianischen Darstellung, die einen Mann zeigt, der inmitten höchst komplizierter Mechanismen sitzt, und einem Photo von einem heutigen Astronauten in seiner Raumkapsel sehr beeindruckend.

Auch hier ist an der Analogie nichts Absurdes, und ähnliche Fälle gibt es zu Hunderten. Andererseits besteht natürlich immer die Gefahr, in einer fragmentarischen alten Gestalt mehr zu sehen, als sie wirklich darstellt. Unser Blick ist stets anthropomorph und ethnozentrisch: Wir bestehen darauf, in den Relikten der Vergangenheit uns selbst und unsere Leistungen zu erkennen. In *Intelligent Life in the Universe* hat Carl Sagan auf diese Gefahr aufmerksam gemacht. Sagan stellt beispielsweise fest, daß diejenigen, die in dem berühmten »großen Marsgott« aus Tassili-n-ajjer in der Sahara das Porträt eines alten Astronauten sehen, den Fehler machen, diese schlichte Gestalt durch ihre eigene Vorstellung von einem heutigen Raumfahrer zu verändern. Der »große Marsgott«, wie der französische Wissenschaftler Henri Lhote ihn getauft hat, soll etwa 8000 Jahre alt sein. Sein Kopf ist offenbar nicht menschlich und scheint unter einer Art Helm verborgen zu sein. Aber das alles ließe sich mit dem Hinweis auf die Phantasie der primitiven Ureinwohner der Sahara erklären. Und das gleiche gilt für andere Fälle. Zum Beispiel hat der Ethnologe Jacques Soustelle die Charakteristiken des mexikanischen Palenquesteins gut gedeutet, ohne auf Außerirdische zurückgreifen zu müssen.

Aber das alles sind Interpretationen, nichts als Interpretationen. Jedes dieser Beispiele läßt sich *einzeln* verhältnismäßig gut auf nichtastroarchäologischer Basis erklären. Aber sobald man alle zusammen untersucht und die alten Überlieferungen berücksichtigt, in denen von Besuchern vom Himmel die Rede ist, sieht das Problem anders aus. Solange in bezug auf diese und andere archäologische Funde keine vernünftige Einigung erzielt worden ist, bleibt es jedem intelligenten Menschen unbenommen, eine neue Interpretation vorzulegen, solange sie nicht gegen logische Prinzipien, die bekannten Naturgesetze oder unseren Wahrscheinlichkeitsbegriff verstoßen. Spricht zudem noch vieles dafür, daß diese neue Interpretation andere Phänomene aufklären helfen kann, muß die Wissenschaft dieses Neue begrüßen.

Die Theorie von den prähistorischen Astronauten ist kein pseudowissenschaftliches Gift, gegen das die Wissenschaft Gegenmittel entwickeln sollte. Diese Theorie ist eine vernünftige, mögliche und sehr wahrscheinliche hypothetische Erklärung für zahllose Informationen, die wir bisher noch nicht völlig verstehen. Gegenmittel sollten vielleicht gegen andere entwickelt werden, die im Namen dieses oder jenes anerkannten Standpunktes als allwissend auftreten, und gegen andere, die den bescheidenen Wahrheitssucher verspotten. In der weiten Welt der Wissenschaft gibt es kein Gegenstück zur Doktrin von der päpstlichen Unfehlbarkeit. Es gibt in Wirklichkeit keine monolithische wissenschaftliche Orthodoxie. In Naturwissenschaft und Philosophie liegt ein weites Feld vor uns, und der Horizont weicht ständig weiter zurück.

Es kommt darauf an, die Entfremdung zwischen Wissenschaftlern und Laien, die als für unsere Zeit typisch erkannt worden ist, zu verringern. Der Durchschnittsbürger ist sich über Sinn und Ziel wissenschaftlicher Arbeit oft im unklaren und betrachtet sie mit Mißtrauen. Deshalb stürzt er sich oft bereitwillig auf irgendeine neue und populäre Idee, so unsinnig sie auch sein mag.

Aber anstatt die Augen zuzumachen und sich für eine reine Defensivhaltung zu entscheiden, sollten Wissenschaftler ihre eigenen Axiome und Postulate erläutern, wie es viele bereits tun, und nach Möglichkeiten suchen, vernünftig und mitfühlend auf die übereilte Kritik durch Laien zu antworten. Damit würden sie ihrer Berufung keineswegs untreu; sie würden sie im Gegenteil noch untermauern.

Das Problem der Astroarchäologie könnte gut zum Prüfstein für unsere Fähigkeit werden, wissenschaftliche und populäre Vorstellungen über das Universum zu integrieren und uns die intellektuelle Neugier zu erhalten, die uns seit undenklicher Zeit von anderen Tieren unterscheidet. Eben dieser Geist ist der Urquell aller Wissenschaft – und nicht, wie manche zu glauben scheinen, die Geschicklichkeit, mit der jemand Affen ausstopft, Knochen sammelt und Formeln herunterrasselt.

Extraterrestrische Besuche sind vielleicht etwas, das manche von uns nur schwer akzeptieren können, und die Frage, ob die Götter-Astronauten faktische oder mythische Gestalten sind, läßt sich vielleicht nicht schon in naher Zukunft endgültig beantworten. Aber das gibt niemandem das Recht, die Verfechter dieser Theorie unter Hinweis auf irgendwelche wissenschaftliche Kriterien anzuprangern.

1960 war das 28-Meter-Radioteleskop des American National Radio Astronomy Observatory auf zwei benachbarte Sterne gerichtet: Tau Ceti (11,87 Lichtjahre entfernt) und Epsilon Eridani (10,75 Lichtjahre entfernt). Aus dem Spektraltypus dieser beiden nahen Sterne glaubte man schließen zu können, sie besäßen vielleicht ein bewohntes Planetensystem, von dem Radiostrahlung aufzufangen sein müßte. Nach umfangreichen Versuchen, extraterrestrische Nachrichten von diesen Sternen aufzufangen, gaben die beteiligten Astronomen schließlich auf: Projekt Ozma hatte sich als Fehlschlag erwiesen.

Aber aus dieser Tatsache kann keineswegs geschlossen werden, damit sei die Vorstellung von einer Galaxis mit Tausenden und aber Tausenden von hochstehenden Zivilisationen erledigt. Diese Idee bleibt lebendig und steht hinter dem Drang des Menschen zu den Sternen. Außerdem hat das Projekt Ozma der Radioastronomie wichtige Impulse gegeben, obwohl dabei keine Nachrichten aus dem Weltall aufgefangen wurden. Zweifellos werden in Zukunft weitere Projekte mit erheblich größeren Radioteleskopen durchgeführt werden. Es wird viele teilweise Mißerfolge geben, aber solange auch nur die geringste Aussicht auf einen Erfolg besteht, sind alle menschlichen Anstrengungen auf diesem Gebiet gerechtfertigt. Eines Tages wird eine echte kosmische Verbindung entdeckt werden, und vielleicht läßt sich dann auch die Gegenwart extraterrestrischer Besucher auf der Erde verifizieren. Tatsächlich steckt die Zukunft voller phantastischer Möglichkeiten!

Eine davon ist der Bau einer Brücke zu den Sternen. Es ist der große Traum der Menschheit, in ihre Himmelsheimat zurückzukehren, um es den Göttern gleichzutun. Aus der Bibel wissen wir, daß unsere Vorfahren in einem fruchtbaren Tal im Land Sinear eine große Stadt erbauen wollten *(1. Mose*

11, 1–8), die später als Babel bekannt wurde. In der Geschichte heißt es, alle Menschen hätten damals die gleiche Sprache gesprochen; die Vielzahl von Sprachen und Dialekten, die uns heute behindern, war noch unbekannt.

Die stolzen Bewohner dieser Stadt entdeckten die Vorteile des Bauens mit Ziegeln und Mörtel und beschlossen in ihrem Stolz, einen Turm zu bauen, »des Spitze bis an den Himmel reiche« *(1. Mose 11, 4)*. Sie wollten offenbar »sein wie Gott« *(1. Mose 3, 5)*. Wie wir wissen, hatten Adam und Eva das gleiche versucht und waren dafür streng bestraft worden. Als nun »der Herr herniederfuhr, daß er sähe die Stadt und den Turm, die die Menschenkinder bauten«, beschloß er, ihre unglaubliche Vermessenheit zu bestrafen. Wie konnten diese elenden Sterblichen es wagen, eine Brücke zu den Sternen zu bauen? Ihre Strafe war die babylonische Sprachverwirrung. Der eifersüchtige Gott hätte den unklugen menschlichen Versuch, in sein Reich vorzudringen, offenbar nicht auf andere Weise abwehren können.

Diese Geschichte hat heutzutage für uns gewaltige Bedeutung. Aber bevor wir darüber nachdenken, sollte man sich an eine gleichermaßen interessante Legende erinnern, die ein ähnliches Ereignis schildert und aus Platos *Gastmahl* stammt. Wir hören darin von einem Bankett, an dem auch Sokrates teilnahm und bei dem sich das Tischgespräch um Liebe drehte. Was ist Liebe? fragten die Gäste sich gegenseitig. Aristophanes, der berühmte athenische Lustspieldichter, versuchte diese Frage mit einer alten Legende von Göttern und Menschen zu beantworten.

Schon bald nach der Erschaffung der Menschheit durch Zeus, erzählte der kluge Dichter, kamen die Menschen auf die phantastische Idee, den Sitz der unsterblichen Götter zu stürmen. Nach langen Vorbereitungen wurde dieser Plan endlich in die Tat umgesetzt. Damals hatte jeder Mensch vier

Arme, vier Beine, zwei Köpfe und einen ziemlich dicken Körper. Mit ihren acht Armen und Beinen konnten sie rasch den Olymp ersteigen, von dessen Höhe aus die Götter verblüfft beobachteten, wie Tausende von spinnenähnlichen Wesen einen Gipfel nach dem anderen erkletterten und immer höher hinaufdrangen. Das erweckte wieder den Zorn des Göttervaters. Wie konnten seine eigenen Schöpfungen es wagen, den Sitz der Götter stürmen zu wollen! Der Kampf zwischen Göttern und Menschen war blutig, aber sein Ausgang war vorherzusehen. Die Menschen wurden besiegt, bestraft und für immer versklavt. Ihre Strafe bestand diesmal nicht aus einer Sprachverwirrung, sondern der Trennung ihrer merkwürdigen Körper in eine männliche und eine weibliche Hälfte. Sie wurden außerdem geblendet, damit ihre Suche nach der jeweils »anderen Hälfte« erfolglos bleiben mußte. Dies ist der Grund für unser ganzes sexuelles Problem, und der allgemeine Mangel an Harmonie in den Beziehungen der Menschen untereinander und in allen ihren Projekten läßt sich durch die zweifach bedeutsame Tatsache erklären, daß wir von unserem eigenen Wesen getrennt und blind sind.

Aristophanes erklärte den fröhlichen Teilnehmern des Gastmahls warnend, ein weiterer Versuch, die Höhen des Himmels zu stürmen, müsse unweigerlich mit einer weiteren Teilung der unglücklichen Hälften enden. Die Gäste fanden diese Legende amüsant und brüllten vor Lachen – nur der nachdenkliche Sokrates nicht. Er hörte sich Aristophanes' Erzählung an und fand sie tragisch. Warum? Erfaßte er vielleicht, daß sich hinter diesem lustigen Wortschwall des Komödienschreibers ein großes Geheimnis verbarg?

In der biblischen Geschichte vom Turmbau zu Babel und in der von Plato wiedergegebenen Legende werden wir Zeugen des eifrigen Strebens der Menschen, zu anderen

Welten, zu Bereichen über der Erde aufzusteigen. Aber wir erleben auch die Angst und den Zorn der jeweiligen Himmelsbewohner. Jetzt, wo wir erneut wie die Babylonier und unsere spinnenähnlichen Vorfahren im Begriff sind, nach den Sternen zu greifen, und das Geheimnis unserer Verbindung mit den alten Göttern zu enträtseln beginnen, sollte man nicht auf die Warnungen der Bibel und Platos hören. Die Sterne werden erreicht werden, und vielleicht führen unsere Anstrengungen dahin, unsere Ur-Sehnsucht nach dem paradiesischen Himmel zu erfüllen.

Anmerkungen/Literaturverzeichnis

1. Kapitel – Das Geheimnis des Kosmos

1 Kosmologie wird als Studium und Analyse des allgemeinen Aufbaus des Universums definiert. Sie basiert deshalb auf mehreren Wissenschaften: Philosophie, Astronomie, Physik und anderen.
2 *1. Mose 1, 14.*
3 Dies ist meine Paraphrase von Aristoteles' Text.
4 In Galileis Brief an Christina von Lothringen.
5 Die Pythagoräer neigten im allgemeinen nicht zu der geozentrischen Betrachtungsweise.

2. Kapitel – Außerirdische Planetenbewohner

1 E. Zeller, *Outlines of the History of Greek Philosophy* (London; Routledge & Kegan Paul 1948), S. 63.
2 Die gleiche Ansicht wurde fast zweitausend Jahre später von Huygens vertreten.
3 Diogenes Laertius führt auch die Werke zahlreicher anderer Philosophen auf, die über das gleiche Thema geschrieben hatten.

3. Kapitel – Mythus und Religion in der Vorgeschichte

1 A. Comte, *Philosophy of the Sciences,* Herausg. G. H. Lewis (London; George Bell and Sons, 1887), S. 26 ff.
2 F. Nietzsche, *Also sprach Zarathustra* (Leipzig; Alfred Kröner Verlag, 1919), S. 12.
3 G. B. Vetter, *Magic and Religion* (New York, Philosophical Library, 1958), S. 5.
4 K. Muller, »Tanna Awaits the Coming of John Frum«, *National Geographic,* Mai 1974.
5 Alfred Adler und Rollo May haben diese Ansicht vertreten. Siehe R. May, *Existence: A New Dimension in Psychiatry and Psychology* (New York; Basic Books, Inc., 1958), S. 69.
6 G. Seldes, Herausg., *The Great Quotations* (New York; Bantam Books, 1968), S. 78.
7 J. A. T. Robinson, *Honest to God* (Philadelphia; The Westminster Press, 1963), S. 11 ff.
8 Herodot, *Historien.*
9 E. Hamilton, *Mythology: Timeless Tales of Gods and Heroes* (New York; Mentor Books, 1942), S. 74.
10 J. Blumrich, *Da tat sich der Himmel auf* (Düsseldorf Econ 1973); B. Downing, *The Bible and Flying Saucers* (New York; Avon, 1973).
11 P. Butler, »Ancient Egyptian Gods Come to Chicago«, *Fate,* März 1974.

4. Kapitel – Zwei Meinungen zur Geschichte der Menschheit

1 C. Berlitz, *Mysteries From Forgotten Worlds* (New York; Dell Publishing Co., 1972), S. 7.
2 *Science,* August 1963, S. 634.

3 »Did Man Get Here by Evolution or by Creation?« *Watch Tower Bible and Tract Society of Pennsylvania* (New York; 1967), S. 131 ff.
4 G. F. Hegel, *Die Geschichte der Philosophie.*
5 E. M. Burns, *Western Civilisations* (New York; W. W. Norton & Company, Inc., 1973), S. 26–27.
6 *The New York Times,* 26. November 1959.
7 C. Darwin, *Die Entstehung der Arten durch natürliche Zuchtauswahl.*
8 Steiger, *op. cit.,* S. 6 ff.
9 A. Efron, *The Sacred Tree Script* (New Haven; The Tuttle Moerhouse and Taylor Company, 1941), S. XVII.
10 O. Gurney, *The Hittites* (Baltimore; Penguin Books, 1966), S. 10.
11 *ibd.,* S. 4.
12 Berlitz, *Mysteries From Forgotten Worlds,* S. 131
13 *ibd.,* S. 184.
14 I. Velikovsky, *Worlds in Collision* (New York; Dell Publishing Co., 1970), S. 55 ff.
15 M. J. Cohen, *Pathways Through the Bible* (Philadelphia; The Jewish Publication Society of America, 1970), S. 5.
16 J. H. Hertz, *The Pentateuch and Haftorahs* (London, Soncino Press, 1967), S. 193.
17 Zitiert in B. Z. Bokser, *The Wisdom of the Talmud* (New York; Philosophical Liberary, 1951), S. 84.

5. Kapitel – Das Möglichkeitsproblem

1 F. Hetman, *Society and the Assessment of Technology* (Organization für Economic Co-Operation and Development), S. 95.
2 Dies bezieht sich auf Dr. Wilsons interessantes Buch *The Crash of the Chariots of the Gods.*

6. Kapitel – Die Entwicklung einer neuen Theorie

1 P. Singer, »Philosophers Are Back on Their Job«. *The New York Times Sunday Magazine*, 7. Juli 1974.
2 J. S. Mill, *On Liberty* (London; John W. Parker and Son, 1859), S. 13.
3 R. Charroux, *Phantastische Vergangenheit* (New York; Walker and Sons, 1973).
4 Zitiert in *Fate*, Juli 1974, S. 66.
Robert Charroux war damals nicht bekannt, daß Erich von Däniken bereits Anfang der 60er Jahre in verschiedenen Zeitungen zu seinem späteren Buchthema publizierte, z. B. in »Der Nordwesten« am 8. Dezember 1964 »Hatten unsere Vorfahren Besuch aus dem Weltraum?«
5 *Ancient Skies*, Mai–Juni 1974.
6 *ibd.*
7 *ibd.*

7. Kapitel – Prähistorische Astronauten: Mythus oder Wirklichkeit

1 Bestiarien sind mittelalterliche Bücher, die die Natur durch Tiersymbolismus zu erklären versuchen.
2 Livius, *Römische Geschichte*, Buch VIII, Kapitel 11.
3 Zitiert in *Infinity Newsletter* (Decorah, Iowa), Juni 1974.
4 S. S. McKern, »The Mysterious Nazca Markings«. *Fate*, März 1974, S. 44.

Sach- und Personenregister

Erich von Däniken

Meine Welt in Bildern

Bildargumente für Thesen, Spekulationen und Erforschtes
256 Seiten, 375 Abbildungen
davon 58 in Farbe, gebunden

»Bilder sind Aussagen. Sie zeigen was Däniken sah, was er fand. Mit ihnen werden seine Bücher verständlicher, zumindest vom jeweils betrachteten Gegenstand her.«
Rhein-Zeitung

»Däniken will sich prononcierter denn je der Diskussion seiner Thesen stellen. Trotzdem aber wäre dieser Bildband kein echter Däniken, wenn er nicht zugleich neue, verblüffende Texte brächte.«
Wiesbadener Tageblatt

Aussaat und Kosmos

Spuren und Pläne außerirdischer Intelligenzen
288 Seiten, zahlreiche Abbildungen, gebunden

»Ein in jeder Hinsicht so interessantes Buch wie alle Bücher des Autors.«
Heimat und Welt

Erscheinungen

Phänomene, die die Welt erregen
320 Seiten, 42 Abbildungen, gebunden

»Was Erich von Däniken auch immer ist oder sein wird, eines ist sicher: er ist Aufklärer um jeden Preis.«
Basler Nachrichten